Fatma B.
Hennamond



PH
V

Fatma B.

# Hennamond

In Zusammenarbeit mit Freya Wiese

Mit einem Vorwort von Ute Daniel

Peter Hammer Verlag

Die Deutsche Bibliothek – CIP-Einheitsaufnahme

**B., Fatma:**
Hennamond / Fatma B. In Zusammenarbeit mit Freya Wiese.
Mit einem Nachw. von Ute Daniel. – 2. Aufl. – Wuppertal :
Hammer, 1999
ISBN 3-87294-815-6


Satz: Data System, Wuppertal
Umschlaggestaltung: Wolf Erlbruch
Druck: Clausen & Bosse

## Inhalt

## Vorwort

Mit Büchern umzugehen, ist leichter, als Schweine zu hüten, hat Mao Tse-Tung einmal gesagt, denn Bücher quieken nicht und laufen nicht weg. So sehr man dem chinesischen Politiker hier beipflichten mag – mit manchen Büchern ist es dennoch schwer umzugehen.

Dieses ist eines davon. In ihm erzählt eine junge Frau von ihrer Kindheit und Jugend in – oder zwischen – drei Kulturen: Geboren in einem kurdischen Dorf in der Türkei, verlebt sie dort ihre Kindheit unter Bedingungen, die geprägt sind von wirtschaftlicher Isolation und Verarmung und von der politischen und kulturellen Unterdrückung durch den türkischen Staat. Ihn erlebt das Kind Fatma vor allem in Gestalt der Schule, in der sie eine ihr völlig fremde Sprache, nämlich Türkisch, sprechen muß. Die Gesellschaft der Türkei außerhalb ihres Dorfes ist Fatma aber nicht nur wegen der Sprache fremd: Verglichen mit dem Leben in V. erscheinen ihr das materielle Lebensniveau ebenso wie die türkischen Lebensformen als einer anderen Welt zugehörig. Neun Jahre ist sie alt, als sie dann mit ihrer Familie V. verläßt und »in der Zeitmaschine« nach Deutschland kommt. Aber V. begleitet sie und ihre Familie nach Nordrhein-Westfalen: in Form von Traditionen, die auch in der fremden Umgebung Gehorsam verlangen; als Hemmschuh einer Herkunft, die verdrängt wird, um anders leben zu können; als Sehnsucht nach einer geschlossenen Welt, die im Rückblick in ihrer Gewaltsamkeit, aber auch in ihrer Schönheit und Menschlichkeit erkennbar wird.

»Blut in den Augen« heißt eines der Kapitel dieses Buches, und von Gewalt ist nicht nur die dort erzählte Episode, sondern Fatmas Geschichte als ganze geprägt: Sie beginnt mit einer Vergewaltigung – der ihrer Mutter durch ihren Vater; sie erzählt von der Gewalt der Starken gegenüber allen Schwachen in V., und sie endet mit den Gewaltdrohungen männlicher Verwandter, die Fatmas Flucht aus ihrer Familie in die Ehe mit einem Deutschen begleiten. Es ist nicht zuletzt die Angst vor diesen Drohungen, wegen der die Verfasserin ihre Anonymität wahren möchte.

Mit den Augen des Kindes und der jungen Frau Fatma betrachtet, ergibt sich das Bild einer kurdisch-türkischen Kultur, in der Männer ihre Herrschaft über Frauen und Kinder in extremer Weise ausleben und durch ihre Auffassung vom Islam rechtfertigen. Und gerade dies ist es, was das Buch, weil es hier in Deutschland erscheint, schwierig macht: Viele Menschen und Institutionen setzen sich heute dafür ein, daß in Deutschland die Bereitschaft wächst, die hier lebenden Türkinnen und Türken als Bereicherung zu empfinden und nicht als Gefährdung. Solchen Bemühungen scheint es ins Gesicht zu schlagen, wenn von einer Angehörigen derjenigen Kultur, für deren Anerkennung geworben wird, vernichtende Urteile über eben diese Kultur bzw. den Islam gefällt werden, auf die sich die Männer in V. berufen, wenn sie ihre Frauen und Mädchen schlechter behandeln als ihr Vieh. Da gerade der Islam derzeit zu einer Art kollektiven Feindbildes zu werden droht, kann, was Fatma erzählt, auch zur Bestätigung von Vorurteilen führen.

»Ja, das sehe ich auch so«, sagt Fatma, die ich gemeinsam mit Hermann Schulz vom Peter Hammer Verlag besucht habe. »Aber die Geschichte, die ich erzählt habe, ist keine Geschichte über den Islam!« Sie lacht. »Wer von den Dorfleuten in V. kannte schon den Koran? Ich habe ihn auch erst vor einigen Jahren gelesen. Nein, dies ist keine Geschichte über den Islam, sondern eine Geschichte über mich. Ich wollte, daß meine deutschen Freunde wissen, wer ich bin und was ich erlebt habe, bevor und nachdem ich nach Deutschland gekommen bin.«

Es gebe aber etwas, meint sie noch, was sie selbst gelernt habe aus ihren Erlebnissen – etwas, was mit Religion oder Ideologie nicht viel zu tun habe: nämlich was es bedeute, wenn kein Raum dafür da sei, um schwach zu sein, weil es das Quälen der Schwächeren sei, das den Starken Macht verleihe.

Fatmas Geschichte ist trotz der harten und nicht selten brutalen Lebensverhältnisse, von denen sie erzählt, eine Geschichte der Freude am Leben. Vielleicht ist sie das auch gerade wegen dieser starken Kontraste: Es ist die Geschichte einer Frau, die keine Angst vor der Angst hat.

*Ute Daniel, Braunschweig*

## In der Gegend von K., Ostanatolien, im Mai 1964

Die Abendsonne tauchte die Ebene von V. in rötliches Licht. Es war Anfang Mai, die sich allmählich erwärmende Erde verströmte einen intensiven, würzigen Duft, der den kommenden Sommer erahnen ließ. Durch die frisch bestellten Felder bewegte sich eine Gruppe von acht Frauen langsam auf das am Hügel liegende Dorf zu, der Gebetsruf war gerade über der Landschaft verklungen. Die Frauen redeten laut und fröhlich miteinander, sie hatten den ganzen Tag auf den Feldern gearbeitet, jetzt freuten sie sich, gemeinsam zu essen und auszuruhen.

Eine Frau folgte ihnen in einigem Abstand, sie trug ein weites, knöchellanges Kleid und war ihrem Leibesumfang nach hochschwanger. Der Bauch saß schon tief, die Niederkunft mußte unmittelbar bevorstehen. Immer wieder hielt sie inne, um ruhig durchzuatmen. Sie war nicht mehr ganz jung – vielleicht Mitte Dreißig. Ein paar Locken ihres dicken, schwarzen Haares drangen unter einem roten Kopftuch hervor. Sie war zierlich, das Gesicht schmal mit einer charaktervoll ausgeprägten Nase, die ein wenig an einen Raubvogel erinnerte, und den Ausdruck der schwarzen, intensiv blickenden Augen unterstrich. Falten spielten um ihren Mund, die Leid erahnen ließen.

Cemile sah, wie ihre Kameradinnen den Hügel erklommen, bald würden sie das Dorf erreicht haben. Sie war froh, allein zu sein. Sie liebte die Geräusche des Abends, wenn die Vögel ihr schönstes Lied sangen. Sie genoß die Einsamkeit, spürte, daß das Kind nicht mehr lange auf sich warten ließ. Den ganzen Tag über hatte sie ein Ziehen im Unterleib verspürt, das jetzt an Intensität zunahm – wahrscheinlich würde das Kind noch heute nacht geboren.

Der Wind streifte Cemiles Gesicht und spielte sanft mit ihren Locken. In seinem zarten Duft lag etwas Vertrautes, das eine lang vergangene Geschichte erzählte. Cemile sog die Luft tief ein. Sie wollte den Augenblick festhalten, den dieser Geruch in sich trug. Ein Urgefühl durchschauerte sie mit einem Mal, das alles Verschüttete offenbarte. Sie schloß die Augen: Da sah sie sich als junge Frau über eine bunte Frühlingswiese laufen. Ihr Gesicht strahlte, ihre Augen lachten, immer schneller und ungeduldiger wurde ihr Lauf, bis sie von den Armen eines Mannes aufgefangen wurde. Die beiden faßten sich an den Händen, ließen sich ins tiefe Gras fallen und küßten sich. Sie fühlte diesen Blick wieder, dem keine Feinheit entging, diesen aufrichtigen, liebenden Blick, der bis in ihr Herz drang und alles verzauberte. Er liebte sie, er liebte alles an ihr, sogar die eigenwillig große Nase. »Wir werden heiraten, meine schöne Blume!«, hörte sie Medis Worte wie aus weiter Ferne, dann verblaßten die Bilder, bis es nur noch das Zirpen der Grillen und den Abendhimmel über der stillen Landschaft gab.

Cemile seufzte, als wollte sich ein Schmerz aus tiefer Seele befreien. Sie spürte, wie sich das Kind in ihrem Leib bewegte, und legte schützend eine Hand auf ihren Bauch. Ob es ein Junge würde?

Ihre Gedanken schweiften weiter. Sie dachte an Kadir, ihren Mann. Fünf Jahre war sie nun schon verheiratet – fünf unsagbar lange Jahre voller Leid, hinter denen sie nur noch schwer ihr einstiges Leben fühlen konnte. Wie sehr hatte sie diesen Mann immer verabscheut! Seinem aufdringlichen Werben war sie mit größter Ablehnung begegnet. Sie erinnerte sich eines Morgens, da sie Geschenke von ihm vor der Haustür gefunden hatte. Als wie dreist und anmaßend hatte sie diese Geste empfunden! Wilder Zorn war an jenem Morgen in ihr aufgestiegen. Nicht einmal mit den Händen wollte sie diese Geschenke berühren und beförderte sie mit Fußtritten zurück auf die Straße. Ihre Liebe gehörte Medi, und Medis

Liebe gehörte ihr, nie hatte sie geduldet, daß jemand das in Frage stellte.

Aber was zählten ihre Gefühle?

Kadir hatte sich mit Gewalt genommen, was nur das Herz erobern kann. Cemile holte schwer Luft. Ihre Augen bekamen feuchten Glanz, und die Falten um ihren Mund wurden mit einem Mal tiefer und schärfer. Sie blickte in den Himmel, als suchte sie in seinen Weiten nach einer Antwort. Der Mond war langsam aufgegangen und stand hoch über dem Rot des Abends.

Cemile wollte der Erinnerung ausweichen, die wie ein dunkler Abgrund vor ihr lag und jeden Lebensmut mit sich in die Tiefe zog. Doch die aufkommenden Bilder waren stärker als sie: Wieder sah sie sich in der alten Scheune, fühlte zum tausendsten Mal den Schlag auf ihrem Kopf. Nur undeutlich hatte sie damals eine Männergestalt wahrnehmen können, bevor sie das Bewußtsein verloren hatte. Als sie wieder erwachte, waren Kleider und Unterwäsche zerrissen. Aus einer Platzwunde am Kopf sickerte Blut hervor. Notdürftig hatte sie versucht, ihre nackten Brüste zu bedecken, als sie ein Rascheln im Heu hörte und Kadir im Halbdunkeln bemerkte. Schlagartig hatte sie in dem kurzen Moment, da ihr Blick den Kadirs traf, begriffen, daß ihr Schicksal besiegelt war. Sie mußte ihrem Peiniger nach islamischem Brauch die Treue schwören und seine Kinder unter ihrem Herzen tragen.

Wie qualvoll war es in den ersten Jahren, seine Nähe zu ertragen! Sie schüttelte sich in Gedanken, strich über ihre Arme, um die Gänsehaut zu vertreiben. War das ihre Bestimmung? Was hatte sie verbrochen, daß Allah ihr ein solches Schicksal auferlegte? Bitter stieß es ihr auf, und um den schlechten Geschmack im Mund zu vertreiben, bückte sie sich zum frischen Gras und pflückte ein paar Blätter *Nancücük*.

Heftige Schmerzen unterbrachen jäh diesen Erinnerungsfluß. Die Wehen hatten stark und unvermittelt eingesetzt. Waren es ihre Gedanken oder der anstrengende Aufstieg, die die Geburt jetzt so plötzlich einleiteten?

Cemile war froh, die ersten Häuser des Dorfes erreicht zu haben. Möglichst unbemerkt versuchte sie, nach Hause zu gelangen. Sie wollte das Kind allein zur Welt bringen, niemand sollte sie in ihrem Kampf und Schmerz beobachten. Die Wehen wurden zunehmend stärker, sie mußte all ihre Kraft zusammennehmen, um sich die Kontraktionen nicht anmerken zu lassen. Die Frauen hatten einen siebten Sinn für diese Dinge, sie würden sie nicht in Ruhe lassen, wenn sie um ihren Zustand wüßten.

Sie wollte es bis zum Stall schaffen, es war nicht mehr weit dorthin. Als sie ihn endlich erreicht hatte und die Tür hinter sich verschloß, fühlte sie sich erleichtert, jetzt konnte sie ihrem Schmerz ungeschützten Lauf lassen. Es duftete angenehm nach Heu. Bald würde es dunkel sein, doch der Himmel war klar, Mond und Sterne würden genug Licht spenden.

Im Stall waren nur der Esel und zwei Mutterschafe mit ihren Lämmern zurückgeblieben, alles andere Vieh war draußen auf den Weiden. Cemile nahm sich vom frischen Heu und machte sich ein Lager. Sie bettete sich so, daß sie durch eine Luke im Dach den Sternenhimmel betrachten konnte. Die Nacht war hereingebrochen, und draußen war es finster geworden. Doch je dunkler die Nacht wurde, desto näher schienen Cemile die Sterne zu rücken. Da lag sie im vom weißen Mondlicht durchfluteten Stall und dachte, nur nach ihnen greifen zu müssen, um sie hierher in ihr Leben zu holen. Die Zeit verging, bald konnte sie ihre Schmerzen nicht mehr in sich einschließen und begann, ganz leise zu stöhnen. Sie erhob sich und wanderte auf und ab. Beruhigend und liebevoll sprach sie auf die Tiere ein, als wolle sie sich selbst trösten. Sie wußte, daß in dieser Stunde die Natur ihr Recht einforderte. Sie hatte Angst vor den Schmerzen und vor der Ungewißheit, ob alles seinen richtigen Lauf nehmen würde. Es gab nichts mehr zu kämpfen, sie konnte sich nur noch dem Leben ergeben.

Ihr Stöhnen wurde zunehmend lauter, der Schmerz raubte ihr fast den Atem. Cemile löste das Kopftuch und wischte die Schweißperlen weg, die ihr das Gesicht hinabrannen. Sie hockte sich ins Heu, sie zog sich an Balken hoch, sie biß auf Holz, krallte sich in das Fell der Tiere. So gut sie konnte, tastete sie nach ihrem Muttermund und fühlte erleichtert das Köpfchen des Kindes in der richtigen Lage. Dieses Mal ging es unglaublich schnell: Bald würde es vorüber sein, doch die Minuten waren Ewigkeiten, der Schmerz schien unaufhörlich. Es wurde zunehmend schwerer für sie, in der kurzen Zeit zwischen den Wehen Kraft zu schöpfen – gleich würde ihr Körper dem ungeheuren Druck nachgeben. Ein doppelter Schrei, und dann war Stille, bis das zarte Weinen eines Neugeborenen den Raum erfüllte.

## Jenseits von Zeit

Die Ereignisse im Stall liegen jetzt 29 Jahre zurück. Den Ort meiner Geburt habe ich lange verlassen. Als ich neun Jahre alt war, brachen wir auf, um in Deutschland eine neue Existenz zu gründen.

Von unserem Leben in der Türkei sind nur die Erinnerungen zurückgeblieben, die meine Kinderseele berührten.

Ostanatolien ist Teil des kurdischen Siedlungsgebietes und wurde von der türkischen Regierung systematisch ausgehungert, um Autonomiebestrebungen im Keim zu ersticken. All jene fortschrittlichen Entwicklungen, die für Menschen in Westeuropa das Leben im 20. Jahrhundert definieren, kannten wir nicht: keine Elektrizität, keine Kanalisation, keine medizinische Versorgung, keine politischen Rechte, keine Medien und so gut wie keine schulische Bildung, sieht man von den einfachen Volksschulen ab. Die einzige intellektuelle und weltanschauliche Quelle war der Koran, den meisten war er jedoch ausschließlich in seiner mündlichen Überlieferung zugänglich, denn des Lesens und Schreibens waren nur wenige mächtig. So waren nicht nur die Lebensumstände geradezu mittelalterlich, sondern auch unsere Vorstellungen von der Welt.

Unser Dorf lag sanft an den Hügel geschmiegt, schon aus weiter Ferne war es an dem hohen Minarett erkennbar. Unbefestigte Straßen schlängelten sich zwischen den Häusern und Stallungen hindurch. Einen eigentlichen Dorfmittelpunkt gab es nicht, wohl aber einige wichtige Orte, an denen man sich im Laufe des Tages traf: an der Zisterne, der zentralen Wasserstelle des Dorfes, auf dem Vorplatz der Moschee, vor der Schule. Neben der Schule war ein Tümpel, dessen Farbe weder blau noch grünlich war, sondern eigentümlich schwarz. Die Leute erzählten, daß ein unglückbringender Geist darin gefangen war, und wir Kinder mieden es, in seiner Nähe zu spielen. Oberhalb des Dorfes erhob sich auf dem höchsten Punkt des Hügels, dort, wo kein Grün mehr wuchs, auf grauem Felsen die Ruine einer Kirche.

Wir lebten von der Landwirtschaft, hauptsächlich Weizen wurde angebaut. Die extremen klimatischen Bedingungen unserer Gebirgsregion, wo die Welt im Winter für vier Monate unter einer dicken Schneedecke verschwand und die Temperaturen auf unter -25°C sanken, machten intensive Landwirtschaft unmöglich, denn auch im Sommer war das Klima nicht mild, sondern geprägt von Gegensätzen: stiegen die Temperaturen tagsüber auf 40°C an, konnten sie nachts jäh auf unter 10°C abfallen. So stellte die Viehzucht mit all ihren Erzeugnissen wie Milch, Käse, Eier, Fleisch und Wolle unsere wichtigste Lebensgrundlage dar. Felder und Weiden waren immer wieder von Felsblöcken durchbrochen, die der Landschaft einen kargen, zerklüfteten Ausdruck verliehen. Im Frühjahr, wenn die Wiesen blühten und der junge Weizen wie ein grüner Flaum die Erde bedeckte, sahen diese Felsen wie Inseln in einem großen, wogenden Meer aus. Um einige von ihnen kreisten geheimnisvolle Mythen, die uns Kleinen mit Angst erfüllten. Ein schmaler Fluß, der nur während der Schneeschmelze im Frühjahr und während der heftigen Regengüsse des Herbstes tiefes Wasser führte, durchzog in sanften Windungen die weite Hochebene.

Ich habe die Welt damals in Kreisen erlebt, die die Natur immer wieder neu beschrieb. Der Tagesablauf wurde von den natürlichen Gesetzmäßigkeiten vorgegeben: Bei Anbruch des Tageslichtes setzte die Arbeit auf dem Feld und im Stall ein und wurde erst mit den letzten Sonnenstrahlen beendet.

Mit Einbruch der Dunkelheit herrschte die Nacht in all ihrem geheimnisvollen Zauber und Schrecken. Waren die letzten Sonnenstrahlen hinter den Bergen untergegangen, gehörte die Welt draußen den Geistern und Fabelwesen, jenen Wanderern zwischen Himmel, Erde und Hölle, die den unerklärlichen Dingen ein Gesicht geben. Dann traute sich niemand mehr, das Haus ohne Begleitung zu verlassen, denn die Nacht barg tausend Ungeheuer und Gefahren. Wenn in den Vollmondnächten das Heulen der Wölfe die Stille erfüllte, saß ich stundenlang lauschend am Fenster und schaute in die vom Mondenschein unheimlich beleuchtete Welt. Meine Kinderseele empfand ihr Heulen wie einen traurigen, von Einsamkeit kündenden Gesang. Im Winter, wenn sie sehr ausgehungert waren, kamen sie bis ins Dorf, um Freßbares zu finden.

Unser Leben war nicht eintönig, es war bunt und spannend. In der Abgeschiedenheit unseres Daseins hatten wir nichts, was es uns abnahm, zu leben. Alles, was wir lebten, war unser Ureigenstes. Zwar lieferte die Religion den Zwang, gewisse Vorgaben zu erfüllen, aber es gab keine Medien – keinen Fernsehapparat, keine Werbung –, die uns von einem Leben träumen machten, das wir uns nie würden erfüllen können. Wir führten kein projiziertes Leben, wir waren auf eine Art unendlich frei. Ich kann mich an niemanden erinnern, der eine Uhr trug oder besaß. Der Tag brachte eine Unmenge an Pflichten mit sich, die erledigt werden mußten, aber den Rhythmus bestimmten wir.

Das Bewußtsein von Zeit als einer fortschreitenden, verändernden, nicht einholbaren Größe, das die Voraussetzung für die rasanten Entwicklungen der westlichen Welt ist, kannten wir nicht.

## Unser Hof

Unser Hof war von meinen Großeltern aus unbehauenen Steinen, wie sie überall in unserer Gegend zu finden sind, und Lehm erbaut worden. Mit der direkt an das Wohnhaus anschließenden Scheune gehörte er zu den stattlicheren Anwesen des Dorfes. Eine niedrige, breite Bruchsteinmauer friedete den Hof ein. Sie hatte mehr symbolischen als funktionellen Charakter, denn nur die wohlhabenden Leute konnten sich den Luxus einer solchen Begrenzung ihres Grundstückes leisten. Die meisten Bewohner unseres Dorfes markierten die Grenze ihres Besitzes einfach mit Steinen, die sie in regelmäßigen Abständen zu einer fiktiven Linie anordneten.

Das Wohnhaus war eingeschossig und hatte, wie alle Häuser in V., ein Flachdach. In drei großen, hohen Räumen spielte sich das Leben unserer sechsköpfigen Familie ab. Betrat man das Haus durch die niedrige Holztür, befand man sich in einem großen Vorraum, der fensterlos war. Nur während der Sommermonate stand eine Luke im Dach offen, durch die Tageslicht einfiel. Im Winter, wenn wir sie wegen der großen Schneemassen geschlossen lassen mußten, lag der Raum im Halbdunkel, da nur der Schein der Öllampen die Dunkelheit durchbrach. Der Grund dafür, daß der Raum keine Fenster hatte, war ein besonderer Ofen, ein *Tendir*. Er befand sich in der linken Ecke des Zimmers und war im Winter, wenn die Temperaturen auf unter -20°C sanken, der wichtigste Wärmespender des Hauses. Jede Öffnung nach außen hätte seine Heizleistung vermindert. Dieser Ofen war auch in den Sommermonaten in Betrieb, da er zum Backen des Brotes diente. Der *Tendir* war, vereinfacht dargestellt, ein etwa ein Meter tiefes, gemauertes Loch. Am Boden des *Tendirs* lag die Glut, die die Steine so sehr erhitzte, daß ihre Temperatur ausreichte, um das Brot zu backen. Wir klebten den Brotteig mit den Händen an die heißen Wände des *Tendirs;* waren sie fertig gebacken, lösten sie sich von der Wand des Ofens ab und fielen in die Glut, aus der wir sie sofort mit einem eisernen, spitzen Stab herausholten, bevor sie verkohlten. Um den *Tendir* herum war im Halbkreis eine zweistufige Treppe angelegt, auf die wir uns in den kalten Monaten setzten, um uns aufzuwärmen. Da der Ofen in den Boden eingemauert war, beheizte er die kleine Treppe wie eine Fußbodenheizung.

Gegenüber der Eingangstür führte eine breite, dreistufige Treppe hinauf in unser Schlafzimmer, das Kinder und Eltern gemeinschaftlich nutzten. Gelegentlich, wenn viel Besuch kam, wurde das Schlafzimmer auch als Wohnzimmer mitbenutzt. Aus diesem Grund waren die Matratzen, auf denen wir schliefen, tagsüber in einer Ecke des Zimmers aufeinandergestapelt und wurden erst am Abend ausgebreitet.

Rechts von der Eingangstür gingen zwei Türen ab. Die erste führte in die Scheune, wo unter anderem auch unsere Lebensmittelvorräte lagerten, und die zweite in die Küche.

Die Küche war das eigentliche Zentrum unseres Hauses, sie diente zum Kochen, Spielen, Handarbeiten und Essen. Dafür, daß sie der wichtigste Raum des Hauses war, ist sie sehr spärlich möbliert gewesen. Tische und Stühle kannten wir nicht. Nur meine Mutter hatte eine große Arbeitsplatte, die entfernte Ähnlichkeit mit einem niedrigen Tisch aufwies. Ihre Höhe erlaubte es soeben, am Boden sitzend die Beine bequem darunter auszustrecken.

In der Küche lagen längs der Wände Matratzen am Steinfußboden, die so angeordnet waren, daß wir die Wände als Rückenlehne benutzen konnten, wo wiederum Matratzen als Polsterung dienten. Das Ganze ergab eine Art Sofa. Die

Matratzen fertigten wir selbst aus Schafwolle und kräftigem Leinenstoff an, ebenso wie die gewebten Decken, die die Matratzen zierten und schützten. Wände und Fußboden schmückten bunte, handgeknüpfte Teppiche, wie sie für unsere Region typisch sind. Sie gaben den ansonsten recht kahlen Räumen eine gemütliche Atmosphäre, die Wandteppiche rahmten wir mit einem bunten Streifen ein, den wir mit Farbe auf die Wand aufmalten. Unter der Decke waren die schweren Balken sichtbar, die das Dach trugen und wo die Haken befestigt waren, an die wir die Öllampen hängten.

In der der Küchentür gegenüberliegenden Ecke befand sich der Kamin. Er war außerordentlich groß, im oberen Teil war eine Eisenstange eingemauert. Daran wurden die Kessel befestigt, in denen wir Suppen, Reisgerichte und Fleischeintöpfe zubereiteten. Zwei Meter rechts von diesem Kamin stand eine Art Herd, den wir mit Mist betrieben. Auf ihm wurden all die Speisen gekocht, die eine kurze Garzeit hatten. Dann gab es noch ein einfaches Holzregal, auf das wir unser Geschirr stellten.

Die Küche hatte ein größeres Fenster als die übrigen Räume. Es ließ sich zum Garten hin öffnen. Ihm vorgelagert war eine Art Podest, über das wir im Sommer bequem nach draußen gelangen konnten. Der Garten war von einer niedrigen Mauer eingefaßt, um Tiere fernzuhalten, denn meine Mutter nutzte ihn als Trockenplatz für Fleisch, Nudeln, Gemüse und Wäsche; nur wir Kinder durften dort gelegentlich spielen.

Außen am Haus führte eine Treppe nach oben aufs Flachdach, wo wir im Sommer unsere Abende verbrachten. Wir hatten das Dach mit Mutterboden bedeckt, um das Haus besser gegen die Kälte des Winters zu isolieren, und so diente es im Sommer nicht nur als Terrasse, sondern auch als kleiner Kräuter- und Blumengarten.

Es gab in unserem Haus keine Heizung, kein elektrisches Licht, kein fließendes Wasser und keine Abwasserkanalisation. Ein paar Meter vom Haus entfernt lag ein kleines Toilettenhäuschen. Dort war ein tiefes Loch in die Erde gegraben, das mit einem flachen Stein verschlossen wurde.

Unsere Lebensumstände waren äußerst einfach, und doch zählten wir zu den wohlhabenden Leuten unseres Dorfes. Unzählige andere mußten mit noch weniger Raum und Komfort auskommen als wir.

### Der Natur ausgeliefert

Als ich vier Jahre alt war, ging mein Vater nach Istanbul und kehrte nur noch sporadisch nach Hause zurück.

Um den Lebensunterhalt ihrer Familien zu sichern, mußten viele Männer abwandern und sich in den großen Städten als Saisonarbeiter verdingen. Über Monate hinweg waren die Dörfer fast ausschließlich von Alten, Frauen und Kindern bewohnt. Die Frauen verrichteten alle nur erdenklichen Arbeiten, die ein landwirtschaftlicher Betrieb mit sich bringt, zusätzlich zu ihren Aufgaben als Hausfrau und Mutter.

Meine Mutter war mit vier Kindern allein. Der älteste von uns ist mein Bruder Hydar, er war vier Jahre alt, als ich geboren wurde. In dem Jahr, als mein Vater sich entschlossen hatte, in Istanbul Arbeit zu suchen, kam mein Bruder Halil zur Welt und zwei Jahre später die kleine Sayme. Meine Mutter versorgte das Vieh – Rinder, Schafe, Geflügel – und bestellte das Feld. Die kleineren Geschwister nahm sie zur Feldarbeit mit, meinen Bruder Halil schnallte sie auf den Rücken und die kleine Sayme vor den Bauch. Nur im Spätsommer zur Erntezeit war es meinem Vater möglich, an den Arbeiten zu Hause teilzunehmen.

Von Sonnenauf- bis Sonnenuntergang arbeitete meine Mutter wie ein Mann. Anschließend versorgte sie uns Kinder, kochte, wusch Wäsche, putzte das Haus und spann die Wolle. Ich weiß nicht, wann sie jemals Zeit für sich selbst hatte, Zeit, nach eigenen Bedürfnissen und Wünschen zu fragen. Das Leben war hart und lieferte trotz all der Mühen und Anstrengungen kaum das Notwendigste. Unter diesen schwierigen Bedingungen war es selbstverständlich, daß auch wir Kleinen einen festen Platz, feste Pflichten und Arbeiten innerhalb der Familie hatten. Unser Tagesablauf war reglementiert und ließ wenig Freiraum, um unbeschwert Kind sein zu können.

Schon früh gehörte es zu unseren Aufgaben, Wasser von der Dorfzisterne zu holen. Das ist eine sehr schwere Arbeit, die mit einem breiten Joch, an dem zwei Eimer befestigt werden, verrichtet wird. Wir versorgten das Geflügel, halfen beim Scheren und Melken der Schafe und sammelten getrockneten Mist, um den großen Küchenherd zu heizen. Bereits mit sechs Jahren bekochte und versorgte ich meine Geschwister, ohne die Hilfe meiner Mutter in Anspruch zu nehmen. Das erste Gericht, das ich kochen konnte, war *Iskembe*, eine Suppe aus Reis, Kartoffeln und Pansen, die bei uns sehr beliebt ist und deren Zubereitung ich bald ausgezeichnet beherrschte.

Aber das Leben hatte trotz aller Anstrengungen wunderschöne Seiten. Das Zusammengehörigkeitsgefühl in der Dorfgemeinschaft gab Geborgenheit. Die Frauen zogen gemeinsam über die Felder, sammelten Kräuter und sangen traurig – sehnsüchtige Lieder, meistens Lieder einer unerfüllten Liebe, in die Stille der Landschaft hinaus. Diese Stille war besonders, sie war durch keinen unnatürlichen Laut gebrochen. Sie schärfte das Bewußtsein für jede noch so feine Lautschattierung, sie gab Freiheit zu träumen, nichts zu spüren als sich selbst und die unendliche Majestät der Natur.

Diese Bilder haben sich tief in meinem Herzen verankert, sie sind verloren gegangene Heimat, die mich mit Wehmut erfüllt.

So auch die goldene Spätsommerzeit, wo das Korn gemäht und gedroschen, wo mit Hilfe von Pferd und Dreschschlitten die Lese der Kostbarkeiten begangen wurde. Wie erfüllt von Dankbarkeit waren wir für die der Natur so hart abgerungenen Lebensmittel!

Wir hatten ein Gefühl dafür, daß wir einer viel größeren Kraft als nur unserer menschlichen ausgeliefert sind. War der Sommer zu heiß, so gab es eine schlechte Ernte, und der Winter wurde hart. Wir waren eingebettet in den unerbittlichen Kreislauf der Natur. Wenn ich meine Mutter nach irgendwelchen Datierungen frage, dann erhalte ich meistens eine Antwort dieser Art: »Kind, das Korn war gerade in der Erde, es muß Mai gewesen sein«.

Der Druck, unter dem wir standen, war hoch, doch das Wunder war, daß die Gesichter fröhlich waren, daß die tiefe Unzufriedenheit, die ich heute in Deutschland fühle, diesen Menschen fremd war. Vielleicht waren es die kreisenden Bewegungen, die unserem Leben den Frieden gaben, obwohl wir tagtäglich um das Notwendigste rangen: Es gab keine Ziele, die wir erreichen mußten und die unser Leben in eine Zukunft projizierten, die wir nie würden berechnen können. Ein Tag war wie der andere, auch wenn jede Jahreszeit ihre eigenen Anforderungen an uns stellte. Doch um diese Veränderungen, die die Natur vorgab, wußten wir, sie waren verläßlich und absehbar: Schöpfte die Erntezeit die körperlichen Kräfte bis an die äußersten Grenzen aus, brachte der Winter im Gegenzug eine Zeit der Ruhe. Für jeden Tag, den Allah uns schenkte, waren wir dankbar. Jeder Tag ließ uns auf ganz unmittelbare Weise fühlen, daß wir Teil seiner Schöpfung waren und unter seiner Obhut standen. Sah das Leben noch so bedrohlich aus, wir hatten Vertrauen, daß der kommende Tag unsere Grundbedürfnisse abdecken würde. Es klingt widersprüchlich, doch gerade im Erleben der Abhängigkeit von Allah und seiner Schöpfung eröffnete sich der Raum und die Freiheit für unser ureigenes Leben. Wir wußten, daß wir nicht alles kontrollieren und bestimmen konnten, und wollte man an diesem Gefühl des Ausgeliefertseins nicht zerbrechen, gab es keinen anderen Weg, als sich zu verlassen und sich im Vertrauen zu üben. Aus welchen Kleinigkeiten zogen wir damals unsere Kraft und unseren Stolz! Wir freuten uns, wenn wir Wasser von der

Zisterne holten, ohne etwas zu verschütten, oder wenn wir unsere Gäste mit einem guten Essen bewirteten und nachher ein Lob dafür erhielten, wenn wir die Schafe und Kühe so molken, daß sie es sich gern gefallen ließen, oder wenn wir schöne Kleider nähten. Die Anforderungen waren überschaubar, wir konnten ihnen allen gerecht werden. So füllten wir die Zeit, das Jetzt, den Augenblick mit unseren Stimmungen und Wünschen. All das aber, was unser karges Leben nicht hergeben konnte, wurde in unseren Träumen und Phantasien lebendig: in den unzähligen Geschichten, die die Frauen erzählten von ihrer Jugend, ihrer ersten Liebe, ihrem Prinzen. In diesen Erzählungen gewann all das Leben, was diesen Menschen versagt worden war, es verband sie mit anderen Dimensionen, denn sie spürten die Kraft ihrer Geschichten in ihren Herzen, fühlten, daß ihre Sehnsüchte ankamen und jenseits aller wahrnehmbaren Wirklichkeit Erfüllung finden konnten. Immer war es etwas besonderes, wenn eine alte Frau sich zu uns Kindern setzte und anhob, eine Geschichte zu erzählen. Das Geschichten erzählen war eine Kunst, die sehr geachtet wurde, sie trug die Zuhörenden hinaus aus dieser Welt und ließ sie die unendliche Freiheit der Seele spüren, der keine Grenzen gesetzt waren. Wir nahmen die Welten ernst, in die man uns entführte, sie waren wirklich wie der Tag voll Arbeit und Plagerei. Vielleicht konnten unsere Seelen fliegen, weil sie die Bereitschaft hatten, sich forttragen zu lassen, ohne an der Reise und ihrem Ziel zu zweifeln.

Wo immer sich die Möglichkeit dazu ergab, wurde erzählt und zugehört. Ging ich zur Zisterne, um Wasser zu holen, dann freute ich mich, wenn ich eine lange Warteschlange sah. Warten war nie langweilig. Da wir nicht in unseren Zielen verfangen waren, sahen wir im Warten ein Geschenk: Wir bekamen Zeit geschenkt, und wir waren Künstler darin, sie zu gestalten, wir mußten keine Freizeit planen und organisieren.

Überhaupt war unser Leben nicht aufgeteilt in Arbeitszeit und Freizeit; alles gehörte zusammen und bildete eine Einheit.

Wenn im Spätsommer das Korn gedroschen wurde, arbeiteten wir bis tief in die Nacht, doch diese Arbeit hatte einen Rahmen, sie fand immer in der Gemeinschaft statt. Einige fuhren den Dreschschlitten, andere fegten das Korn zusammen, wieder andere siebten die Ernte, um die Spreu vom Weizen zu trennen. Um sie herum war die Familie, die sie ablöste oder einfach nur dabei war, um die Mühe zu teilen. Es war ein wohliges Gefühl, nach einem Tag schwerer Anstrengungen unter dem freien Nachthimmel zu sitzen, Geschichten zu lauschen, das frisch gegrillte Fleisch zu genießen, meinem Vater zuzuhören, wie er die Flöte spielte, die er selbst aus einem Stück Holz geschnitzt hatte.

Um das Korn zu bewachen, schliefen die Alten und Kinder in der Zeit, bis es getrocknet war und in großen unterirdischen Gruben versenkt wurde, draußen. Wie habe ich diese geheimnisvollen Nächte unter dem weiten, wolkenlosen Sternenhimmel geliebt! So war alles sinnig ineinander verwoben, es wurde der Zauber nicht inszeniert, sondern er war Teil des Alltags und wurde aus ihm geboren.

Es sind immer wieder diese Bilder von Gemeinschaftlichkeit, die in meiner Erinnerung als Augenblicke erfüllter Kindheit unauslöschbar sind.

Meine Mutter hatte große Freude an Teppichen. Unser Haus besaß eine der geräumigsten Wohnküchen, und über die Wintermonate wurde bei uns ein Webstuhl aufgestellt, an dem sechs Frauen abwechselnd an einem Teppich knüpften. Da es früh dunkel wurde, arbeiteten die Frauen beim Schein des Kaminfeuers und der Öllampen, die von den Balken herabhingen. Sie summten alte Melodien oder erzählten uns Kindern gruselige Geschichten, die uns bis in die Träume hinein begleiteten und uns die dunkle, kalte Welt draußen noch unheimlicher erscheinen ließen. Dabei tranken wir heißen Tee und aßen Brot und Käse.

Die Wolle war mit kräftigen, leuchtenden Farben eingefärbt, und es war für mich ein unbeschreibliches Vergnügen, den geschickten, flinken Fingerbewegungen der Frauen zuzusehen, wie sie nach und nach ein kleines Kunstwerk fertigten, wie aus anfangs unkenntlichen Strukturen langsam Lebensbäume, Vögel und Blumen erwuchsen. Das Knüpfen ist eine äußerst anstrengende Arbeit, oft waren die Finger meiner Mutter vom Anziehen der Knoten blutig oder entzündet. Leider blieben all ihre Schätze beim Verlassen der Heimat zurück.

Nicht nur Teppiche, Decken, Pullover und den größten Teil der Kleidung stellten wir selbst her, sondern auch bis auf wenige Ausnahmen unsere Lebensmittel.

Wenn die Frauen im Sommer Nudeln machten, wurden wir Kinder aus dem Haus gejagt und durften es erst am Abend wieder betreten. Riesige Mengen an Mehl, Eiern und Öl wurden zu einem festen, geschmeidigen Teig verarbeitet, der dann auf dem großen, flachen Küchentisch ausgerollt und in Streifen geschnitten wurde. Meine Mutter hatte eine besondere Geschicklichkeit im Schneiden des Teiges entwickelt. Das Messer sauste so schnell über den Tisch, daß man ihm mit den Augen nicht zu folgen vermochte. Später wurden die Teigstreifen über eine Leine im Garten gehängt, wo sie in der Abendsonne trockneten. Ich schlich mich oft heimlich heran und versuchte, unbemerkt eine der frischen Nudeln zu erhaschen.

Eine noch beliebtere Delikatesse war für mich das frisch getrocknete Fleisch. Die geschlachteten Schafe und Rinder wurden in kleine, in der Küche sofort verwendbare Portionen zerlegt und in reichlich Salz, das zuvor in einer Steinmühle fein gemahlen worden war, immer wieder gewälzt. Dann wurde es ebenso wie die Nudeln über einer Leine im Garten getrocknet. Wenn man das Trockenfleisch im rohen Zustand genoß, ähnelte sein Geschmack dem von geräuchertem Schinken; wenn man es als Suppenfleisch kochte, wurde es butterzart, nur mußte man das kochende Wasser zwei- bis dreimal erneuern, um den intensiven Salzgeschmack zu neutralisieren.

Auch unser Badetag war stets eine kleine Attraktion. Die Größe unseres Kamins erlaubte es, einen Kessel einzuhängen, der genügend Wasser für ein Bad fassen konnte. Das war ein besonderes Privileg unserer Familie, um das wir sehr beneidet wurden. Wir Kinder saßen dann gemeinsam in einer Zinkwanne und genossen das heiße, duftende Wasser in der warmen Küche.

Anschließend bearbeitete meine Mutter unser Haar sorgfältig mit einem besonderen Kamm, der die Nissen der Läuse herauskämmte. Sie untersuchte unsere Köpfe genau, denn die meisten Kinder des Dorfes waren von diesem Ungeziefer befallen, weshalb den Jungen die Haare fast bis zur Glatze geschoren wurden. Es gehörte zu Anas ganz persönlichem Stolz, daß ihre Kinder nicht verlaust waren.

Ich liebte es sehr, so verwöhnt zu werden, aber meine Mutter hatte nicht viel Zeit, sich derart intensiv um uns zu kümmern.

## Mit Geistern im Gespräch – oder von der Kraft des Glaubens

Ein volkstümlicher Aberglaube, archaische Bilder aus uralten Zeiten bestimmten unsere Vorstellungen von der Welt. Mythen woben sich wie eine zweite, unsichtbare Haut um Ereignisse, Landschaften und Menschen. Mir war es als Kind oft unmöglich, zwischen Traum und Wirklichkeit zu unterscheiden, zu sehr flossen im alltäglichen Leben die tatsächliche Welt und die Welt der Vorstellungen ineinander. Die Kindererziehung war reich ausgestattet mit Autoritäten, die im Reich der Geister beheimatet waren. Ständig fühlten wir uns von ihnen beobachtet und vermieden ängstlich, ihren Zorn auf uns zu ziehen. Aber auch die Erwachsenen sahen sich übersinnlichen Kräften ausgesetzt, mit denen sie eine Form des Miteinanders und des Auskommens finden mußten.

Eine Begebenheit ist mir in tiefer Erinnerung geblieben:

Eines Abends spielten wir Kinder noch lange weit draußen in den Feldern, unweit einer Gruppe von Felsen, die sich zu einer Art Labyrinth zusammengefügt hatten. Ich hatte mich etwas abseits von den anderen auf einen Felsen gesetzt und beobachtete eine Gruppe junger Lämmer, die ausgelassen miteinander spielte.

Ich hing meinen Gedanken nach, dachte an den Geist jener schönen Frau, die hier zwischen den Felsen wohnen sollte und vor der man uns immer eindringlich warnte. Man erzählte, daß sie die Menschen mit ihrem Gesang, ihren wundervollen Haaren und köstlichen Speisen verführte. Doch die, die ihrem Ruf folgten, waren für alle Ewigkeit verdammt, ihr rastloses Schattendasein zu teilen. So ging die Rede, und wie ich sinnend dasaß, wurden in mir tausend Fragen lebendig: Was diese Schöne wohl verbrochen hatte? Wie sie weit ab von jedem menschlichen Wesen leben konnte? Die Luft, die ich atmete, barg ihr Geheimnis. Ich war so sehr in die Geschichte vertieft, daß ich nicht bemerkte, wie meine Spielgefährten sich bereits versammelt hatten und aufgebrochen waren.

Ein Gewitter war aufgezogen, die ersten Tropfen fielen schon zur Erde. Schnell kletterte auch ich von meinem Aussichtsplatz herab, um den anderen zu folgen. Der Regen setzte immer heftiger ein. Jetzt führte mein Weg an jener seltsamen Felsengruppe vorbei. Unwillkürlich beschleunigte ich meinen Lauf, da hörte ich mit einem Mal einen Gesang von einer Zartheit, wie ich ihn nie zuvor vernommen hatte. Verwundert blieb ich stehen. War etwa eine meiner Kameradinnen zurückgeblieben? Als ich mich umwandte, sah ich eine Frau. In einem weißen Kleid, das an das einer Braut erinnerte, stand sie vor mir. Mich hatte der Regen bis auf die Knochen durchnäßt, doch sie war vollkommen trocken. Ihr Haar wallte in langen Locken bis auf die Taille nieder. Die ganze Erscheinung hatte etwas wunderbar Filigranes und Sanftes. Ihre Augen blickten voll Zärtlichkeit und Sehnsucht zu mir herab. Langsam streckte sie mir ihre feine, weiße Hand entgegen.

Wie ein Blitz durchzuckte es mich: Das war sie, Allah erbarme dich meiner Seele. Für den Bruchteil einer Sekunde war ich hin- und hergerissen, dann siegte meine Angst über die Faszination. So schnell ich konnte, rannte ich den anderen nach. Der Regen fiel in Strömen nieder und durchweichte den Boden. Immer wieder blieb ich im Schlamm stecken, verlor meine Schuhe, bis ich barfuß weiter rannte, der Gesang klang noch immer in meinen Ohren. Ein ohnmächtiges Glücksgefühl erfüllte mich, als ich die anderen endlich eingeholt hatte.

Vollkommen erschöpft kam ich zuhause an. Ana saß gerade am *Tendir* und backte Brot. Weinend begann ich zu erzählen, was ich erlebt hatte:

»Ana, sie ist mir begegnet!«

»Wer ist dir begegnet, Fatma?«

»Die Frau draußen bei den Felsen, Ana! Sie stand vor mir, beinahe hätte sie mich berührt!«

Ana nahm mich in die Arme, und wir setzten uns auf die Stufen vor dem *Tendir*. Es war warm, langsam trocknete ich. Sie gab mir heißen Tee zu trinken und von dem frischen Brot zu essen. Dann sagte sie sehr ruhig:

»Weißt du, Kind, es gibt Wesen, die aus einer anderen Welt zu uns sprechen. Sei dankbar, daß du eines sehen durftest, denn sie zeigen sich nur selten. Aber hüte dich vor ihrer Macht!«

»Gibt es denn wirklich Geister, Ana? Wo leben sie denn so ganz allein?«

»Ich weiß es nicht, Fatma! Mal nehmen sie einen Körper an, mal schweben sie als Geistwesen umher; man kann sie nie festlegen, aber es gibt sie!«

Lange schlief ich an diesem Abend nicht ein. Ich wälzte mich im Bett hin und her und konnte meine Gedanken an die rätselhafte Schöne nicht vertreiben. Was konnten wir Menschen eigentlich sehen, gab es andere Welten, für die wir keine Augen und Ohren hatten und die uns trotzdem umgaben? Ich hatte die Frau ganz deutlich vor mir gesehen, hatte ihren

Zauber, aber auch ein eigentümliches Grausen im Herzen gespürt! Was war mir da nur begegnet?

Als wir am nächsten Abend nach dem Essen in der Küche saßen und Tee tranken, hob meine Mutter zu reden an. Schlagartig kehrte Stille ein, ihre Stimme hatte einen besonderen Klang, und wir spürten, daß sie uns etwas Bedeutsames erzählen wollte. Sie richtete das Wort an mich:

»Fatma », sagte sie, »was du gestern erlebt hast, ist nicht mehr und nicht weniger wirklich als dieses Glas Tee, das ich in der Hand halte. Ich will dir eine Geschichte erzählen, die sich zutrug, als du noch ein Baby warst. Denn eigentlich lebst du schon ein zweites Mal: Es war damals Winter, alle Wege waren tief verschneit und die Verbindungen zu den anderen Dörfern und nach K. abgeschnitten. Die Dämmerung war an diesem Tag früh hereingebrochen, denn schwere Schneestürme verfinsterten den Himmel. Bei diesen eisigen Temperaturen mußte ich häufig Mist nachlegen, um die Räume ausreichend warm zu halten. Bei deinem Vater waren ein paar Männer zu Besuch, die ich bedienen und bekochen mußte. Erst nachdem ich alle versorgt hatte, konnte ich mich um dich kümmern und stillte dich in der Küche.«

Sie strich mir übers Haar und nahm einen Schluck Tee, denn ihr Mund war trocken geworden.

»Dann brachte ich dich zu Bett und legte mich hin. Als ich am nächsten Morgen aufwachte und nach dir sah, hast du noch tief und fest geschlafen. Wie ein Engelchen hast du dagelegen, ganz friedvoll und ruhig. Ich bereitete das Frühstück zu und räumte die Küche auf; als ich wenig später wieder nach dir sah, war irgend etwas geschehen: Dein Körper war warm, aber du hast nicht geatmet. Regungslos lagst du da, und als ich dich aufnahm, fühltest du dich grauenvoll leblos an.«

Sie sah mich an: »Kannst du dir vorstellen, was für furchtbare Angst ich bekam?«

»Ja, Ana«, antwortete ich leise. Ich konnte kaum abwarten, daß sie weitererzählte.

»Ich rüttelte dich und begoß dich mit kaltem Wasser, aber du lagst still da, zeigtest kein Leben. Ich war verzweifelt. Woher sollte ich bei diesem Wetter Hilfe bekommen? Ich rief deinen Vater und schickte ihn los, den *Hodscha* und die Kräuterfrau zu holen. Die Zeit, ehe die Drei eintrafen, schien mir endlos. Ich wiegte dich im Arm, sang dir unter Schluchzen deine Lieblingslieder vor, schüttelte dich, doch du warst schlaff und kraftlos wie ein totes Huhn. Endlich kamen die Drei. Der *Hodscha* betete für dich, doch die Kräuterfrau schüttelte den Kopf und gab mir zu verstehen, daß es keine Hoffnung mehr für dich gebe. Die beiden gingen, ohne daß sich etwas verändert hatte, aber ich wollte nicht aufgeben, den ganzen Tag verbrachte ich an deiner Seite und wachte über dich. Am Abend hielt ich die Ungewißheit nicht mehr aus, ich wollte zu Allah beten. Wie konnte er es zulassen, daß ich noch ein Kind verlieren sollte! Ich wollte ihm diese Frage stellen, ich war verzweifelt, ohnmächtig, aber auch wütend. Warum mußte mich dieses ungeheure Unglück treffen, warum?

Am Abend ging ich in die Moschee. Der Weg dorthin durch den kniehohen Schnee war beschwerlich. Ich stellte Allah meine Fragen, ich weinte, ich betete, ich trotzte allem, was sich mir und dir entgegenstellte. Als ich nach Stunden zurückkehrte, hatte sich nichts verändert. An deinem Bett sank ich zusammen, meine Kräfte verließen mich, und irgendwann fiel ich in einen dumpfen, schweren Schlaf. Als ich aufwachte, graute der Morgen, Schneefall hatte wieder eingesetzt. Du rührtest dich nicht, und ich konnte keinen Atem bei dir spüren. Dann kamen Verwandte und Nachbarn, die von dem Unglück gehört hatten, sie wollten mich trösten, erzählten mir, daß Allahs Wege unergründlich seien und ich mich damit abfinden müsse, daß du stirbst. Am liebsten hätte ich sie allesamt hinausgeworfen, noch nie hatte es in mir so rebelliert. Ich zog mich warm an und machte mich wieder auf den Weg zur Moschee. All meine Arbeiten ließ ich im Stich, so daß dein Vater sehr wütend auf mich wurde, aber ich hatte nichts mehr zu verlieren. Den ganzen Tag saß ich in der Moschee und betete, da wurde die Gewißheit in mir stärker, daß Allah mir ein solches Unrecht nicht noch einmal antun würde, ich wußte tief im Herzen, daß du leben solltest. Ich beschwor dein Leben mit der ganzen Kraft meiner Seele und rief alle guten Geister herbei, uns zu helfen. Als es Abend wurde, hatte ich kaum noch Kraft, mich aufrecht zu halten. Das Beten hatte mich mehr erschöpft als ein Tag schwerster Erntearbeit, mir wurde schwarz vor Augen. Als die letzten Sonnenstrahlen in die Moschee fielen, geschah etwas Merkwürdiges: Die Strahlen fingen an, sich zu bündeln, bis sie zu einem gleißenden Strahl zusammengewachsen waren. Noch nie hatte ich so helles, reines Licht gesehen. Ich mußte die Hände vor meine Augen halten, um nicht geblendet zu werden. Und dann geschah das Wunderbare: Der Lichtstrahl bewegte sich. Er führte mich aus der Moschee hinaus und wies mir den Weg nach Hause. Kannst du dir das vorstellen, Kind?«

Meine Mutter schüttelte gedankenverloren den Kopf, erst nach einer Pause fuhr sie fort zu reden.

»Ich folgte seinem hellen Schein – ja, fast wie im Traum und leichtfüßig wie ein junges Mädchen. Er flutete in unser Haus, in das Zimmer, in dem du deine Wiege hattest. Mein Herz zitterte vor Angst und bangem Erwarten, jetzt mußte ich der Wahrheit ins Gesicht schauen. Als ich die Tür öffnete, verblaßten die Strahlen, aber das Schaffell, unter dem du lagst, bewegte sich leicht, ich beugte mich über deine Wiege, und meine Seele jubelte vor grenzenlosem Glück: Du hattest die Augen geöffnet, du lebtest. Erst konnte ich dem Wunder nicht trauen, mußte dich immer wieder hochnehmen, dich küssen, drücken, liebkosen, die Wärme deines Körpers und den Hauch deines Atems auf meiner Haut spüren. Tagelang war ich besessen, bevor ich ruhig wurde und begriff, daß es Wirklichkeit war, daß meine Fatma lebte.«

Die Erzählung meiner Mutter ergriff mich tief. Ich fühlte an diesem Abend die Kraft ihrer Liebe wie nie zuvor und war mir gewiß, daß es diese Liebe war, die mir ein zweites Leben geschenkt hatte. Mir kamen die Tränen, und ich sank in ihre Arme. Ich wußte, hätte sie mich damals aufgegeben, ich wäre verloren gewesen.

»Siehst du, meine kleine Fatma, es gibt Dinge, die können wir nicht begreifen, doch sie sind trotzdem da, wenn wir sie mit unserer ganzen Seele rufen.«

Meine Mutter war eine wunderbare Frau. Sie erschloß sich die Welt mit Intuition, fast nichts konnte sie mir vernünftig erklären. Ihr war eine aufmerksame Betrachtung der Welt eigen, aus der ein tiefes Naturverständnis erwuchs, das in allem eine Offenbarung des Göttlichen zu lesen vermochte. Sie hatte ein Gefühl für die Dinge, die über unsere begrenzte sinnliche Wahrnehmung hinausgehen, und die Gabe, kraft ihres Geistes Unsichtbares zu sehen und Unwandelbares zu ändern. Für sie war die Welt voller Geister, guter wie schlechter. Sie trieben auf der Erde ein geheimnisvolles Spiel, und manchmal traten sie auch in die sichtbare Welt, die Welt der Phänomene über – so wie meine Mutter es mit dem Lichtstrahl erlebt hatte und ich mit jener seltsamen Frau bei den Felsen. Sie beeinflußten uns Lebenden, und man tat gut daran, sich vor den Bösen zur rechten Zeit zu schützen. Meistens bestand der Schutz in einer kleinen Geste, die von einem Verslein, einer Art Zauberformel, begleitet wurde. Auf der anderen Seite war es eine hohe Kunst, die Guten herbeizurufen und sie zu Hilfe und Gnade für die Menschen zu bewegen.

## Geschäfte

Sich unsere Lebensumstände vorzustellen, wird für die an einen hohen Lebensstandard gewöhnten Westeuropäer immer schwierig bleiben.

Öffentliche Verkehrsanbindungen gab es keine. Einmal am Tag fuhr ein Lastwagen, der auf der Ladefläche Fahrgäste nach

K. transportierte. Es war ein beschwerlicher Weg auf unbefestigten Straßen, die, bedingt durch die heftigen Regengüsse des Frühlings und Herbstes, von tiefen Schlaglöchern zerfressen waren. Nicht selten gab es Pannen, die die Fahrt um Stunden verlängerten.

Am Abend nach einer solchen Lastwagenreise tat mir alles weh, aber es war immer ein kleines Abenteuer, die Abgeschiedenheit unseres Dorfes gegen das pulsierende Leben der Stadt einzutauschen. In K. fanden sich große Märkte, auf denen Gemüse, Fleisch, Käse, Tiere, Stoffe in aller Vielfalt angeboten wurden, unzählige Menschen drängten sich an den Ständen vorbei oder blieben neugierig stehen, um die ausliegenden Waren genauer zu betrachten und anzufassen. Von überall erklang das heftige, hektische Rufen der Marktschreier. Der Handel vollzog sich nur selten in Bargeld, die meisten Geschäfte waren Tauschgeschäfte.

Das Straßenbild war bunt. Die Männer trugen *Shalvars*, die traditionellen kurdischen Pluderhosen, und dazu Hemden, über die sie selbstgestrickte, reich gemusterte Wollpullunder zogen. Diese Pullunder wirkten immer, als seien sie zu klein geraten, so eng lagen sie am Körper an und malten die oft dicken Bäuche ab. Als Kopfbedeckung dienten wollene Kappen oder Turbane, manche Männer wickelten Tücher um ihren Kopf, ähnlich wie die Araber. Einen lustigen Eindruck hinterließen die Schuhe. Schon nach kurzer Zeit nahmen sie das Aussehen von Latschen an, denn die Männer hatten eine gemeinsame, charakteristische Unart: sie traten das Leder im Bereich der Ferse herunter, um ein Maximum an Bequemlichkeit beim An- und Ausziehen zu erreichen. Vielleicht hängt diese Angewohnheit mit der Häufigkeit der rituellen Waschungen zusammen, die eine Reinigung der Füße vorschreiben. Die Kleidung der Frauen war farbenfroh, gern nähten sie sich *Shalvars* und Röcke aus glänzenden Stoffen. Die meisten kleideten sich sowohl mit Hose als auch mit Rock. Kopftücher wurden in unserer Gegend zwei übereinander getragen, das eine lag eng am

Kopf an und wurde unter dem Kinn fest zusammengebunden, das andere locker darüber getragen und an der Seite leicht geknotet oder nur über die Schulter gelegt.

Auch wir verkauften auf den Märkten die Produkte unserer Landwirtschaft und die Wolle, die ich und meine Mutter zu Hause gesponnen hatten.

Hier bot sich immer die Gelegenheit, Neuigkeiten und Klatsch auszutauschen. Auch eigene Einkäufe standen auf der Tagesordnung, denn es gab doch einiges, das wir nicht herstellen oder anbauen konnten, wie Reis, Oliven, Seife und Kleidung. Wenn wir selbst einen Stand eröffneten, fuhren wir nicht mit dem Lastwagen, sondern nahmen einen Ochsenkarren, den wir mit unseren Waren bepackten.

Auch in die Einsamkeit unseres Dorfes kamen gelegentlich Händler.

Auf uns Kinder übte der Schrotthändler eine besondere Anziehung aus. Bei ihm konnten wir kleine Metallteilchen, die wir überall auf den Straßen sammelten, gegen köstliche Leckereien wie Bonbons, Schokolade, Datteln und *Tut* eintauschen.

Und dann kam einmal im Monat der Stoffhändler. Das war ein großes Ereignis, und Gerüchte, die überall im Dorf kursierten, kündigten schon Tage vorher sein baldiges Eintreffen an. Auf einem offenen Pferdewagen zog er, mit seiner Glocke läutend, ins Dorf ein.

Bunte Kostbarkeiten – glänzende Stoffe, Perlen, Knöpfe, Pailletten, Häkelgarne in den verschiedensten Farben und Schmuck barg der vielbewunderte Wagen. Aufregung kehrte in alle Häuser ein, überall bettelten Frauen und Mädchen um Erlaubnis, etwas von diesen Zauberdingen erwerben zu dürfen. An der Dorfzisterne bildete sich schnell eine Gruppe erhitzter, feilschender Frauen. Geld besaßen nur einige wenige in größeren Mengen, und so vollzog sich der Handel hauptsächlich in Naturalien. Mehl, Eier, Käse – alles wurde herbeigeschleppt. Jede wollte den ausgefallensten, schönsten

Stoff für sich bekommen, um auf dem nächsten Fest – und davon gab es bei uns unzählige – die Begehrteste und Bewunderste zu sein.

## »Die Ehre, das ist dein Leben!«

Ich muß mich hüten, daß meine Beschreibungen des Lebens in V. nicht romantisch verklärt werden. Als Kind bekam ich das ganze Ausmaß des Lebenskampfes, der sich tagtäglich zutrug, nicht mit. Ich war in meiner eigenen Welt, in meiner Phantasie und meinen Träumen, wie es kleinen Kindern eigen ist. Ich empfand die Zeit meiner ersten Jahre als aufregend und geborgen. Aber das Leben der Erwachsenen sah anders aus, sie waren ihrer Umwelt schutzlos ausgeliefert und einzig durch die Gemeinschaft des Dorfes abgesichert. Es gab keine Krankenversicherung, keine Sozialhilfe und keine Rente. In der Türkei kommt im Durchschnitt ein Arzt auf 2325 Einwohner, in den kurdischen Gebieten Ostanatoliens ist es nur noch einer auf zehntausend Menschen.

Der alte Mensch, der Schwache, der Hilflose und Kranke hatte als alleinige Stütze seine Verwandten und Nachbarn, die alle Unwägbarkeiten auffingen. Die vielfache Bedrohung unseres Lebens von außen, wie durch Naturkatastrophen, Krankheiten und Hunger, schmiedete die Menschen eng und unausweichlich aneinander. So sind auch die Beziehungen untereinander eher als eine Notgemeinschaft zu beschreiben, denn als freiwillige Freundschaften und Bindungen. Wir konnten die Tradition nicht durchbrechen, da wir auf die Grundwerte, die sie schuf, zu sehr angewiesen waren. Hätten wir die Tradition angetastet, wäre das Überleben in unserer archaischen Welt unmöglich geworden. Wie hätten wir jungen Paaren den Geschlechtsverkehr vor der Ehe erlauben können, ohne die notwendigen Verhütungsmittel und ohne jede soziale

Absicherung eventuell entstehender Kinder? Ohne den strengen Sittenkodex wären wir im sozialen Chaos versunken. Diese Funktionalität der menschlichen Bindungen und ihre erbarmungslose Unverzichtbarkeit zog sich wie ein roter Faden durch unser Zusammenleben. So durfte ein Mädchen erst dann heiraten, wenn eine Schwiegertochter im Gegenzug kam, die den Teil der Arbeit verrichtete, den zuvor die eigene Tochter abdeckte. Meine Mutter wurde, als sie noch ein Mädchen war, von einem jungen Kurden umworben, dessen Gefühle auch sie erwiderte. Obwohl es keinen Grund gegen eine Ehe der beiden gab, willigte die Verwandtschaft nicht ein, weil meine Mutter als Hilfe im Haus und auf den Feldern unabkömmlich war und man eine fremde Arbeitskraft nicht hätte bezahlen können. Mit 28 Jahren, als Kadir Cemile entführte, war meine Mutter für türkische Verhältnisse bereits eine alte Frau, die kaum noch Aussichten darauf hatte, einmal heiraten zu können.

Es ist ein hoher Grad von Luxus und der wertvollste und segensreichste Aspekt der westlichen Wohlstandsgesellschaft, die Menschen aus dieser Funktionalität befreit zu haben und ihren individuellen Wünschen und Gefühlen einen wirklichen Wert und ein Recht auf Erfüllung gegeben zu haben

Die Regeln, die unser Leben beschnitten, waren immer auch Ausdruck des Existenzkampfes, den wir tagtäglich führten. Das Leben in dem deutschen Sozialstaat lockerte die enge, unauflösliche Bindung an die Tradition auf eine subtile Weise, indem sie sie in vielerlei Hinsicht aus ihrer Verantwortung herausnahm und damit überflüssig machte. Doch unsere Eltern waren schon zu alt, um ihr Wertesytem den neuen Gegebenheiten anzupassen, als sie nach Deutschland emigrierten. Wir Kinder lernten dort ein Leben kennen, das von der Tradition, der Sitte unabhängig war, was unsere Eltern nie verstanden. Denn das, was sie an uns Kinder weitergeben wollten, war durch die Sippe schon jahrhundertelang erprobt und erfolgreich in der Anwendung gewesen, hatte sich als ein sinnvolles Konzept des Überlebens bewährt. Daß der Überlebenskampf in einer kapitalistischen Gesellschaft nach anderen Spielregeln geführt wird, konnten sie nicht nachvollziehen und sind an der riesigen Kluft gescheitert.

Erst vor dem Hintergrund der Bedeutung von Gemeinschaft läßt sich erahnen, welch eine Schlüsselposition der »Ehre« in unserem Leben zukam. Sie war nicht nur irgendein moralischer Wert, sie war ein entscheidender Faktor, von dem das Wohl einer ganzen Familie abhängen konnte. »Die Ehre, das ist dein Leben«, hatte mir meine Mutter einmal gesagt. Wer sich nicht »ehrbar« verhält, der wird aus der Gemeinschaft ausgestoßen, der ist mit einem Mal nicht mehr in die Solidarität des Dorfes, der Verwandtschaft eingebunden, der muß selbst sehen, wie er zurecht kommen kann. Es wird ihn keiner mehr grüßen, keiner wird dasein, wenn er krank ist und Hilfe braucht; er hat seine Sicherheit verloren. Deshalb ist es keine unbedeutende Beiläufigkeit, wenn sich auch nur ein Mitglied der Familie nicht an die geschriebenen und ungeschriebenen Gesetze hält, die ehrbares Verhalten definieren, denn das Handeln eines einzigen schwarzen Schafes kann den Ruf einer ganzen Familie ruinieren.

Teilweise finden sich im Glauben die Vorgaben dafür, was rechtschaffenes und ehrbares Handeln ist.

Da sind in erster Linie die fünf Säulen des Islam zu erfüllen: das Glaubensbekenntnis, die täglich fünf Pflichtgebete, das einen Monat dauernde Fasten, *Ramadan,* die Pilgerfahrt nach Mekka und das Almosen geben. Für die Pilgerfahrt nach Mekka brachten die Leute große Opfer. Ein Verwandter aus V. verkaufte für diese Reise die Hälfte seines Viehbestandes, womit er die Existenz seiner Familie ernsthaft bedrohte. Es war der Traum eines jeden, einmal im Leben diese Fahrt unternommen zu haben. Dabei spielte nicht nur das persönliche religiöse Erleben eine Rolle, sondern eine vielleicht noch größere der Zuwachs an gesellschaftlicher Achtung. Kam ein Verwandter aus Mekka zurück, dann mußten wir ihn mit Hodscha anreden, ihm die Hände küssen und ihn wie einen

Heiligen behandeln. Die Arroganz, mit der die Pilger uns nach ihrer Rückkehr begegneten, mißfiel mir schon als Kind.

Meine Mutter hat immer sehr großen Wert auf das Almosen geben gelegt und Bedürftigen stets geholfen, auch wenn wir es zu spüren bekamen, weil nicht genug für alle da war. Ihre Hilfsbereitschaft und Gastfreundschaft waren sprichwörtlich, und ich kannte niemanden, der nicht mit Respekt von ihr sprach. Als ich sie danach fragte, warum sie jeden, der uns besuchte, besser mit Speisen versorgte als uns, antwortete sie mir wie so oft mit einer kleinen Geschichte:

»Weißt du, Tochter, wir können nie wissen, wie der Lohn für die Dinge, die wir tun, zu uns zurückkehrt – das ist ein Geheimnis. Aber höre mir zu! Es war Winter. Schnee bedeckte Berge und Ebenen. Ein eisiger Wind strich übers Land. Da kam bei Einbruch der Dunkelheit ein Fremder ins Dorf und suchte nach einem Quartier für die Nacht. Er war hungrig und durchfroren von den Strapazen seines langen Weges. Doch es leuchtete ihm kein guter Stern. Wo er auch klopfte und um Einlaß bat, wurde er abgewiesen und wie ein Hund in die Dunkelheit der Nacht zurück gejagt. Die Menschen hatten kein Erbarmen mit ihm, obwohl sie von Allah mit Gaben reich gesegnet waren und es keine Not bedeutet hätte, das Vorhandene zu teilen. Bald hatte der Fremde an jeder Tür vergebens geklopft, und sein Mut begann zu sinken. Da sah er in der Finsternis einen schwachen Lichtschein – und wirklich, da stand noch eine kleine, armselige Hütte. Ihr Dach schien unter der schweren Last des Schnees einzubrechen. Kaum traute er sich, bei so bedürftigen Leuten um Hilfe zu bitten, aber er hatte keine andere Wahl, er mußte einen Platz zum Schlafen finden, sonst würde er die Nacht in der Kälte nicht überleben. Als er zögernd klopfte, öffnete ihm eine magere Frau. Sie hieß ihn willkommen, auch wenn er mit ihr und den Kindern nur Armut teilen konnte und das wärmende Feuer weniger als spärlich war. Am nächsten Morgen verabschiedete sich der Fremde mit großem Dank. Doch merke dir, Tochter: Die

Bewohner des kleinen Hauses waren seit dieser Nacht gesegnet. Bald mangelte es ihnen an nichts mehr. Es war Allah selbst gewesen, der in der Gestalt des Fremden durch die Kälte und Dunkelheit geirrt war und seine barmherzigen Gastgeber reich belohnte.«

Gastfreundschaft war also eine Frage des Seelenheils, sie zeichnete einen guten Menschen aus.

So wurden auch wir Kinder zu ehrbarem Verhalten erzogen, um den guten Ruf, den wir hatten, nicht zu gefährden. Ob es uns gefiel oder nicht, wir lernten gewisse Regeln einzuhalten und zu akzeptieren und fingen erst dann zu fragen an, als wir nach Deutschland kamen, wo uns unser türkisch-kurdisches Wertesytem nicht mehr weiterhelfen konnte.

## Ein Zweikampf

Es gibt Erinnerungen, von denen ich mir heute nicht mehr vorstellen kann, daß sie einmal Teil meiner ganz persönlichen Wirklichkeit waren. Sie erscheinen mir wie erfundene Geschichten aus einer fremden, harten und kargen Welt, die jeden Tag um ihr Überleben kämpfen mußte und die für mich heute Unendlichkeiten entfernt ist:

Der Morgen dämmerte rötlich und versprach einen heißen Sommertag, langsam lösten sich Häuser, Scheunen, Mauern und Straßen aus der Dunkelheit und gewannen Konturen. Die ersten Viehtreiber machten sich auf den Weg, um die Tiere des Dorfes einzusammeln und weit draußen in die Felder zu bringen. Im Hochsommer, wenn die glühende Hitze alles Grün verbrannte, wurde es zunehmend schwieriger, genügend Futter für das Vieh zu finden, und man mußte es über weite Wege auf abseits gelegene Weiden führen. Nach und nach bildete sich eine stattliche Herde von Rindern, Eseln, Pferden und Schafen, denn die Hirten nahmen alle Tiere des Dorfes mit.

Die Schafe blökten aufgeregt, und die Hirtenhunde trieben die vom Weg abgekommenen mit ihrem scharfen Bellen wieder zurück zur Herde. Dieser Lärm erweckte das Dorf vollends aus seiner Verschlafenheit. Ich war schon aufgestanden und hatte mein Bettzeug leise zusammengelegt und mit der Matratze in einer Ecke gestapelt. Meine Geschwister schliefen noch, aber meine Mutter stand bereits in der Küche und zündete den Ofen an. Jetzt ereignete sich, wie jeden Morgen um diese Stunde, etwas für den Außenstehenden Sonderbares:

Die Geräusche der passierenden Herde lockten wie durch eine Zauberformel Frauen und Mädchen aus den Häusern. Sie kamen in ihrer bunten, wallenden Tracht, eine jede mit einem Joch auf den Schultern, heran gelaufen. Auch ich war jeden Morgen unter ihnen und lief jetzt, so schnell mich meine Beine trugen, aus dem Haus. Ich wußte, worum es ging und daß ich schneller und geschickter sein mußte als all meine Konkurrentinnen. Im Laufen bekam ich einen Schubs von dem Mädchen, das neben mir lief, sie hatte wahrscheinlich die gleichen Gedanken wie ich. Ich stellte ihr kurzerhand ein Bein und erreichte die Herde glücklich als eine der ersten. Mit flinker Hand begann ich allen Mist einzusammeln, den die Tiere hinter sich gelassen hatten, ich hatte nur den Bruchteil einer Minute Zeit, bevor die anderen eintreffen würden und das große Gerangel losging.

Mir gegenüber sammelten zwei Frauen, die bereits einen heftigen Streit begonnen hatten:

»Verschwinde hier, das war meine Kuh, laß den Mist liegen!« fing die Jüngere aufgeregt an zu schreien.

»Ach, was redest du, der Mist ist in meinem Eimer und damit gehört er mir!« entgegnete die andere bestimmt.

Voller Wut packte ihre Gegnerin einen Kuhfladen und schmiß ihn nach ihr; jetzt klebte der Mist an dem schönen, türkisfarbenen Rock. Da holte die Ältere mit aller Kraft aus und verpaßte der jungen Frau ein Ohrfeige, daß sie taumelnd zu Boden fiel. Bald hatte sich ein regelrechter Zweikampf entwickelt, bis die Kopftücher verrutschten und die Frauen sich an den Haaren zogen. Langsam bildete sich ein Kreis von gaffenden Männern, die sich in derben Witzen über den Ringkampf der Frauen amüsierten. Die Männer hielten sich immer fein raus, sie hatten mit diesen niedrigen Arbeiten nichts zu schaffen, sie benahmen sich wie kleine Fürsten, die höhnisch und verständnislos auf die primitiven Sitten ihrer Untertanen herabsehen. Aber auch sie wollten Brot essen und im Winter ein warmes Haus haben, sie saßen im selben Boot.

Wenn ich heute mit Befremden an diese unwürdigen Situationen zurückdenke, die sich Tag für Tag abspielten, wird mir in aller Deutlichkeit bewußt, in welch einem existentiellen Grenzbereich wir uns ständig bewegten. Der Mist der Tiere war unser wichtigster Brennstoff, daneben gab es nur noch das Stroh, aber es war zu kostbar, als daß man es täglich benutzen konnte, und die ärmeren Leute konnten es sich überhaupt nicht leisten. Es war eine Frage des Überlebens bei dem morgendlichen und abendlichen Gerangel, genug mit nach Hause zu bringen, denn wir konnten nur dann kochen und backen, wenn das Feuer stark genug brannte. Für die langen Wintermonate mußten wir das ganze Jahr hindurch auf Vorrat sammeln, denn in unserer 1700 Meter hoch gelegenen Region lag der Schnee im Durchschnitt 120 Tage, und die Temperaturen konnten auf unter -30°C sinken. Wir brauchten eine Menge Mist, um diese harte Zeit heil zu überstehen. Auch hier war es wieder an den Frauen, diese unterste der Arbeiten auszuführen, sie standen in der Hackordnung ganz unten und hatten zu erledigen, wofür kein Mann sich hergab.

Wir sammelten den Mist und bauten, um ihn über den Winter lagern zu können, Misthäuschen, die aussahen wie Kegel. Sie hatten eine beachtliche Höhe von drei, vier Metern und eine kleine Öffnung, durch die wir ins Innere des Kegels kriechen konnten. Ihre Unterkonstruktion wurde aus dürrem Holz gefertigt und mit Pferdemist ausgefüllt. Dabei verwendeten wir nur den Mist, der einen hohen Strohanteil hatte, um guten Halt und gute Isolation zu gewährleisten. Diese Häuschen wurden im Sommer aufgestellt und über die warmen Monate hinweg allmählich mit Mist angefüllt. Wenn der Winter kam, mußten sie so voll sein, daß man sie nicht mehr betreten konnte, nur dann war das Überleben in den kalten Monaten gesichert.

Wenn die Herbststürme tobten oder die Schneelasten zu schwer wurden, fielen diese Kegel manchmal zusammen. Das war eine Katastrophe für die betroffene Familie, und das ganze Dorf half, um zu retten, was noch zu retten war.

## Schnee

Die Winter waren lang und kalt. Wenn nachts die Schneestürme einsetzten und um unser Haus brausten und tobten und sich das Heulen des Windes mit dem der Wölfe seltsam vermischte, dann spürte ich den unbändigen Gestaltungsdrang der Natur in meinem Herzen. Doch ich hatte damals als Kind keine Angst vor den Urgewalten, die draußen wirbelten und wirkten. Ich war so fest davon überzeugt, ein guter Mensch mit einem reinen Herzen zu sein, daß es mir unmöglich erschien, daß die bösen, vernichtenden Geister, die diesen Stürmen innewohnten, mich erfassen könnten. Ich wußte mich von den guten Geistern beschützt und glaubte, daß sie unterwegs waren, die bösen Geister zu holen. Der Schnee, die Winde, das Heulen – all das waren Wesenheiten, mit denen ich in Verbindung stand, mit denen ich sprechen konnte, denen ich mit meinem Leben etwas entgegensetzen konnte. Zu mir würden die bösen Geister allein aus dem Grund nicht kommen, weil ich sie nicht hereinlassen würde. So formte sich eine Kraft in mir, die als Gegenüber die Urkräfte der Natur hatte. Ich stand auf Du und Du mit ihnen, mit ihnen mußte ich mich messen lernen, ihre Sprache mußte ich verstehen, um überleben zu können in einer dem Menschen so feindlich gesonnen Welt.

Ließen die Stürme nach, klarte der Himmel auf und kehrte allmählich Stille ein in die Nacht, dann erglänzte draußen im Mondenschein eine neue unberührte Welt, gezaubert aus Schnee. Sie bedrohte unser Leben, stellte uns vor neue, schwierige Anforderungen, aber sie war von einer Kraft, die uns berührte und stärkte.

Am Morgen nach solchen durchstürmten Nächten konnten wir es kaum erwarten, das Haus zu verlassen. Doch zuerst hieß es, den Eingang von den Schneemassen zu befreien. Oft war unsere Tür derart zugeschneit, daß wir sie nicht mehr zu öffnen vermochten. Das hing immer von der Windrichtung ab. Meistens war jedoch ein kleiner Spalt am oberen Türrahmen frei geblieben, so daß wir dort ansetzen konnten, den Schnee wegzuschaufeln. Da wir ihn ins Haus hineinschaufeln mußten, blieb uns keine andere Wahl, als ihn auf dem Tendir einzuschmelzen – so hatten wir zugleich Wasser, um Tee zu kochen.

Wir Kinder konnten es kaum erwarten, daß der Eingang freigelegt wurde. Wir wußten, daß die nächtlichen Stürme unser Dorf so verwandelt hatten, daß wir keinen Weg mehr erkennen konnten und neue Täler und Berge entstanden waren, die unseren Entdeckergeist wachriefen. Sobald wir die Tür zu öffnen vermochten und mein Vater einen Weg zur Straße hin angelegt hatte, der wie eine Rampe aussah, liefen wir hinaus. Winterkleidung war bei uns unbekannt. Selbst bei eisigsten Temperaturen trugen wir nur dünne Hosen und Röcke. Wintermäntel oder Jacken kannten wir nicht, ganz abgesehen von Mützen oder Handschuhen. Auch warmes Schuhwerk gab es nicht. Selbst im tiefsten Winter trugen wir die gleichen Gummischuhe wie im Frühjahr und Herbst. Da wir oft bis zu den Oberschenkeln im Schnee versanken, verloren wir unsere Schuhe und mußten sie dann mühselig wieder aus dem Schnee ausgraben.

Der Schnee beflügelte unsere Phantasie, so weit das Auge blickte, gab es nichts als diese weiße, unberührte Pracht. Je nachdem, wie die Sonne stand, glitzerte eine Edelsteinwelt, wo einst unser schäbiges, dreckiges kleines Dorf war. Der Schnee legte sich wie ein neues, reines Kleid über die Landschaft. Der kleine Tümpel bei der Zisterne war zugefroren, und wir genossen es, auf dem Eis zu spielen.

Hier versammelte sich das Dorf, um den Schlittenfahrern, die versuchten, nach K. durchzukommen, Bestellungen mitzugeben. Doch sie kamen nicht selten unverrichteter Dinge zurück, weil Schneeverwehungen die Wege unpassierbar gemacht hatten. Dann mußten wir sehen, wie wir ohne Nahrungsmittel von außen durchkommen konnten. Nachbarschaftshilfe war gerade in den harten Wintermonaten unerläßlich, und man half sich gegenseitig bei allen Problemen, die sich stellten: sei es, daß dem anderen Mehl ausgegangen war oder Tee oder – was am gefürchtetsten war – der Brennstoff. Denn die Misthäuschen, die wir bauten, hatten nur eine eingeschränkte Stabilität und brachen unter den Lasten des Schnees zusammen.

Die wilde Schöpferkraft der Natur war unser Gegenüber, das uns jeden Tag neu herausforderte und dem wir nur mit Schöpferkraft und Erfindungsreichtum auf unserer Seite begegnen konnten.

Alles, was mich als Kind umgab, stand in einer existentiellen Beziehung zu mir: Ob es unsere Schafe und Kühe waren, deren Gesundheit lebenswichtig war, oder der wolkenlose Himmel des Sommers, der keinen Regen mit sich brachte und unserer Ernte das Naß verweigerte. Ob es der Kot der Tiere war oder die Kräuter auf den Feldern, alles hatte eine Bedeutung. Diese tiefe Verbundenheit mit meiner Umgebung ist Teil meines Wesens geworden, ein Schatz, aus dem ich noch heute schöpfe. Ich lernte in erster Linie durch Berühren, ich wußte, alles wollte berührt werden, damit ich es verstünde. Meine Augen wurden für den einfachen Reichtum geöffnet, mit dem die

Natur sich jeden Tag an uns verschenkte. Sie gab uns Nahrung und Medizin. Die Natur hatte eine eigene Sprache, die sich uns nach und nach erschloß.

Schon früh waren wir Kinder auf uns gestellt und Gefahrenquellen ungeschützt ausgesetzt: dem Tümpel im Dorf, den Felsabhängen, den Pferden, Kühen, Eseln und Schafen, den offenen Feuerstellen und dem scharfen Werkzeug. Sehr früh mußten wir lernen, Verantwortung für uns zu übernehmen und uns Herausforderungen zu stellen. Wie selten habe ich in der Türkei den resignativen Satz: Das kann ich nicht! gehört! Wenn man nicht bereit war, zu kämpfen und seine Ängste zu überspringen, dann hatte man verloren. Das Leben war unser Lehrmeister in einer ganz unmittelbaren Art und Weise. Da es z. B. keinen Frauenarzt und keine Hebamme gab, so war eine Mutter, die schon vier oder fünf Kinder zur Welt gebracht hatte, die Geburtshelferin – ob sie sich imstande fühlte oder nicht. Die Erfahrung befähigte sie und stellte sie in Verantwortung.

Dieses Gefühl, aus der eigenen Wahrnehmung heraus das Leben zu meistern, weitete die Seele und machte mutig: Richtige Entscheidungen konnte ich nur treffen, wenn ich ganz bei mir war und meiner Intuition vertraute. Im tiefen Sinne des Wortes lernte ich die Welt ›begreifen‹: Beim Melken der Tiere fühlten meine Hände den richtigen Griff ebenso wie beim Brotbacken die richtigen Mengenverhältnisse der Zutaten daran zu erkennen waren, wie sich der Teig zwischen meinen Händen anfühlte, denn abgewogen habe ich niemals etwas. Beim Scheren der Schafe mußte ich die Bewegungen der Tiere schon im voraus absehen, mich in das Tier einfühlen, um den Umgang mit ihm berechenbar zu machen und nicht durch seine ausschlagenden Hufe getroffen zu werden.

Die innere Weite und Freiheit standen im Widerspruch zu der Enge und Zwanghaftigkeit unserer Lebensform. Ich litt sehr an dieser Spannung – meine Stärke zu spüren und vor für mich sinnlosen Dingen zu kapitulieren, einzig, weil ich als Mädchen geboren war.

## Frauenwelt

Die Frauen mußten unter den schwierigsten Bedingungen arbeiten, auch wenn sie krank und kurz vor ihrem physischen und psychischen Zusammenbruch standen. Eine Frau legte sich erst dann nieder, wenn sie ans Ende ihrer Kräfte und ihrer Selbstdisziplin gelangt war. Und selbst dann raffte sie sich auf, wenn Besuch kam oder die Kinder versorgt werden mußten, denn niemand nahm Rücksicht auf sie oder hätte für ihren Zustand Verständnis gezeigt.

»Schnell, steh auf, Frau, Besuch kommt, laß dich nicht hängen, denk an unsere Ehre!« Mit diesen Worten scheuchte mein Vater meine kranke Mutter oft hoch. Sie klagte nie über Schmerzen, aber ich bekam es doch mit, wenn sie Tücher um ihren Unterleib band und sie vor Schmerzen in die Knie ging. Nicht einen Tag habe ich sie in der Türkei ruhen gesehen, sie selbst nahm keine Rücksicht auf sich. Aber woher sollte sie das auch gelernt haben – das Mitgefühl für eine Frau und die Besorgnis um das Befinden einer Frau? Es gab für die Frauen kein Recht auf Erholung.

Aber wehe, mein Vater wurde krank. Er verbreitete Weltuntergangsstimmung, sobald ihn der Hauch einer Erkältung oder Magenverstimmung anflog. Leidend lag er im Bett und schikanierte uns mit seinen diversen Wünschen, die er mit hysterischer Stimme verkündete: »Frau, so bring mir doch endlich Wasser, siehst du denn nicht, wie es um mich bestellt ist?« Er rieb sich mit schwerer Geste die Stirn: »Du wirst es bereuen, mich hier so leiden zu lassen, wenn ich das Zeitliche segne!« Eine Stunde später konnte er sich mit Freunden treffen, um Karten zu spielen.

Auch die Männer arbeiteten hart, aber wenn sie bei Sonnenuntergang nach Hause kamen, hatten sie Feierabend, saßen zusammen, tranken Tee, spielten Karten und rauchten die Wasserpfeife. Für die Frauen jedoch ging der Arbeitstag weiter: die Öfen mußten geheizt, das Brot mußte gebacken, das Essen gekocht, die Wäsche gewaschen werden. Mit 25 sahen viele Frauen schon alt und verbraucht aus – sie waren verblüht. Die Zähne fielen aus, und bald hatte ihre Erscheinung etwas Greisenhaftes. Bei anderen hielten sich die Zähne auf für mich unerklärliche Weise, sie waren grau vom Zahnstein und schwarz vor Karies.

Für die Männer gab es wenigstens gelegentlich Unterbrechungen in dem Einerlei aus Plagerei und Verzicht: Sie fuhren am Morgen in die Stadt, machten ein paar Besorgungen und hatten dann einen ganzen Nachmittag Freizeit, besuchten Verwandte und Freunde. Für die Frauen gab es nichts dergleichen, ihr Leben bestand aus Arbeit, Arbeit, Arbeit.

Es gab demnach zwei geschlechtsspezifische Welten, die ihre eigenen Regeln und Werte hatten. Nur wenn wir in unserem engsten Familienkreis zusammen waren, durften Ana, Sayme und ich mit meinen Brüdern und meinem Vater gemeinsam essen. Sobald Besuch kam und der Kreis sich erweiterte, saßen Frauen und Männer streng voneinander getrennt.

Die Männer verbrachten ihre freie Zeit immer unter sich, nie wäre ein Ehemann auf den Gedanken gekommen, die Abendstunden mit seiner Frau zu verbringen. Sie versammelten sich im Haus des Dorfältesten und saßen dort bis tief in die Nacht, diskutierten, spielten Karten und tranken Tee. Die Frauen waren für das leibliche Wohl der Männer zuständig, mußten sie bedienen und bekochen. Sobald ein Teeglas leer war, hatte es unaufgefordert wieder gefüllt zu werden, sonst gab es böse Blicke und unfreundliche Worte. So waren die Frauen ganz auf die Bedürfnisse der Männer ausgerichtet und halfen sich gegenseitig, wenn ihnen ein Fehler unterlaufen war, der von den Männern mit Schlägen bestraft wurde. Einmal hatte eine meiner Tanten das Essen anbrennen lassen. Als ihr Mann vom Feld nach Hause kam und ihr Mißgeschick sah, fing er an, auf sie einzuschlagen.

»Warum hast du nicht aufgepaßt, alte Schlampe!«, fuhr er sie zornig an. Doch schon waren die anderen Frauen an ihrer Seite, die sich schützend vor sie stellten und erklärten, daß alle gemeinsam Schuld an dem verbrannten Essen trugen.

»Wenn du sie schlägst, mußt du uns alle schlagen!«

In diesem Zusammenhalt hatten sie eine Chance gegen die brachiale Gewalt der Männer, die bei jeder Kleinigkeit blind losschlugen und ihre Frauen nicht viel besser behandelten als ihr Vieh: Gehorchten sie nicht sofort, wurde ihnen der Gehorsam mit Gewalt beigebracht. Die Angst der Frauen vor den Männern saß tief, und die Unterdrückung, die jede Frau erfuhr, schmiedete sie in bestimmten Punkten zu einer verschworenen Gemeinschaft zusammen. Hatte eine Frau ihre Periode und konnte nicht mit ihrem Mann schlafen, dann sorgten ihre Gefährtinnen dafür, daß ihr Mann in den kommenden Tagen abends reihum in der Nachbarschaft eingeladen wurde. Dort aß und trank er dann bis zu später Stunde, so daß er, wenn er nach Hause kam, kein Bedürfnis mehr hatte, mit seiner Frau zu schlafen. Denn selbst dafür, daß die Frau ihre Menstruation hatte, bekam sie Ärger. Die Männer begriffen nicht, daß es ein natürlicher Vorgang war, der jeden Monat wiederkehrte und den ihre Frauen nicht zu verantworten hatten.

»Was? Bist du schon wieder unrein geworden!«, lauteten dann die vorwurfsvollen Worte des enttäuschten Mannes. Den Frauen war es peinlich, wenn sie den Männern ihren Zustand eingestehen mußten, denn sie selbst fühlten sich in diesen Tagen schuldig und dreckig.

Auch wenn eine Frau krank war und unfähig, ihren Haushalt zu führen, war es selbstverständlich, daß die anderen ihr ohne Aufforderung halfen. Das gehörte zum Ehrenkodex einer jeden Frau. Eine Frau verbrachte in ihrem Leben viel mehr Zeit in der Gemeinschaft der Frauen als mit ihrem Ehemann; hier konnte sie ein Gefühl von Geborgenheit empfinden, wußte sich aufgefangen in Momenten der Schwäche.

Natürlich war auch diese Lebensgemeinschaft nicht ohne Konflikte. Je älter eine Frau wurde, desto höher rückte sie in der Hierarchie. Erst im Alter erlangten die Frauen Macht und mißbrauchten sie dann gegenüber den schwächeren Mitgliedern. Besonders die Schwiegertöchter hatten ein schweres Los, wenn sie zur Familie ihres Mannes übersiedelten. Sie mußten nicht nur ihrem Ehemann gegenüber unbedingten Gehorsam erweisen, sondern auch ihren Schwiegereltern. In den ersten Jahren der Ehe durften sie den Namen ihres Mannes nicht aussprechen, schon gar nicht in Gegenwart der Älteren. Wenn sie das Essen verteilten, durften sie nie ihren Männern als erstes geben, sondern hatten zunächst den Schwiegervater zu bedienen. Es war, als würde die Bindung durch die Ehe von der Gemeinschaft ignoriert. Zärtlichkeiten oder freundliche Worte durften nicht ausgetauscht werden, der Mann geriet dann leicht in den Ruf eines Weichlings, der seiner Frau hinterherläuft und zu wenig Kraft hat, sich durchzusetzen, was ihn wiederum in der Männergesellschaft herabsetzte. Von den Schwiegermüttern wurden die jungen Frauen mit allen erdenklichen Arbeiten überschüttet, die sie zuvor selbst hatten verrichten müssen; sie genossen es, sich bedienen zu lassen und die Mächtigere zu sein.

Auch in Hausgemeinschaften, in denen noch die Mehrehe praktiziert wurde, ging es nicht ohne Streitereien zwischen den Frauen ab. Der Mann meiner Tante mütterlicherseits hatte drei Frauen, die eine war jünger als meine Tante, die andere älter. Einmal war ich zufällig da, als mein Onkel aus Kars zurückkehrte. Er hatte dort Einkäufe gemacht und auch für seine Frauen Geschenke mitgebracht: Stoffe, Perlen und Süßigkeiten. Zwischen den Frauen entbrannte ein fürchterlicher Streit um die Frage, wer was bekommt, der schließlich in Handgreiflichkeiten endete, so daß mein Onkel ihnen die Sachen wieder wegnahm. Doch so sehr sie sich zanken konnten, so verhielten sie sich in anderen Punkten zutiefst solidarisch und erlaubten es nicht, daß die ältere, da sie schon häßlich war, nur noch für die niedrigen Arbeiten mißbraucht wurde, und die jüngere, da sie am attraktivsten war, den Liebeshunger meines Onkels stillte. Sie bestanden darauf, daß alle Aufgaben und Pflichten gerecht geteilt wurden.

Zwischen den jungen, unverheirateten Frauen gab es auch erotische Beziehungen. Es war eine Sexualität, die ganz im Verborgenen lebte und von der ich nur durch kleine Zufälle etwas erfuhr.

Ich beobachtete eines Nachmittags heimlich zwei junge Frauen, die unten am Fluß Kräuter sammelten. Ich spürte, daß zwischen den beiden eine eigentümliche Spannung herrschte, sie waren still und sahen sich nur ab und zu tief in die Augen. Ich wußte nicht, was ihre Blicke zu bedeuten hatten, aber in ihnen begegnete mir eine Welt, die ich nicht kannte, deren Reiz ich aber wohl erahnte. Die beiden sammelten hinter einem großen Felsbrocken, der direkt am Ufer des Flusses lag und die Frauen vor den Blicken der anderen schützte. Vom Dorf aus waren sie nicht zu sehen, sie fühlten sich unbeobachtet. Die eine lehnte sich mit dem Rücken gegen den Felsen, und die andere schmiegte sich eng an sie. Da sah ich, wie die Hand der Größeren sich unter die Röcke der Kleineren schob und vorne, dort wo die Scheide war, in zarten Bewegungen zu kreisen anhob. Ich erinnere mich noch genau an die Spannung, die auf den Gesichtern lag, und den plötzlichen Wandel ihrer Stimmung, den ich mir damals nicht erklären konnte: Die Freude und Befreiung, die die Gesichter von einem Augenblick auf den anderen überstrahlten. Von dem Tag an achtete ich genauer darauf, wenn ich Frauen eng beieinander sah, und es fiel mir seitdem des öfteren auf, daß sie sich eng aneinander schmiegten und dabei ihre Freude hatten. Nie sah ich es aber, daß sie sich küßten oder eine intime Art von Zärtlichkeit austauschten. Es ging immer um die Befriedigung eines ganz elementaren Triebes, über die jedoch nie ein Wort verloren wurde. Wahrscheinlich hätten sich die Frauen lieber die Zunge abschneiden lassen, als von diesem Geheimnis etwas preiszugeben.

Nie wieder habe ich so schöne und ausgelassene Feste erlebt wie in meiner Heimat. Gerade im Kontrast zu dem harten Leben des Alltags, das in mühevoller Arbeit der Natur das Notwendigste abringen mußte, entfalteten die Feste ihren ganz besonderen Zauber. Sie durchbrachen die tägliche Plage in jeder Hinsicht: Es gab seltene, köstliche Speisen, Musik, Muße und Tanz. Da war es natürlich, daß die Festtagsstimmung wie von selbst alle Gemüter ergriff und bis zur letzten Minute ungebrochen anhielt.

Eine der glücklichsten Erinnerungen, die ich in mir trage, ist die an die Hochzeit meiner Cousine Amine, es war ein großes, rauschendes Fest. Unser ganzes Dorf war zusammengekommen, und auch aus der näheren Umgebung waren zahlreiche Gäste zu Pferd oder ganze Familien auf Ochsenkarren angereist, die mit bunten Bändern geschmückt waren.

Einige Verwandte waren schon am Abend zuvor eingetroffen, um den *kina gecesi*, den Hennaabend, zu feiern. Das ist eine Art Abschiedsabend für die Brautleute, die sich hier symbolisch von ihrem alten Leben trennen und sich auf die baldige Vollziehung der Ehe einstimmen. Männer und Frauen begehen diesen Abend streng voneinander getrennt und auf ganz unterschiedliche Weise.

Amine war in ein wunderschönes Kleid gehüllt, um sie herum saßen im Halbkreis ihre weiblichen Verwandten. Sie sangen traurige Lieder vom Schmerz der Liebe und nie versagender Hoffnung im Angesicht aller enttäuschten Träume. Die der Braut am nächsten Sitzenden schlugen sie auf Arme und Oberschenkel; bald weinte Amine vor Rührung, Schmerz und der Angst vor dem kommenden Unbekannten. Die Hände der Frauen waren rot mit Henna gefärbt, denn Henna gilt bei uns als Schutz vor Unglück und bösen Geistern. Je mehr die Braut weinte, je strömender die Tränen flossen, desto sorgloser würde die Zukunft des Paares aussehen, denn die Tränen, die die Braut an jenem *kina gecesi* weint, bleiben ihr in der Zukunft erspart.

Die Männer hatten eine ganz andere Art, diesen Abend vor der Hochzeit zu begehen: sie sangen und tanzten ausgelassen, machten Musik und erzählten lustige Geschichten; hier war nichts von der Melancholie der Frauen zu spüren, die für die Zukunft einer Braut in erster Linie das Leid und den Schmerz ahnungsvoll prophezeiten.

Am nächsten Morgen erstand unser Dorf in seltenem Glanz: Die Kleider der Frauen überboten sich in ihrer Farbenpracht, alles war in mühevoller Feinarbeit selbst genäht und bestickt worden, die Kopftücher waren dem Fest – und natürlich ihrer Trägerin – zu Ehre mit zartester Spitze umhäkelt. Die Frauen nutzten solche Anlässe, um ihre kunstvollen Arbeiten mit allem Stolz vorzuzeigen. Der Himmel hatte an diesem Augusttag ein besonders tiefes Blau, gegen das die Farben kräftig abstachen.

Durften die Frauen auch von ihrer körperlichen Schönheit nichts zeigen, so waren sie doch alle überaus eitel, was in aufwendiger, farbenfroher, glänzender Kleidung seinen Ausdruck fand. Auf die Näh- und Stickkunst wurde der allergrößte Wert gelegt, und eine, die diese Kunst beherrschte, wurde von allen Frauen bewundert und beneidet. Schön machten sich die Frauen nicht für die Männer – denn für andere Männer als den eigenen attraktiv zu sein, hatte etwas Sündhaftes an sich –, sondern für die anderen Frauen. In der Welt der Frauen wollte man sich einen festen Platz und Respekt verschaffen, unter den Frauen wollte man anerkannt sein. Voller Stolz präsentierte meine Mutter an diesem Tag ihre selbstgearbeiteten Röcke, von denen sie sieben Stück übereinander trug. Die Frauen befühlten die zarten Stoffe und betrachteten die in kleinen Stichen sorgfältig genähten

Säume. Für ihre feine Arbeit erhielt meine Mutter allgemein Beifall.

Auch ich hatte mir an diesem Tag alle Mühe gegeben, meine Schönheit durch kleine Accessoires zu unterstreichen. Obwohl ich erst sechs Jahre alt war, hatte ich doch schon ein sicheres Gefühl dafür, wie wichtig und spannend die Dinge sind, die sich zwischen Mann und Frau entwickeln. Doch noch zählte ich zu den Kindern, die ungeachtet ihres Geschlechtes frei miteinander spielen und tanzen durften.

Die Hochzeitsgesellschaft versammelte sich unter freiem Himmel. Zur Erfrischung gab es *Ayran*, ein Getränk aus Joghurt und Wasser, das mit einer Prise Salz gewürzt wird. Man wartete auf den Imam, der irgendwann eintreffen würde, um die Trauung zu vollziehen. Auch hier gab es keine festen Termine und Abmachungen – wozu auch? Jeder wußte, daß Hochzeit war, jeder war neugierig, jeder wollte teilnehmen. Auch der Imam würde kommen, dann, wann es richtig sein würde.

Im Haus meiner Tante herrschte große Aufregung, denn hier wurde Amine traditionell auf die Zeremonie vorbereitet. Alle engeren weiblichen Verwandten waren an diesem Tag zusammengekommen, um Amine für die Hochzeit zu schmücken. Bei uns wurde nicht in Weiß geheiratet, sondern in bunten Kleidern aus feinen seidigen Stoffen. Am Tag der Hochzeit wird die Braut so tief verschleiert, daß nicht einmal ihr Gesicht erkennbar ist. Während die Braut geschmückt wird, bereiten die Frauen sie in kleinen Andeutungen und Wortspielen auf das vor, was sie an diesem Tag erwartet: All das, was immer Tabu war, wird an diesem Tag angesprochen.

Zu gern wäre ich beim Ankleiden der Braut dabeigewesen, aber ich war noch zu klein und wurde von meinen Tanten immer wieder hinaus gescheucht, wenn ich die Tür einen Spalt öffnete. Wie geheimnisvoll es für mich war, meine Cousine plötzlich so verwandelt zu sehen! Sie saß mit gesenktem Kopf da und ließ die Reden der Frauen über sich ergehen. Ich spürte, wie sehr die Andeutungen der Frauen sie verunsicherten und in Verlegenheit brachten. Wahrscheinlich war sie froh, als ihr der Schleier über das Gesicht gelegt wurde und ihre Verletzlichkeit für keinen mehr sichtbar war.

Endlich war es soweit: Der Imam war gekommen.

Amine wurde von ihrer Schwiegermutter vor den Imam geführt. Damit wurde deutlich, daß sie von heute an nicht mehr zum Besitz meines Onkels zählte, sondern zum Besitz der Familie des Ehemannes. In großem Abstand zu ihrem zukünftigen Ehemann blieb sie vor dem Imam stehen. Ihre Schultern waren eingesunken, ihre ganze Körperhaltung drückte Angst und Scham aus.

Nachdem der Imam die Trauung vollzogen hatte, folgte der familiäre Teil der Zeremonie, der bis ins Kleinste bedeutungsvoll ist.

Zunächst zählte Amines Vater auf, was alles zur Mitgift seiner Tochter gehörte. Den größten Teil dieser Dinge hatte Amine über Jahre hinweg selbst angefertigt: Bettwäsche, die sie genäht und aufwendig bestickt hatte, Socken, Pullover, Taschen- und Kopftücher, die sie für ihre neue Verwandtschaft gearbeitet hatte. Amines Vater war wohlhabend, und so zählten zur Aussteuer zwei Schaffellmatratzen mit dazugehörigen Bettdecken und Kopfkissen. Besonders die Matratzen stellten einen großen Wert da, denn sie waren mit dem Fell mehrerer Schafe gefüllt und somit kaum bezahlbar. Das ganze Dorf war bei dieser Aufzählung Zeuge und bekundete Beifall. Anschließend gab mein Onkel den Preis für Amine bekannt, der Wochen vorher von den Brauteltern ausgehandelt worden war. Dieser Teil der Zeremonie hat eine besondere Bedeutung für die zukünftige Stellung der Frau in ihrer neuen Familie. Verlangt der Brautvater nur einen geringen Preis oder gar nichts, wird die Braut es sehr schwer haben, in der Familie ihres Mannes respektiert zu werden. Denn wenn der Vater seiner Tochter keinen Wert beimessen kann und nichts für sie einfordert, liegt diese Verachtung ihres Wertes wie ein Fatum über ihrer

Zukunft. Wenn ein Vater seine Tochter nicht schätzt, wie soll sie dann von einer fremden Familie anerkannt werden?

Diese vom eigenen Vater mißachteten Töchter mußten in ihrer Ehe schwere Wege gehen, um sich einen Platz in ihrer Familie zu erkämpfen. Sie mußten nicht nur mit den Schmähungen der Außenwelt zurechtkommen, sondern in der eigenen Seele das Gefühl der Minderwertigkeit überwinden lernen, was nur sehr starken, eigenwilligen Frauen gelungen ist, denn der Druck, dem sie von außen ausgesetzt waren, ist kaum zu beschreiben. Sie durften nicht an den Mahlzeiten teilnehmen und nur das essen, was übrigblieb. Ich kannte eine junge Frau, die in ihrem Rock ein Stück Brot versteckt hatte, von dem sie heimlich, wenn sie sich unbeobachtet wußte, abbiß. Wie ein Tier wurde sie von ihrem Mann und ihren Schwiegereltern behandelt.

Doch Amine hatte einen Vater, der seine Tochter sehr liebte. Er wollte als Gegenwert eine Milchkuh und zehn Schafe. Die Tiere standen schon bereit und wechselten jetzt vor den Augen des ganzen Dorfes den Besitzer.

Nun trat Amines Schwiegervater an sie heran, schlug ihren Schleier zurück und legte ihr die Talerkette um, die jede Frau zu ihrer Hochzeit geschenkt bekommt, wenn die Schwiegereltern reich genug sind. In der Mitte dieser Kette ist ein großer Taler aus Gold befestigt, und je nachdem, wie reich die Schwiegereltern sind, kommen noch bis zu vier kleine Goldtaler hinzu. Amine bekam eine Kette mit einem großen und zwei kleinen Goldtalern – sie konnte sich sehr glücklich schätzen, denn dieses Geschenk war außerordentlich großzügig. Ich war stolz auf meine Cousine, auch wenn sie schüchtern mit heruntergeschlagenen Augenlidern dastand und verlegen das Umlegen der Kette über sich ergehen ließ. Sie verhielt sich, wie es von einer Braut erwartet wurde und zeigte keine Freude. Nachdem ihr Gesicht wieder verschleiert worden war, wurde eine Kleinigkeit gegessen. Amine war es verboten, vor ihrem Schwiegervater und anderen älteren Männern zu essen oder zu trinken. Erst als sich ein Kreis von Frauen um sie geschart hatte, die den Blick auf Amine verstellten, durfte sie den Schleier lüften und kurz etwas zu sich nehmen. Die Männer setzten sich zusammen, rauchten die Wasserpfeife und erzählten; die Frauen trafen die Vorbereitungen für den Abend. Wir Kinder lauschten neugierig den Erzählungen der Erwachsenen. An diesem Tag hatte jeder etwas Besonderes zu sagen, alles war gewichtig und vieles für Kinderohren nicht bestimmt, was den Reiz des heimlichen Lauschens noch erhöhte.

Am Abend feierten wir in einer großen Scheune weiter, die einen festen Steinfußboden hatte, so daß wir gut tanzen konnten. Die Frauen hatten köstliche Speisen bereitet, die in Kesseln am Boden standen. Auch ein paar Lämmer hatte man zur Feier des Tages geschlachtet. Jetzt wurden sie draußen über einem offenen Feuer gebraten, ihr köstlicher Geruch ließ das Wasser im Munde zusammenlaufen, denn eine solche Delikatesse gab es selten. Der Mond leuchtete in jener Nacht so hell, daß der Schein der Öllampen kaum notwendig war, um der Hochzeitsgesellschaft Licht zu spenden.

Nachdem alle sich gestärkt hatten, kam der große Augenblick des Brautpaares. Sie wurden in das Haus des Ehemannes geführt, wo ein Zimmer für das Paar hergerichtet war. Dort lagen Matratzen und weiche Decken am Boden, Öllampen waren angezündet und tauchten den Raum in warmes Licht. Man führte die beiden hinein, die sich bis zu diesem Moment noch nicht einmal die Hände gereicht hatten, und ließ sie allein. Draußen vor der Tür saßen die nächsten Verwandten. Sie warteten, bis alles vorüber sein würde und der Bräutigam mit dem blutigen Laken seine Pflicht bewiesen hätte. Eine Viertelstunde verging, dann öffnete sich plötzlich die Tür, und Amines Mann erschien mit dem Laken. Es war blutig, er hatte seine Pflicht getan. Damals wußte ich noch nicht, daß manche Männer, die keine Erregung bekamen, sich in den Fuß schnitten oder an eine andere uneinsehbare Stelle, um ihr Scheitern zu verbergen. Dieses blutige Laken wurde von den Frauen ein ganzes Leben aufbewahrt, war für sie in Ehestreitigkeiten der Beweis für ihre Unschuld, Reinheit und Redlichkeit. Wenn eine Frau von ihrem Mann mit schmutzigen Wörtern beschimpft wurde, dann holte sie dieses Laken der ersten Nacht hervor und erinnerte ihn an die Unschuld, mit der sie einst zu ihm gekommen war.

Dann wurde Musik gemacht, und damit begann der ausgelassenste Teil des Festes. Die rhythmischen Klänge von *Davul* und *Zurna* erklangen, und wir tanzten frei und unbeschwert, fast hatte ich das Gefühl, den Boden unter den Füßen zu verlieren. Immer schneller drehten wir uns zu den fröhlichen Klängen der Musik und freuten uns an der Ausgelassenheit, an der Freiheit, die dieses Fest uns eröffnete. Ich genoß den Augenblick in vollen Zügen und wünschte, daß es immer so bliebe. Wir tanzten, wir sangen, bis die Morgenröte an unsere Pflichten mahnte.

## Verbotene Kindheit

Unsere Erziehung war streng, die Erwachsenen zeigten wenig Einfühlungsvermögen in die Lebens- und Vorstellungswelt eines Kindes. Das Leben war zu hart, als daß man sich in besonderem Maße um die seelischen Bedürfnisse eines Kindes bekümmern konnte, denn es war schon schwierig genug, die hungrigen Mägen zu stillen. Ich erinnere mich nicht, daß meine Mutter müßig mit uns spielte, wie ich es heute mit meinen Kindern tue. Wir waren zwar die meiste Zeit des Tages zusammen, aber wir verrichteten mit ihr alle möglichen Arbeiten, die anfielen. Bei fast allen Arbeiten ging ich meiner Mutter zur Hand, und dieses Gefühl der Solidarität, der geteilten Mühen und des geteilten Erfolges erleichterte die Belastungen sehr. Meine Mutter war selten schlechter Laune, sie versuchte, dem Leben allen Widrigkeiten zum Trotz Freude abzuringen. Sie erzählte lustige Geschichten oder sang uns etwas vor, auch wenn sie vor Müdigkeit kaum noch stehen konnte. Sie wollte sich nicht klein kriegen lassen und kämpfte wie eine Löwin, um sich keine Blöße vor uns und sich selbst zu geben.

Wir hatten großen Respekt vor ihr und wagten es nicht, freche Widerworte zu geben und ungehorsam zu sein. So liebevoll meine Mutter uns behandelte, wenn wir uns gut benahmen, so unerbittlich hart konnte sie sein, wenn wir ihren Anweisungen zuwiderhandelten. Die knapp bemessene Zeit des Tages ließ keinen Raum für unnötige Diskussionen, denn die anstehenden Dinge mußten erledigt werden, um unser Überleben zu sichern. Dieses Bewußtsein um den Lebenskampf bekamen wir von klein auf mit, wir wußten, daß jeder Bissen abgerungen war, daß wir nichts geschenkt bekamen.

Die Erwachsenen sahen es nicht gern, wenn wir uns müßig die Zeit vertrieben. Von klein auf wurden wir genau beobachtet und nach unserem Fleiß beurteilt – wir hatten uns schon als Kinder zu bewähren, um später einen geachteten Platz in der Gemeinschaft des Dorfes einnehmen zu können. Auch hier waren wieder in besonderer Weise die Mädchen betroffen, denn für sie stellte sich bereits in der Kindheit die Weiche dafür, ob sie eines Tages eine von Männern umworbene Frau sein würden oder ein Dasein als mißachtetes Mauerblümchen fristeten.

Die wenigen Augenblicke, in denen wir Kind waren, mußten wir uns erstehlen und vor den Erwachsenen sorgsam verbergen. Wir kannten kein Spielzeug, aber unserer Phantasie waren keine Grenzen gesetzt, und in den Stunden, wo wir nicht mit Arbeiten überschüttet waren, entfalteten wir einen ungeheuren Erfindungsreichtum. Im Frühjahr nach der Schneeschmelze durchzogen unzählige kleine Rinnsale und Bäche die Wiesen und Felder. Für uns war diese Frühlingslandschaft ein Paradies, denn die warmen Temperaturen des Tages und die Feuchtigkeit des Bodens machten das Land für kurze Zeit fruchtbar: Eine unendliche Blütenpracht und

Vielfalt übersäte Hügel und Ebenen. Wir flochten Kränze, Bänder, Ketten und sogar kleine Ringe, schmückten uns wie Könige und Prinzen und feierten in unserer Vorstellung rauschende Feste. Die vielen Felsen, die überall in die Landschaft eingestreut waren, dienten uns als Verstecke, wenn wir Entführungen oder Krieg spielten. Oft vertrieben wir uns die Zeit damit, Eidechsen zu ärgern, die wir geschickt einfingen und dann in selbst gebauten Steingefängnissen festhielten und beobachteten wie kleine Naturforscher.

Im Sommer waren die Weiden übersät mit rotem Mohn, so weit das Auge reichte, entfaltete sich die blühende rote Pracht und ließ mein Herz vor Freude hüpfen, denn ich liebte seinen Anblick und auch, seine Samen zu sammeln und zu essen.

Unser liebstes Spielzeug aber waren bunte Porzellanscherben. Sie stellten eine Kostbarkeit und Rarität dar, da wir nur selten das Glück hatten, welche zu bekommen. Wir tranken unseren Tee aus kleinen Gläschen, die als Untertassen Porzellantellerchen hatten, deren Zentrum ein farbiger Kreis bildete. Auf diesen farbigen Kreis hatten wir Kinder es abgesehen, und wo immer ein Tellerchen zu Bruch ging, stürzten wir uns begierig darauf, um unsere Sammlung um eine neue Scherbe zu erweitern. Stundenlang verglichen und betrachteten wir unsere Schätze, tauschten rote gegen blaue, kleine gegen große, oder spielten Scherbenweitwerfen, wobei für den Sieger immer eine neue Scherbe seiner Wahl als Prämie lockte.

## Ein Vertrauter

Gern machte ich Besuche bei Tante Gül, einer Schwester meiner Mutter. Ihre Familie besaß einen großen Hof, der in der Nähe des eigentümlich gefärbten Tümpels gelegen war. Hier gab es stets besondere Leckereien, die wir zuhause nicht bekamen. Aber abgesehen von diesen vielen Annehmlichkeiten gab es noch einen Grund, der mich zum Kommen bewegte: mein Cousin Kemal.

Er war sechs Jahre älter als ich. Uns verband eine Seelenverwandtschaft, die ich nur schwer zu beschreiben vermag. War ich die hübsche, energievolle Fatma, die überall auf Wohlwollen traf, so war er ziemlich genau das Gegenteil von mir: Sein Gesicht und sein Körper waren über und über mit Sommersprossen übersät, und seine Haare hatten einen häßlichen Braunton. Und so eigenwillig wie sein Aussehen war auch sein Charakter. Er lehnte sich gegen alles auf, was ihm unsinnig erschien, und war dadurch in eine Außenseiterposition gerutscht. Jeder Mensch, der sich in unserem Dorf nicht an die Regeln hielt und aus dem Rahmen fiel, hatte es unsagbar schwer. Mich faszinierte er.

Wenn wir meine Tante besuchten, führte der Weg immer an jenem seltsamen Tümpel vorbei. Als wir eines Nachmittags, es war im Spätsommer, in die Nähe des Gewässers kamen, hörte ich Geräusche, als würde sich jemand baden. Noch konnte ich nichts sehen, aber als wir um die nächste Hausecke bogen, sah ich das Unglaubliche: Kemal badete sich in dem verbotenen Wasser, und er schien mir äußerst vergnügt. Im ersten Moment war ich erschrocken, doch dann hüpfte mein Herz: Oh, wie ich es liebte, wenn unsere Regeln durchbrochen wurden. Wieviel hätte ich gern geändert, wie wunderbar, daß Kemal sich über das Gerede von den bösen Geistern hinweggesetzt hatte. Als er mich sah, rief er lachend meinen Namen: »Fatma, schau, kein Geist ist da!«

Er war ein außerordentlich sensibler Mensch und konnte in meinen Gedanken lesen. Er hatte eine Ahnung davon, was hinter meiner fröhlichen Fassade lebte, und ich wußte um das Gefühl, wenn seine Augen tief in ihn selbst zurücksanken.

Manchmal schlichen wir uns heimlich davon, legten uns irgendwo an einem schönen Platz ins hohe Gras und blickten in den Himmel. Der Himmel in V. hatte eine ganz besondere Farbe, ein Blau von einer Tiefe und Intensität, daß ich glaubte, die Unendlichkeit eröffne sich mir. Wir wechselten kaum ein Wort und waren uns im Schweigen doch unendlich nahe. Jede Wolke, die am Himmel langsam und majestätisch dahin zog, trug einen Traum und einen Wunsch mit sich davon. Wir flogen mit ihnen in ein Land, wo man die Sprache unserer Seelen verstand. Auf unseren Spaziergängen fühlte ich mich auf eine seltsame Weise geborgen und angenommen, doch sobald wir wieder die Gemeinschaft der Familie teilten, schlug dieses Gefühl in eine ohnmächtige Traurigkeit um.

Wenn ich ihn beobachtete, wie er in seine Gedanken verloren umher spazierte, hätte ich weinen mögen. Ich spürte seine Einsamkeit, wenn seine Familie ihn verspottete. Ich glaube, er verkörperte damals einen Teil von mir, den ich nicht zu leben wagte. Wie stark war auch in mir die Träumerin und Weltvergessene und wie wenig Raum gab es für diese Anlagen in einer Gesellschaft, wo alles auf Funktionalität angelegt war.

Ich war mir schon damals als siebenjähriges Mädchen intuitiv gewiß, daß sowohl er als auch ich diese dörfliche, enge Welt einmal hinter uns lassen und vollkommen neue Wege begehen würden. In unserer Mischung aus Trotz und feiner Wahrnehmung lag das Potential, diese alte Welt zu verlassen.

## »Das geschieht einer Hure recht!«

Die Tage wurden wieder kürzer. Die Ernte war eingebracht, und eine allgemeine Hochstimmung hatte unser Dorf ergriffen. Das Wetter war dieses Jahr segensreich gewesen, und die Gruben waren bis obenhin angefüllt mit Korn. In den vergangenen Wochen waren die Männer aus den Städten angereist, um ihren Familien bei der schweren Erntearbeit, besonders beim Mähen und Dreschen des Kornes, zu helfen. Jetzt freuten sich alle darauf, ein paar Tage ausgelassen zu feiern, bevor es wieder hieß, Abschied zu nehmen.

Auch wir Kinder hatten, nachdem die gröbsten Arbeiten erledigt waren, ein angenehmes Leben, konnten spielen, faulenzen, Besuche machen.

Eines Morgens saß ich müßig vor unserer Haustür und ärgerte ein paar Gänse, indem ich kleine Steinchen zu ihnen hinüber warf, die sie für Brotkrumen hielten und gierig darauf losstürmten, ehe sie meine Täuschung bemerkten.

Plötzlich hörte ich nicht weit entfernt aufgeregte Stimmen, die zunehmend heftiger wurden und sich verdichteten. Ich ließ ab von meinem Spiel und folgte neugierig dem Stimmengewirr, bis ich vor einer Gruppe von drei Häusern stand.

Eines war mir wohlbekannt. Dort wohnte Hangül, eine junge Frau, die uns Kinder immer sehr freundlich behandelte und uns oft mit kleinen Leckerbissen verwöhnte. Sie war erst seit einem Jahr verheiratet. Ihr Mann hatte, wie viele Männer aus unserem Dorf, in Istanbul Arbeit gefunden. Bei einem unserer letzten Besuche hatte sie voller Stolz und Vorfreude erzählt, daß sie mit dem ersten Schnee ein Baby bekommen würde. Wir Mädchen hatten dabei verstohlen ihren schon runden Bauch betrachtet.

Die Leute drängelten sich so sehr, daß ich Angst hatte, zerquetscht zu werden. Ich konnte unmöglich erkennen, was der Anlaß für die allgemeine Aufregung war. Vorsichtig schlängelte ich mich durch die Menschenmenge. Fast das ganze Dorf war versammelt. Das Rufen wurde zu einem furchterregenden, haßerfüllten Gestammel. In dem Durch- und Gegeneinander der Worte konnte ich kaum einen Satz verstehen. Nur ein Wort vernahm ich deutlich: »Hure«.

Endlich war ich vorne angelangt, da sah ich Hangül. Sie stand an die Wand ihres Hauses gepreßt und hielt schützend die Hände über ihren Bauch. Aus ihren Augen sprach Entsetzen und abgrundtiefe Angst. Ich wollte auf sie zu, aber da packte mich ein alter Mann an den Haaren und zog wie wahnsinnig daran:

»Du gehst nicht zu der dreckigen Nutte, verstanden!«

Vor Hangül stand ihr Ehemann in einer Gruppe von Männern, dahinter das tobende Dorf. Es war ein Satz, den sie fortwährend in wilder Verzweiflung stammelte: »Es ist unser Kind, auch wenn du mich umbringst, du hast mich geschwängert, du ... du .... du !«

Jetzt konnte ich auch die Worte der anderen verstehen.

»Die Hure hat unser Dorf beschmutzt, sie trägt das Kind von einem anderen.« –

»Sie hat uns alle besudelt, die dreckige Nutte.«

Eine altes Weib fiel kreischend ein: »Verschwinde, du Elende, geh zu den Wölfen, leb wie ein Tier, du bist es nicht wert, ein Mensch genannt zu werden, hau ab, geh zu den Wölfen.«

Ihre Aufforderung erhielt hysterischen Beifall.

»Ja, weg mit ihr!«

»Die Wölfe sollen sie zum Fraß bekommen!«

Die Männer schüttelten drohend die Fäuste, in ihren Augen loderte es unheimlich. Es lag etwas Blutrünstiges in ihren Blicken, ein Haß, dem nichts entgegenzusetzen war und der mir den Atem stocken machte.

Hangül löste sich von der Mauer, anscheinend wollte sie das Dorf verlassen. Wieder und wieder durchdrangen ihre monotonen, resigniert klingenden Worte das Geschrei der Menge: »Du hast mich geschwängert, du, du , du, du! Allah ist mein Zeuge!«

Das machte ihre Ankläger noch rasender. Einer versetzte ihr einen Tritt, sie fiel zu Boden.

»Hau ab, du Nutte, das passiert mit Frauen, die sich beschmutzen lassen, die ihr ganzes Dorf beschmutzen!«

Hangül hatte sich inzwischen wieder aufgerichtet. Da nahm jemand einen Stein und schleuderte ihn mit aller Kraft nach ihr. Der Stein traf sie am Rücken, sie taumelte, fing sich mit den Händen ab und lief weiter. Sie war schwanger und konnte sich mit dem Kind im Leib unmöglich schnell bewegen, sie hatte nicht die geringste Chance, ihren Henkern zu entkommen.

Bald fiel der nächste Stein, bis nach und nach ein ganzer Hagel auf sie niederprasselte. Längst hatte sie ihr Kopftuch verloren, das schwarze Haar vermischte sich mit dem plötzlich überall hervorschießenden Blut.

Alle machten mit – Männer und Frauen, Jung und Alt. Sie waren besessen von ihrem Haß, jedes Mitgefühl war verloren in dieser wilden, blinden Raserei. Voll Genugtuung starrten sie die schwer Verwundete an.

»Das geschieht einer Hure recht!«, hörte man es von allen Seiten.

Schon lange hatte Hangül keinen Ton mehr von sich gegeben, sie lag am Boden und stöhnte leise. Überall floß Blut. Der Steinhagel nahm kein Ende.

Ich lief weg, so schnell ich konnte, und versteckte mich hinter einer Mauer. Mit aller Kraft versuchte ich, mir die Ohren zuzuhalten, und trotzdem – bum, bum hörte ich dumpf das Aufschlagen der Steine.

Irgendwann rief jemand mehrmals: »Genug!«

Eine unheilvolle, alles durchdringende Stille lag auf einmal über unserem Dorf.

Ich saß noch lange in meinem Versteck. Hinter der Mauer floß ein kleiner Bach, Kröten und Frösche hockten um mich herum. Es war feucht, ich fror. Alles war kalt, alles zitterte – mein Körper, mein Herz, meine Seele. Die Dunkelheit brach an. Die Menschenmenge hatte sich zerlaufen, jeder war in sein Haus zurückgekehrt.

Und Hangül? Und ihr kleines, kleines Baby? Sie waren tot. Gerade die Menschen, die mir vertraut waren, die gut zu mir waren, unsere Nachbarn, von denen ich nichts Böses gedacht hätte, sie hatten Hangül und ihr Kind ermordet, sie hatten sich in wilde Bestien verwandelt. Warum?

Ich wollte nicht nach Hause, ich wollte keinen mehr sehen. Es war grauenvoll kalt, es war grauenvoll einsam um mich.

Hangüls Leiche wurde nach Einbruch der Dunkelheit heimlich in die Berge geschafft und notdürftig unter Steinen verscharrt. Dort oben lebten die Wolfsrudel, die immer auf der Suche nach Freßbarem waren. Niemand durfte die Tote finden. Offiziell war die Türkei ein westlich orientierter, laizistischer Staat.

## Wie wir die Welt begriffen

Das Schicksal Hangüls wirft die Frage auf, was Sexualität und Sinnlichkeit für uns bedeuteten und unter welchem Druck wir standen, daß wir fähig waren, Menschen um einer Moral, einer Religion willen zu opfern. Es ist schwer, auf diese Frage eine erschöpfende Antwort zu finden, denn ich berühre damit ein Kernstück unserer Mentalität. Die Wahrnehmung der Menschen in meiner Heimat unterschied sich grundsätzlich von der nüchternen Rationalität, die ich in Deutschland kennenlernte. Wir lebten nicht in Kausalitäten, sondern im Augenblick. Wir glaubten an das, was wir spüren konnten, an das, was wir unmittelbar sahen, schmeckten, rochen, hörten, ertasteten. Um die Welt zu erschließen, benutzten wir in erster Linie unsere Sinne. Ist man sich der betont sinnlichen Wahrnehmung bewußt, erklärt sich die wichtige Rolle der Sexualität wie von selbst. Sie hielt alle Fäden in der Hand und war die stille, unausgesprochene Machthaberin unserer Gemeinschaft. Beständig knisterte es in der Luft, und so manches Mal führte die aufgeladene Atmosphäre zu verrückten Überreaktionen, die schwer nachzuvollziehen waren. Denn diese Sinnlichkeit und die starken Energien, die mit ihr untrennbar verbunden sind, hatten keinen Lebensraum, waren von der Religion, unter die sie gestellt waren, verteufelt. Je mehr die Gesetze den Menschen einschränken, desto größer wird eine Gegenkraft in ihm heranwachsen, die sich nach Zerstörung und sichtbarer, brutaler Rache sehnt – besonders in einer Welt, die Konflikte nur über körperliche Gewalt austragen kann.

Einmal war Waschtag, meine Tante hatte im Garten zwei Wannen aufgestellt und Trockenleinen gespannt. Sie weichte die Wäsche ein und scheuerte sie kräftig mit Kernseife. Meine Cousine spülte die Wäschestücke anschließend mit klarem Wasser, das ständig erneuert werden mußte, in der zweiten Wanne aus. Ich hatte gerade frisches Wasser von der Zisterne geholt und setzte mich etwas abseits von den beiden Frauen ins Gras, um auszuruhen. Ein paar Tauben saßen um mich herum und suchten nach Freßbarem; gedankenverloren hörte ich auf ihr Gurren. Als ich versuchte, ihre Laute nachzuahmen und ihnen in ihrer Sprache zu antworten, kam plötzlich meine Tante heran gelaufen und schlug wie wahnsinnig auf mich ein. Sie schrie immer hysterischer: »Schämst du dich nicht!«

In ihren Augen blitzte es gefährlich. Mir war unheimlich zumute, die heftigen, unkontrollierten Gefühle meiner Tante machten mir Angst. Ich war vollkommen verwirrt – was hatte ich nur verbrochen?

»Tante, hör auf, warum schlägst du mich? Ich habe dir doch frisches Wasser gebracht!«

»Du dreckiges kleines Ding, willst du einen Knüppel zwischen deine Beine!«, herrschte sie mich an und zog mit aller Kraft an meinen Haaren, so daß ich fast am Boden lag.

»Tante, was hab ich getan?« Ich weinte und war mir keiner Schuld bewußt.

Aber sie ließ nicht von mir ab. Erst nachdem sie mich verprügelt hatte, ging sie wortlos ins Haus.

Viele Jahre später erfuhr ich, was der Auslöser für diese Tracht Prügel war: Das Gurren der Tauben gilt als sexueller Lockruf, und es ist Sünde, seiner Lust so eindeutigen Ausdruck zu geben.

Wenn ich als Kind zur Zisterne ging, um Wasser zu holen, mußte ich peinlich genau darauf achten, daß meine Hüften sich nicht zu sehr bewegten, denn das betonte Wackeln mit dem Po verstanden die Männer als einladendes Zeichen. Mit dem großen Joch auf den Schultern war das Unternehmen für ein kleines Mädchen ein einziger Balanceakt, und es war schwierig, sich während des Tragens auf den Bewegungsablauf seines Körpers zu konzentrieren. Einen Mann durfte ich auf der Straße nicht überholen, denn die Tatsache, einen weiblichen Körper über Minuten unwillkürlich zu betrachten, hatte etwas Lasterhaftes an sich. Dabei trugen wir Mädchen mehrere lange Röcke übereinander, die kaum etwas von unserer Figur erkennen ließen. Aber schon die Andeutung einer Bewegung genügte, um die überreizten Gemüter zu erhitzen. Wie oft bekam ich von meiner Mutter eine schallende Ohrfeige, wenn sie mich beim Wassertragen beobachtet hatte und meine Bewegungen ihr anzüglich erschienen waren.

Wenn wir Besuch hatten und ich die männlichen Gäste bediente, mußte ich das Zimmer rückwärts gehend verlassen, damit niemand Gelegenheit hatte, unbemerkt meinen Körper zu betrachten. Als Kind wurde mir nicht erklärt, warum ich mich so zu verhalten hatte, ich lernte nur, daß es die Sitte, die Ehre vorschrieb. Da diese Verhaltensregeln auch in Bezug auf die älteren Leute Gültigkeit hatten, um ihnen gegenüber unseren Respekt zum Ausdruck zu bringen, dachte ich als Kind, daß auch das Verhalten den Männern gegenüber mit Respekt zu tun hat. Später wurde mir bewußt, daß der Respekt nur die eine Seite der Medaille beschrieb und die andere mit der absoluten Überreizung der Männer zu tun hatte.

Obwohl die Sexualität tabuisiert war und wir nie ein offenes Wort darüber sprachen, hatte ich doch schon früh eine Vorstellung davon, was zwischen Mann und Frau passiert. Ich registrierte die Blicke, mit denen mein Vater meine Mutter betrachtete, wenn er nach einer langen Zeit der Trennung aus Istanbul zurückkehrte, bekam mit, wie er sie eng an sich zog und erinnere mich noch genau an das verschämte, abweisende Flüstern meiner Mutter: »Nein, nicht jetzt, bei Allah, die Kinder!«

Das Leben spielte sich auf zu engem Raum ab, als daß man diesen Aspekt des Menschseins hätte verbergen können. Wenn ich des Abends nicht sofort einschlafen konnte und wach im Bett lag, hörte ich manchmal das leise Stöhnen meines Vaters; es war mir nicht möglich, genau zu erkennen, was vor sich ging, ich sah nur, daß die beiden sich rhythmisch aneinander schmiegten. Es kam auch vor, daß ich morgens aufwachte und entdeckte, daß meine Eltern während der Nacht in die Küche umgezogen waren. Ich erahnte die Zusammenhänge, konnte das Geheimnis aber nicht wirklich fassen. Zu fragen, was passierte, traute ich mich nicht, denn eine innere Stimme hielt mich trotz aller Neugierde zurück. Ich spürte, daß diese Dinge zu den besonderen, den geheimnisvollen Schichten des Lebens gehörten. Für die Erwachsenen war die Sexualität auf einer indirekten Ebene immer gegenwärtig, in einer verschlüsselten Form war dieses Thema in ihren Unterhaltungen immer präsent. Jeder türkische Mann und jede türkische Frau wissen, was es zu bedeuten hat, wenn ein Mann über seine Frau sagt: »Ja, ja, meine Frau, sie ist keine gute Frau!« – Das heißt immer: Sie schläft nicht mit mir – und jeder wußte es. Und diese verpackten Vorwürfe wurden genauso in Gegenwart von Gästen vorgetragen, ohne Rücksicht auf die Intimsphäre der Frau zu nehmen, die dann mit gesenktem Kopf die Blicke der anderen ertragen mußte.

Diese betont sinnliche Art der Wahrnehmung spiegelt sich auf allen Ebenen unseres Zusammenlebens wider, sie ist ein Charakteristikum unserer Lebensweise, das sich nicht nur auf die Beziehung zwischen Mann und Frau beschränkt. Kam beispielsweise ein junger Mann in Begleitung seiner Familie in das Haus seiner zukünftigen Schwiegereltern, um um die Hand ihrer Tochter anzuhalten, dann wurde als Einstieg in die neuen familiären Bande gemeinschaftlich Zuckerwasser getrunken. Wir glaubten daran, daß die Süße des Getränkes die Menschen durchdringt und ihre Zungen zu guten Worten und Wünschen bewegt. In der Vorstellung meiner Eltern tat man auf diese

Weise alles, um dem jungen Paar eine unbeschwerte, eben süße Zukunft zu bescheren. Die Verknüpfung war einfach und sehr plausibel und die Logik für jedermann am eigenen Leib nachvollziehbar. Wir empfanden diese Bräuche nicht als vordergründig und plakativ, sondern als Ausdruck unserer Gefühle auf einer sichtbaren Ebene, als Kraft, die alle miteinander verbindet und die Gedanken auf ein gemeinsames Ziel, einen gemeinsamen Punkt konzentriert. Wurde anschließend Tee getrunken, den die Braut zubereitete, süßte und dann in kleinen Gläsern servierte, hatte sie die Gelegenheit, etwas über den Charakter ihres zukünftigen Mannes zu erfahren. Sie salzte den Tee ihres Bräutigams und wartete seine Reaktion ab: Trank er den gesalzenen Tee, ohne sich zu beklagen und ohne sich etwas anmerken zu lassen, dann galt er als geduldig und beherrscht, beschwerte er sich unwirsch, war er als tyrannischer Ehemann enttarnt, den man besser abweisen sollte.

Für die Mädchen hatte man sich kleine Rätsel ausgedacht, anhand derer die Älteren herausfinden wollten, mit wieviel Aufmerksamkeit und Sensibilität junge Mädchen und Frauen die Welt wahrnahmen. Eine dieser Prüfungen habe ich des öfteren mitbekommen und mich dann immer gefragt, warum die Erwachsenen sich nichts Neues ausdachten, wo die Lösung doch allen bekannt war. Diese Prüfung, wie wir es nannten, lief folgendermaßen ab:

Ein Verwandter oder Bekannter kommt an einem heißen Sommertag zu Besuch. Er setzt sich ermüdet nieder und wendet sich mit folgender Frage an die Tochter des Hauses: »Was braucht ein Fisch?« Und nun erwartet er von dem Mädchen, daß sie, ohne weitere Fragen zu stellen, ein Glas Wasser bringt.

Auch die Trauer eines Menschen konnten wir erst dann erkennen und nachvollziehen, wenn der Schmerz über den Verlust eines geliebten Menschen tatsächlich sichtbar wurde. Starb ein Verwandter, dann saß meine Mutter stundenlang weinend am Boden, raufte sich die Haare, daß sie in dicken Büscheln ausfielen, schlug sich mit einer Kraft auf die Oberschenkel, daß sie Wochen später blaue Flecken hatte, und zerkratzte sich das Gesicht. Und die anderen Frauen sagten mitleidig: »Die arme Cemile, sie empfindet großen Schmerz, sie wird sich noch selbst ins Grab bringen!« Dann versuchten sie, meine Mutter von ihrer Selbstkasteiung abzuhalten. Aber wehe, jemand trauert still, will in seinem Schmerz allein und unbeobachtet sein – er würde als kalter, gefühlloser Mensch in Verruf kommen. Einmal starb ein mir verhaßter Onkel, der alle Menschen schlecht behandelt hatte. Als ich seine gelbliche Leiche, die von den Frauen gewaschen und angezogen wurde, auf einem Tisch liegen sah, empfand ich nicht Trauer, sondern Genugtuung. Meine Mutter warf mir vorwurfsvolle Blicke zu – schließlich hatte ich um unseres Ansehens, unserer Ehre willen zu weinen, was würden die anderen von uns denken?! Also ging ich in die Küche, schälte Zwiebeln und rieb damit meine Augen, bis sie rot und verweint aussahen. Diese vordergründige, konkrete Art, Dinge wahrzunehmen, birgt eine große Gefahr: Sie reduziert das seelische Leben eines Menschen auf das, was sichtbar ist, und sie erzieht zur Unaufrichtigkeit.

## Schule

Als ich sechs Jahre alt war, kam ich in die Schule. Dort empfand ich das erste Mal in aller Deutlichkeit, daß ich Kurdin bin und daß es etwas anderes bedeutet, Kurde zu sein als Türke. Hätte man mich als sechsjähriges Mädchen nach meiner Nationalität gefragt, ich hätte voller Stolz geantwortet, daß ich Türkin bin. Wir waren zwar auf der einen Seite stolz, Kurden zu sein, aber das war kein ungebrochenes Gefühl, denn die Türken hatten allgemein ein sehr viel besseres Ansehen als wir Kurden. Sie galten als reicher, fortschrittlicher und weltoffener.

In unserer Familie, im Kontakt mit Verwandten und Freunden wurde ausschließlich kurdisch gesprochen, denn abgesehen von einer Krankenschwester und dem Lehrer war kein Bewohner unseres Dorfes, den ich kannte, türkischer Abstammung. Manch einer konnte zwar ein paar Worte Türkisch sprechen, aber im großen und ganzen war das Türkische für uns eine Fremdsprache.

Mit dem Tag der Einschulung sollten sich meine Sprachgewohnheiten schlagartig ändern. In dem Moment, da wir den Schulhof betraten, gab es keine kurdische Sprache mehr. Und da wir hart bestraft wurden, wenn wir untereinander ein kurdisches Wort wechselten, konnten wir Kinder uns in der ersten Zeit nach der Einschulung nicht mehr verständigen, sobald wir uns auf dem Schulgelände befanden. Es mag für den Unkundigen naheliegend sein, daß das Türkische und das Kurdische sich ähneln, da die Sprachzonen eng zusammenliegen und sich teilweise überschneiden. Tatsächlich entspringt das Kurdische dem Indogermanischen und ist dem Persischen sehr viel verwandter als dem Türkischen. Wir mußten uns innerhalb kürzester Zeit eine Sprache aneignen, die uns vollkommen fremd war.

Als erstes lernten wir die türkische Nationalhymne auswendig, die wir jeden Morgen vor Schulbeginn, ähnlich wie bei einem militärischen Appell, draußen auf dem Hof singen mußten. Es war ein Wunder, wie schnell uns die fremden Worte geläufig waren; die Angst vor den Schlägen des Lehrers hatte ihre Wirkung nicht verfehlt.

Meine Volksschule bestand aus vier Klassen, für die allerdings nur zwei Unterrichtsräume zur Verfügung standen, so daß die ersten beiden Klassen und die letzten beiden Klassen gemeinsam unterrichtet wurden. Hydar und ich saßen im selben Klassenraum, obwohl er vier Jahre älter war als ich. Das lag daran, daß es damals in unserem Dorf kein festgelegtes Alter gab, von dem ab ein Kind als schulpflichtig angesehen wurde. Hydar war ein Junge, und seine Arbeitskraft war im

Sommer auf den Feldern weniger entbehrlich als meine. Auch nach seiner Einschulung hatte mein Bruder sehr viel auf dem Hof mithelfen müssen und ist aus diesem Grund zweimal sitzengeblieben.

Der Unterricht fand täglich von acht bis zwölf Uhr statt und wurde nach zwei Stunden von einer zehnminütigen Pause unterbrochen. In den Pausen versorgte uns jeden Tag eine andere Mutter mit einem warmen zweiten Frühstück, da des morgens niemand die Zeit hatte, sich um den Schulproviant seiner Kinder zu kümmern.

War die Schule des Mittags aus, begann unser Arbeitstag im Haushalt oder auf dem Feld; viel Zeit für Schulaufgaben blieb nicht.

Der Unterricht unterschied sich grundlegend von dem, den ich später in Deutschland kennenlernte. Der Lehrer stand vorn an der Tafel, rechnete oder las etwas vor, und wir repetierten im Chor. Wenn er uns prüfte, ging er unentwegt auf und ab und rief dann unvermittelt einen Namen auf. Kam die richtige Antwort nicht sofort oder unvollständig, setzte es Schläge. Der Lehrer schlug uns mit einem dünnen, langen Stock auf die ausgestreckten Finger oder auf den Po. Er war unerbittlich, und die ungeheure Angst, die wir Schüler vor ihm hatten, war der Grund für viele ungerechte Strafen, denn vor lauter Nervosität brachten wir oft kein Wort heraus.

Im Winter, wenn die Temperaturen unter – 20° C sanken, wurde es im Schulgebäude unerträglich. Ein Kamin sollte den Klassenraum heizen, aber die finanziellen Mittel der Schule reichten nicht aus, um ihn zu betreiben. So brachten wir Kinder getrockneten Mist von zu Hause mit, um die Temperaturen einigermaßen erträglich zu halten. Das stille, regungslose Sitzen führte dazu, daß meine Zehen blau anliefen und ich für Minuten unbeweglich war, ehe ich mich unter Schmerzen auf den Heimweg machen konnte. Zu den körperlichen Belastungen kamen die psychischen durch das strenge Regiment des Lehrers hinzu. Dabei hatte ich noch Glück im Unglück, denn ich zählte zu seinen Lieblingsschülern, da ich trotz der Drohungen und Schläge einen kühlen Kopf bewahren konnte und über ein ausgezeichnetes Gedächtnis verfüge. Hydar hatte es sehr schwer. Er war nicht dumm, aber unendlich nervös, wenn er etwas gefragt wurde. Für ihn hatte sich der Lehrer eine besondere Art der Bestrafung einfallen lassen: Es gab in der Schule eine winzige, fensterlose Zelle, in der ein Kind weder aufrecht stehen konnte geschweige denn sich bewegen. Dort sperrte er Hydar ganze Vormittage ein. Ich war machtlos gegen diese Art von Gewalt, und meine Eltern wagten es nicht, die Erziehungsmethoden des Lehrers in Frage zu stellen, wie sie überhaupt nie den Mut hatten, eigene Standpunkte gegenüber offiziell anerkannten Autoritäten zu beziehen und zu verteidigen.

Keines der Kinder konnte die Schule regelmäßig besuchen. Besonders in den arbeitsintensiven Erntemonaten fehlte die Hälfte der Schüler, denn sie waren als Arbeitskräfte auf den Feldern unentbehrlich. An den widrigen Umständen unseres Schulbetriebes wird erkennbar, wie aussichtslos jeder Versuch war, sich aus seinen sozialen und gesellschaftlichen Gegebenheiten auf dem Weg der Bildung zu befreien und sich mit Hilfe seiner geistigen Fähigkeiten ein besseres Leben zu erkämpfen. Wir hatten keine andere Wahl, als uns in unser Schicksal zu fügen oder die Zelte abzubrechen und woanders nach neuen Chancen zu suchen.

## »Wofür bestrafen die Leute Harkan?«

Eines Nachmittags saß ich an meinem Lieblingsplatz auf einer kleinen Steinmauer und dachte an die Liebesgeschichten, die sich die jungen Mädchen und Frauen gegenseitig erzählten, wenn sie am Abend vor der Tür saßen und von der Arbeit ausruhten.

Obwohl ich erst acht Jahre alt war, kannte ich ihre Hoffnungen, Sehnsüchte und Wünsche doch zu gut.

Wie gern hätte ich mitgeredet, ihnen von meinen geheimen Gefühlen erzählt! Aber keine hätte das bei einem so jungen Mädchen verstanden, sie hätten über mich gelacht, mit mir geschimpft oder mir sogar eine Ohrfeige gegeben.

Mein Blick wanderte über die Weizenfelder zu den Häusern und Höfen der Böreki hinüber – dort wohnte mein Schatz!

Bei dem Gedanken, daß er vielleicht plötzlich aus einem der Häuser kommen könnte, begann mein Herz unwillkürlich schneller zu schlagen.

Ich wußte weder seinen Namen, noch hatte ich jemals ein Wort mit ihm gesprochen, aber im Stillen war er mein Vertrauter, der um all meine kleinen Geheimnisse und Schwächen wußte.

Immer, wenn ich Zeit dazu hatte, kam ich an diesen Platz, um ihn unbemerkt bei seiner Arbeit beobachten zu können. Er hatte einen wunderschönen Körper, seine Bewegungen waren geschmeidig wie die einer Katze. Aber das Auffälligste an ihm war sein kräftiges rotes Haar. Nie zuvor hatte ich jemanden mit einer solchen Haarfarbe gesehen. Wenn er auf dem Feld arbeitete, glänzte sein Haar wie rotes Gold in der Sonne.

Ich liebte es, ihn anzusehen und davon zu träumen, wie er mich in seine Arme schließen und als seine kleine Prinzessin davontragen würde. Es war eine kindliche, unschuldige Art der Liebe, aber voll erschütternder Sehnsucht und stechendem Schmerz.

Da Erntezeit war, konnte ich meinem Liebsten jetzt täglich zuschauen, wie er das Korn schnitt und drosch. Oft vergaß ich über meiner versunkenen Betrachtung die mir aufgetragenen Arbeiten und wurde so manches Mal von meiner Mutter gescholten und vom Vater verprügelt.

Plötzlich wurde ich jäh aus meinem Gedankenfluß gerissen: Unweit der Schule sah ich schwarze Rauchwolken aufsteigen, die den klaren, blauen Himmel schlagartig verdunkelten.

Schnell sprang ich von dem kleinen Mäuerchen und lief zum Dorfplatz hinunter, um zu sehen, was geschehen war. Noch bevor ich um die letzte Ecke bog und den Platz überblicken konnte, hörte ich das scharfe Knacken brennender Balken und die knisternden, säuselnden Flammen.

Auf dem Platz hatte sich eine Menschenkette gebildet, die in eiligen Bewegungen Wassereimer von der Zisterne zu einer brennenden Scheune hin und her reichte.

Aber schon jetzt konnte man sehen, daß der Kampf gegen das Feuer aussichtslos sein würde, fast das ganze Dach war eingebrochen, und die schweren Balken der Decke glühten.

Wir Kinder hatten uns zusammengefunden und sahen diesem Spektakel gebannt zu: Die Flammen fraßen mit großem Hunger alles, was ihnen in den Weg kam.

Plötzlich schrie jemand: »Achtung, die Decke!«

Es krachte mächtig, und die Decke stürzte zerberstend zu Boden.

Erschrocken sprangen die Umstehenden zurück, fuhren jedoch sofort in ihrer Löscharbeit fort.

Hinter mir hatte ich schon eine ganze Weile Leute heftig schimpfen und Flüche ausstoßen hören. Als ich mich umwandte, sah ich Harkan, der inmitten einer Gruppe von Erwachsenen und Kindern stand, er war wie so oft das Gespött aller.

Harkan war stumm, aus seinem Mund kamen seltsame Laute, die niemand zu deuten vermochte. Jeder in unserem Dorf hatte Angst vor ihm – wie vor einem Unglück bringenden Dämon, dem man keine Gelegenheit bieten durfte, den eigenen Lebenskreis zu berühren. Schon die Kinder lernten von klein auf, ihm fernzubleiben und ihn zu vertreiben, sobald er den Versuch einer Annäherung unternahm.

Unser abergläubisches Denken führte zur Verteufelung all der Dinge, die fremd, unerklärlich und abnormal waren. Wir hatten eine Art der Wahrnehmung, die viel unreflektierter war, als ich es später in Deutschland kennenlernte. Es lag uns fern, hinter die Dinge zu schauen und Entwicklungen nachzuvollziehen, dafür waren wir tief beeindruckt vom Augenblick, wir erlebten, ähnlich wie es Kindern eigen ist, das Unmittelbare, das keine Ursache und Wirkung kennt. Alles Unerklärliche und Fremde war für die Menschen meines Dorfes bedrohlich, sie reagierten darauf mit Abwehr und Aggression. In Harkan fanden ihre Urängste ein Gesicht, das Böse war mit einem Mal greifbar und bekämpfbar. Wir waren Sklaven unserer Gefühle und Stimmungen, der unglaublichen Energien, die in uns aufstiegen. Der Zwang, dem wir von außen unterworfen waren, war groß, und der Druck, der sich im Inneren dagegen setzte, schaffte sich immer in den Momenten Luft, wo endlich jemand schwächer war und einer ungnädigen Gesetzesgläubigkeit geopfert werden konnte.

Wenn Harkan auf der Straße auftauchte, spielte sich immer die gleiche grausame Szene ab: »Hau ab, du Krüppel, verschwinde! Ich werde dir Beine machen!«

Und schon wurde er getreten, verprügelt, mit Steinen beworfen.

Seine Eltern wohnten schräg gegenüber der Schule. Sie schämten sich für ihren gezeichneten Sohn und behandelten ihn nicht viel besser als die anderen. Wenn wir Kinder in den Pausen auf dem Schulhof spielten, sah er uns oft von weitem zu, ich spürte, wie gern er zu uns herüber gekommen wäre, doch sobald er sich näherte, wurde ihm gedroht, und er zog sich traurig zurück.

Auf dem Dachboden der Schule hatte er sich ein Versteck geschaffen, in dem er seine Tage ungestört vor den Anfeindungen der anderen verbringen konnte und das er erst mit Einbruch der Dämmerung verließ.

Ich habe dieses Versteck eines Tages durch einen Zufall entdeckt, als ich nach meiner Einschulung das für mich neue Gebäude erkunden wollte. Die Schule war das einzige Gebäude im Dorf, das kein Flachdach hatte, und ich war neugierig zu sehen, wie ein Dachstuhl aussehen mag.

Als ich die kleine Leiter zum Boden hinaufgeklettert war, sah ich in einer Ecke einen Holzverschlag. Ich wollte ihn aus der Nähe in Augenschein nehmen und ging langsam darauf zu, doch plötzlich hörte ich von dort Geräusche kommen. Erschrocken hielt ich inne, da sah ich Harkan herauskommen. Mein Herz pochte wie verrückt, auch mich hatten die Erwachsenen eindringlich vor ihm gewarnt, ich hatte Angst, war darauf vorbereitet, daß er mich jeden Augenblick angreifen würde.

Aber der Ausdruck seines Gesichtes hatte nichts Böses, fast sah es so aus, als würde er mir zulächeln. Dann machte er Gesten, daß ich näherkommen sollte.

Mit gemischten Gefühlen ging ich zögernd auf ihn zu. Jetzt war ich nahe genug, um ihn genauer betrachten zu können. Das wilde, bösartige Tier, das alle in ihm beschworen, konnte ich in seinen Zügen nicht wiederfinden, ich hatte im Gegenteil den Eindruck, daß er mindestens so viel Angst vor mir hatte wie ich vor ihm.

Dann zeigte er mir seine kleine, mit einfachsten Mitteln liebevoll hergerichtete Behausung: Ein Schaffell diente als Bett, daneben war eine winzige Öffnung nach draußen, durch die er den ganzen Dorfplatz überblicken konnte und die er mit einer Holzklappe jederzeit verschließen konnte. Eine Öllampe hing von einem Balken herab. Auf dem Boden standen Lebensmittel, mit denen ihn wahrscheinlich seine Eltern versorgten, und daneben ein Becher mit frischen Blumen. Es waren Mohnblumen, und sie beeindruckten mich ganz besonders. Ich kannte niemanden in unserem Dorf, der auf die Wiesen ging, um Blumen für seine Wohnung zu pflücken.

Er bot mir Brot und Käse an, zaghaft nahm ich davon, so saßen wir gemeinsam auf dem Schaffell und beobachteten das Treiben der Leute auf dem Platz.

Als ich ging, sah er mir traurig nach, wie ich die kleine Leiter herunterstieg und dann im Treppenhaus verschwand. Ich war an diesem Abend verwirrt und erschüttert, viele unbeantwortete Fragen stiegen in mir auf: Für was bestraften die Leute Harkan? Er war nicht böse! Er hatte Blumen gern und mir zu Essen gegeben! Warum gab man ihm keine Chance, warum verurteilte man ihn für etwas, das er nicht verschuldet hatte?

Harkan gestikulierte aufgeregt. Mich wunderte, daß er sich nicht zurückzog, wie er es sonst immer zu tun pflegte, wenn die anderen auf ihm herum hackten.

Er tat mir leid, ich wußte, daß er kein schlechter Mensch war, wußte, daß das ganze Dorf ihm grauenvolles Unrecht zufügte. Unsere Begegnung auf dem Dachboden hatte zwischen uns ein Band der Vertrautheit geknüpft.

Als er mich sah, kam er auf mich zu und machte eine Bewegung, als hätte er ein Streichholz in der Hand, das er an einer Schachtel entzünden wollte. Dann wies er immer wieder auf die Scheune.

Ich verstand sofort, daß er etwas über die Ursache des Brandes wußte und uns seine Beobachtungen mitteilen wollte, er konnte ja von seinem Versteck aus den ganzen Platz problemlos überblicken.

Die anderen fingen in ihrer Blindheit schon wieder an, auf ihn einzuprügeln.

Ich zog ihn mit mir, um herauszufinden, was genau er sagen wollte.

Als ich mit ihm sprach und kurz unwillkürlich zur Scheune hinüberblickte, sah ich in der Menge einen roten Haarschopf.

Mein Atem stockte, kein Wort kam mehr über meine Lippen.

So nah war er mir noch nie gewesen.

Und als hätte er meine Gedanken gelesen, kam er zu uns herüber. Aber seine Augen hielt er nicht auf mich gerichtet, sondern auf Harkan. Zorn und Wut lagen in seinen Blicken. Er stieß ihn zurück und griff nach meinem Arm, um mich wegzuziehen. Es war eine alles andere als zärtliche und sanfte

Berührung, aber ich hatte schon lange nach seiner Nähe gehungert, und selbst diese grobe Behandlung bedeutete für mich die Erfüllung lang ersehnter Träume. Ich spürte seine starken Hände auf meiner Haut, diese Hände, die ich aus der Ferne so oft betrachtet hatte, die mir auf eine eigentümliche Weise vertraut waren.

Ich vergaß Harkan, wollte den Ausdruck seiner traurig blickenden Augen nicht sehen, wollte nicht wahrhaben, daß der Schmerz und die Einsamkeit in seinen Zügen meine Verantwortung waren. Anstatt Harkan vor den Beschimpfungen und Tritten meines Liebsten zu beschützen, kostete ich den Augenblick aus. Und was war das, auf einer nüchternen Ebene betrachtet, für ein armseliger Augenblick!

Erst später erkannte ich, daß mein Rothaariger seinen Zauber allein in meiner Phantasie entfaltet hatte, daß er die ureigenste Schöpfung meiner Sehnsüchte war, und ich schämte mich zutiefst für das Unrecht, das ich Harkan um seines willen getan hatte.

Der Brand der Scheune wurde nicht aufgeklärt. Die Leute unseres Dorfes spekulierten lange, ob das Heu sich selbst entzündet hatte oder ob das Feuer von jemandem aus Rache oder Neid gelegt worden war. Harkans Beobachtung, die er noch oft in seiner undeutlichen Sprache zu artikulieren versuchte, wurden nicht ernst genommen; er wurde noch haßerfüllter als zuvor vertrieben, wenn er einmal den Mut aufbrachte, sich unter die Menschen zu wagen.

## Frauentanz

An einem heißen Tag im Hochsommer staute sich die Hitze in unserem Klassenraum; die schwüle Luft verflüchtigte jeden vernünftigen Gedanken in unseren Köpfen. Wir waren gerade dabei, Rechenaufgaben mit Hilfe von getrockneten Bohnen zu lösen. Hydar saß neben mir, er hatte wieder einmal das Pech, auf die Fragen unseres Lehrers keine Antwort geben zu können. Mit einem langen Lineal bekam mein Bruder mehrere Schläge auf seine ausgestreckte Hand und sollte sich für den Rest der Stunde auf einem Bein in die Ecke stellen. Es dauerte nicht lange, da verlor Hydar das Gleichgewicht und wankte nach rechts und links. Als er beinahe hingefallen wäre, begann er zu weinen und stürzte hinaus ins Freie. Ich sah ihm nach, wie er die Dorfstraße hinauf rannte. Zu gern wäre ich ihm gefolgt, aber die Angst, daß auch ich bei meinem Lehrer in Ungnade fallen könnte, hieß mich sitzenbleiben.

Als die Schule aus war, machte ich mich auf die Suche nach ihm. Ich lief die Dorfstraße hinauf, konnte ihn aber nirgends finden. Bald hatte ich die letzten Häuser des Dorfes erreicht, doch mein Rufen war ohne Antwort geblieben. Während mein Blick suchend die Landschaft abtastete, meinte ich plötzlich oben bei der alten Ruine eine Jungengestalt gesehen zu haben.

Diese Ruine lag auf dem höchsten und steinigsten Hügel und war ungefähr eine Stunde Fußwegs vom Dorf entfernt. Kaum jemand stieg jemals dort hinauf, und auch ich war noch nie an diesem Ort gewesen. Man erzählte, daß es dort einen Friedhof gäbe, auf dem Heilige begraben seien. Der Weg hinauf war sehr steil und wegen der großen Felsbrocken, die immer wieder im Wege lagen, sehr schwer zu gehen. Dennoch entschloß ich mich hinaufzusteigen, um meinen Bruder zu finden. Die Sonne schien unerbittlich, und nichts war da, was mir hätte Schatten spenden können. Das große graue Felsmassiv, auf dem das eingefallene Bauwerk einst errichtet worden war, gab keinen Lebensraum für Pflanzen.

Als ich endlich oben angekommen war, war von Hydar weit und breit nichts zu sehen. Meine Rufe verhallten in der Stille. Der Ausblick über unser Dorf und die weite Ebene war erhebend. Ich stand über allem und sah die Menschen in der Ferne wie kleine Ameisen auf den Feldern arbeiten. Ein Gefühl von

Freiheit erfüllte mich beim Anblick der felsigen Berge und der sich öffnenden Tallandschaft.

Mein Blick schweifte zurück zu dem alten Gemäuer. Die Ruine war wohl einst eine armenische Kirche gewesen. Das Dach war zur Hälfte eingestürzt, überall lagen riesige Steine, die von oben heruntergefallen waren. Ich rückte mir einen Stein zurecht, um durch eines der Fenster ins Innere zu schauen: Auch drinnen lagen heruntergefallene Steine kreuz und quer durcheinander, sie waren von jenen braunen und orangenen moosartigen Kräutern bedeckt, aus denen wir unser Henna herstellten. Das Licht fiel wunderbar ein, und der klare blaue Himmel leuchtete voller Intensität über diesem von Menschen lang verlassenen Raum, dem trotz seines Verfalls eine besondere Majestät innewohnte. Ich war wie verzaubert von der starken, schönen Stimmung dieses Ortes. Und als ich von meinem Stein abrutschte, schob ich ihn behutsam an den Platz zurück, von dem ich ihn herangerückt hatte, denn ich war von Ehrfurcht erfüllt und hatte Sorge, irgend etwas zu verändern, womit ich diesen eigentümlichen Zauber hätte stören können.

Ich ging um die eingefallene Kirche herum, kam an der halbrunden Apsis vorbei und stand endlich dort, wo einmal der Eingang gewesen sein mochte. Als ich von dort hineinsah, fiel mir ein besonders schöner, behauener Stein auf. Er sah aus, als hätte er schon seit Urzeiten an diesem Ort gestanden. Ich trat näher heran: Er wirkte wie ein großer, rechteckiger Tisch auf mich und reichte mir bis zu den Schultern, so daß ich Mühe hatte, seine Oberfläche in Augenschein zu nehmen. Ich erfühlte sie mit den Händen und entdeckte eine kleine Vertiefung, die nicht größer war als eine Trinkschale. »Ein wunderbarer Platz für eine Kerze!«, ging es mir unwillkürlich durch den Kopf.

Dann wandte ich mich um, um noch einmal nach Hydar zu suchen, aber ich konnte ihn nirgendwo entdecken: Der Weg, welcher sich zum Dorf hinunter schlängelte, war menschenleer.

Als ich bei meinem weiteren Erkundungsgang auf ein dunkles Loch im Felsen stieß, das wie der Eingang einer Höhle aussah, kamen mir die Worte einer alten Frau wieder ins Gedächtnis: »Wer dort oben zu graben anfängt, dem fallen die Hände ab, denn die Ruhe der Toten wird nicht ungesühnt gestört.«

Trotzdem zwängte ich mich durch die schmale Öffnung und fand mich bald in einem Gang wieder. Die Luft war feucht und kühl. Es war zu dunkel, um irgend etwas erkennen zu können, eine unglaubliche Angst erfaßte mich mit einem Mal:

»Wie konntest du dich nur hereinwagen, Fatma!« Ich fing zu zittern an: »Die Geister der Toten werden dich nie wieder von hier fortlassen!«, durchfuhr es mich. Und ohne daß es mir bewußt gewesen wäre, begann ich, mit den Verstorbenen zu reden. In meiner Aufregung wußte ich nicht mehr, von wo ich gekommen war. Es war so dunkel geworden, daß ich mich nur noch tastend vorwärts bewegen konnte. Bei jedem Schritt, den ich tat, fürchtete ich, in einen Abgrund zu stürzen oder gegen eine Mauer zu prallen. Als ich inmitten der Dunkelheit einen winzigen, hellen Punkt sah, dachte ich, einem Geist begegnet zu sein. Erst als ich mich aus meiner versteinerten Haltung zu lösen wagte und mich dem Lichtpunkt zu nähern suchte, stellte ich fest, daß er allmählich heller und größer wurde. Da begriff ich, daß ich den Ausgang gefunden hatte. Und wirklich: Ich fand am anderen Ende des Ganges wieder ins Freie.

Da fühlte ich mich wie von den Toten auferstanden, und als ich die Ruine wieder erblickte, schien sie mir noch lieblicher als zuvor. Zudem vernahm ich voller Erstaunen den Gesang von Frauen und freute mich, jemanden hier oben anzutreffen. Der Gesang kam aus dem Inneren der Ruine. Als ich jetzt zum zweiten Mal durch den Eingang kam, erblickte ich auf dem Stein, den ich eben bewundert hatte, tatsächlich eine Kerze, eine brennende Kerze! Und nicht weit davon entfernt tanzten sechs oder sieben Frauen im Kreis. Sie trugen Gewänder aus feinem, seidigen Stoff. Lachend und leichtfüßig bewegten sie sich zu ihrem Gesang. Die Farben ihrer Kleider leuchteten orange, gelb, rot und grün. Auch ihre Haare waren ganz von bunten Schleiern bedeckt. Es war eine erfüllende Freude, ihnen zuzusehen. Je länger ich sie betrachtete, desto größer wurde in mir die Sehnsucht, einmal eine ebensolche Frau zu werden. Die tiefe Zufriedenheit, die auf ihren Gesichtern lag, die Geschmeidigkeit ihrer Körper und die Lautlosigkeit ihrer Bewegungen – all das im Zusammenspiel war eine wunderbare Harmonie, wie sie mir nie zuvor in einer Frau begegnet war.

Als ich die Tänzerinnen eine Weile beobachtet hatte, fiel mir auf, daß ihre Füße beim Tanzen nicht die leisesten Geräusche verursachten, obwohl der Boden voller Steine lag und ich zumindest ein leichtes Aneinanderschlagen der Steine hätte vernehmen müssen. »Tante«, rief ich die Frauen mehrmals an. Da sie nicht reagierten, ging ich hinaus, um zu sehen, ob Hydar vielleicht doch in der Nähe war. Zu gern hätte ich ihn an diesem wunderbaren Anblick teilhaben lassen. Aber er war nicht da, und so beeilte ich mich, zu den Frauen zurückzukehren. Doch als ich durch die ehemalige Tür wieder eintreten wollte, waren die Tänzerinnen verschwunden. Nur die Kerze stand noch immer in der kleinen Mulde auf dem großen, tischähnlichen Stein, aber sie war verloschen. Ich suchte überall nach den Frauen, lief um die alte Kirche herum, spähte nach allen Seiten den Hügel hinab: Kein Mensch war zu sehen.

Ich setzte mich auf einem Stein nieder und ließ die Eindrücke in mir nachklingen: Ich fühlte mich wie jemand, der ein großes Geschenk bekommen hat, einen Schatz, den er im Herzen bewahren muß. Jetzt hatte ich mit eigenen Augen gesehen, daß es eine andere Wirklichkeit gab. Und ich spürte, daß ich dieses Geheimnis gut hüten mußte, damit niemand mir das Vertrauen in meine Wahrnehmung zerstören konnte. Ich hatte an diesem Tag ein Samenkorn geschenkt bekommen, das es zu pflegen und zu gießen galt und das einst zu etwas ganz besonderem erblühen würde. Von diesem Tag an fühlte ich mich wie eine Eingeweihte, und selbst in den schwierigsten Zeiten, die noch auf mich zukommen sollten, schöpfte ich Kraft, sobald ich an diesen Frauentanz in der verfallenen Kirche zurückdachte.

## Zigeuner

Wenn es Mai geworden war und die Sonne uns mit ersten warmen Tagen verwöhnte, hielt ich bei meinen Arbeiten immer wieder inne: Meine Augen suchten die weite Ebene ab, ob sie nicht vielleicht eine Bewegung am Horizont entdecken könnten. Denn kündigte der Sommer sich an und wurden die Tage wärmer, dann stand die Ankunft der Zigeuner unmittelbar bevor. Sie kamen jedes Jahr in unser Dorf und verbrachten bei uns die Sommermonate.

Und wirklich, eines Tages war es so weit: Was erst nur ein Flimmern am Horizont war, wurde zu einem bunten Treck aus Wagen, Eseln, Pferden und Maultieren. Eine Farbenpracht ohne gleichen war das: Bunte Decken und Teppiche schützten das Gepäck, und die Gewänder der Frauen und Kinder leuchteten in allen Schattierungen. Als sie unser Dorf erreicht hatten, liefen wir zusammen und begrüßten sie mit lautem Hallo. *Hosgeldiniz!* Sie brachten viel mit, was in unserem Dorf nicht zu bekommen war, besonders fachkundige Handwerker: Schreiner, Schmiede, Heilkundige – und was von ganz besonderer Bedeutung war: einen Goldschmied.

Sie errichteten ihr Zeltdorf immer in einer kleinen, windgeschützten Senke, die zehn Minuten Fußwegs von unserem Dorf entfernt war. Es dauerte stets ein paar Tage, ehe alles aufgebaut war und die Handwerker ihre Werkstätten eröffnen konnten.

Das Dorf bestand aus acht oder neun Zelten, die in einem auf einer Seite offenen Kreis angeordnet waren. Das Zelt, das am Eingang des Kreises stand, gehörte dem Ältesten, dem

Anführer der Sippe. An ihm ging kein Weg vorüber. In der Mitte des Kreises war eine große, offene Feuerstätte, zwei Eisenstangen waren dort in die Erde gehauen und eine dritte quer darüber gelegt. An ihr wurden die großen Messingkessel aufgehängt, in denen die Frauen das Essen zubereiteten. Am Abend saßen sie um das Feuer, erzählten Geschichten und machten Musik. An den breiten Gürteln der Frauen waren Tambourine befestigt, die sie des abends spielten.

Eines Tages schickte mich meine Mutter in das Zigeunerdorf, um Stoffe abzuholen, die sie am Vortag ausgesucht hatte. Ich traf die Stoffhändlerin am Feuer, wo sie mit der Zubereitung der Speisen beschäftigt war. Als sie hörte, daß ich Cemiles Tochter war, lud sie mich in ihr Zelt ein. Sie forderte mich auf, die Schuhe auszuziehen und schlug dann den Teppich zurück, der den ovalen Eingang bedeckte. Es war das erste Mal, daß ich ein Zigeunerzelt von innen sehen sollte. Ich konnte aufrecht eintreten, doch ein Erwachsener mußte sich bücken, um das Zelt zu betreten. Von außen hatte alles so armselig ausgesehen, doch welch ein Zauber und Reichtum entfaltete sich im Inneren des Zeltes! Unzählige bunte Teppiche und Kissen bedeckten den Boden. In einer Ecke standen auf einem kleinen Tisch, der aus Steinen erbaut war, das Geschirr, die Teekanne und die Lebensmittel. Auch das köstliche Trockenfleisch war darunter, und als ob die Zigeunerin gewußt hätte, wie gern ich es esse, schnitt sie einen Streifen davon ab und reichte ihn mir. Ich ließ mich auf einem der weichen Kissen nieder, aß das Fleisch und betrachtete den Raum. Von der Decke hingen Messer, Werkzeuge und allerlei Musikinstrumente herunter, die mir fremd waren. Hatte ich von draußen nur die gegerbten Tierhäute gesehen, die gegen Wind und Regen Schutz boten, so konnte ich jetzt im Inneren die wunderbar flauschigen Schaffelle befühlen. Sie gaben eine warme, kuschelige Atmosphäre, und ich war erstaunt, wie sauber und gepflegt sie waren.

Als ich das Zelt, bepackt mit Stoffen, wieder verließ, sah ich noch eine Weile dem Treiben der Leute zu, bevor ich mich auf den Heimweg machte. Es fiel mir schwer, diesen Ort zu verlassen, an dem ich eine mir unbekannte Freiheit atmen konnte. Nicht nur die Gegenstände, die diese Menschen mit sich führten, sondern auch die Gesichter der Zigeuner erzählten von einem anderen, spannenden Leben, das die Enge unseres Dorfes durchbrach.

Nicht alle waren den Zigeunern so wohlgesonnen wie meine Mutter, manch ein Bewohner unseres Dorfes stand ihrem Kommen mit gemischten Gefühlen gegenüber. Zwar schätzten sie die geschickten Handwerker und fleißigen Arbeiter, doch das Sommerlager brachte auch kleine Unannehmlichkeiten mit sich, denn es gab keine sanitären Anlagen für die Fremden. Mußten sie ihre Notdurft verrichten, dann gingen sie auf die Felder, gruben ein Loch in die Erde, machten ihr Geschäft und verschlossen das Loch anschließend mit einem Stein. Waren die Hirten draußen auf den Weiden, dann stießen sie nicht selten auf solche »Stolpersteine«. Auch wir Kinder machten unsere Späße darüber. Wenn wir in den Feldern spielten, suchten wir nach bestimmten Steinen, die mit braunem oder grünem Moos überzogen waren. Bespuckten wir diese Moose, dann setzten wir in ihnen einen Farbstoff frei, mit dem wir unsere Hände und Arme bemalen konnten. Wenn die Zigeuner da waren, wurden wir bei diesem Spiel die Angst nicht los, auf eine der verborgenen Zigeunertoiletten zu stoßen. Die Schadenfreude, wenn ein anderes Kind einen solchen Stein hochhob, war unbändig.

Doch im großen und ganzen freuten wir uns über die Abwechslung und Hilfe, die sie uns brachten. Es war ein reges Leben, das mit diesen Menschen bei uns einzog: Die Frauen flochten Körbe und knüpften Teppiche mit Mustern, die wir nicht kannten und die gerade deshalb eine Besonderheit für uns waren, die wir gern erwarben. Die Männer halfen uns bei der Arbeit auf den Feldern oder reparierten Werkzeuge und Dächer.

Der Goldschmied aber war die wichtigste Person! Er beherrschte eine Kunst, die bei uns hoch angesehen ist: Er vergoldete Zähne. Es gab nichts, was einen Mann oder eine Frau mehr zieren konnte, als solch ein Goldzahn. Es war teuer, sich einen anfertigen zu lassen, und man mußte lange sparen, um ihn sich leisten zu können.

Als meine Mutter sich ihren ersten Goldzahn machen ließ, war ich gerade zwei Monate alt. Sie hatte mich zum Vergolden mitgenommen, da sie mich noch stillte. Der Goldschmied hatte eine wunderschöne Frau, die nicht nur unter den Zigeunerinnen viele Neiderinnen hatte, sondern auch unter den Frauen unseres Dorfes. Meine Mutter erzählte, wie man versuchte, diese Frau schlecht zu machen, weil man ihre Schönheit und Anmut nicht ertragen konnte. Auch sie hatte ein Baby in meinem Alter, das gestillt wurde. Als die Zigeunerin meine Mutter beim Stillen beobachtete, bemerkte sie, daß Anas Milch nicht reichte, um mich zu sättigen. Und da ihre Brüste reichlich gefüllt waren, bot sie meiner Mutter an, mich von ihrer Brust trinken zu lassen. Sie erwies meiner Mutter in dieser Freigebigkeit eine besondere Ehre, denn mit ihrer Milch geben die Frauen auch ihre Seele hin. Bei uns wurde streng darauf geachtet, daß Frauen ihre Milch nicht an ein Kind weitergaben, zu dessen Mutter sie kein gutes Verhältnis hatten; wir sorgten uns um den Seelenfrieden eines solchen Kindes, denn wenn es von zwei zerstrittenen Frauen genährt wird, muß es den Kampf dieser Seelen in seiner Brust austragen.

Unter Verwandten und Freundinnen war es ganz natürlich, daß die Kinder gegenseitig anlegt wurden. Da es keine Fertignahrung für Babys gab, war dies die einzige Möglichkeit, die Kindersterblichkeit zu reduzieren.

Unsere Verwandten schimpften mit Ana, als sie erfuhren, daß ich die Milch einer Zigeunerin, einer freiheitsliebenden, nicht seßhaften Frau getrunken hatte. Doch Ana machte sich keine Sorgen: Die Frau hatte ihr sehr gut gefallen, und von diesem Tag an erzählte sie, daß in mir eine kleine Zigeunerin verborgen sei.

## Mutter geht nach Deutschland

Die Zeiten änderten sich. Der Bruder meiner Mutter war aufgebrochen, um eine Alternative zu dem mühseligen, aufzehrenden Leben in der Türkei zu finden. Er hatte sich entschlossen, nach Deutschland zu gehen, wo man Arbeitskräfte dringend benötigte und mit einem besseren Leben warb. Als er ging, war er gerade zwanzig, er ging allein, ohne Familie. Schon bald kamen Briefe, die meine Mutter bestürmten, ebenfalls die Zelte abzubrechen und ihm zu folgen.

Meine Mutter konnte sich nicht entscheiden. Das Leben war hart und lieferte kaum das Notwendigste. Aber in V. war ihr Zuhause, hier kannte jeder ihre Geschichte, hier wußte jeder, wer ihre Eltern, wer ihre Großeltern waren. Sie hatte in den Augen der Gemeinschaft, in die sie eingebettet war, ein ehrbares Leben geführt. Hier hatte sie ihre Kinder zur Welt gebracht, hier war sie ihre eigene Herrin, besaß Land und Vieh. Wie würden die Menschen in Deutschland sein? Sie hatten nicht nur eine andere Sprache, sondern auch einen anderen Glauben. Wie sollte sie die fremde Sprache lernen, wo sie nicht einmal in der Lage war, ihre eigene zu lesen und zu schreiben. Aber das wichtigste – wo sollten ihre Kinder bleiben! Alles wollte sorgfältig überlegt und vorbereitet sein, bevor endgültige Schritte unternommen werden konnten. So lehnte sie die Angebote ihres Bruders immer wieder ab.

Bis eines Tages ein Brief mit anderem Inhalt kam. Der Bruder schien schwer erkrankt und brauchte Hilfe. Jetzt zögerte meine Mutter nicht. Familienbewußtsein und die damit verbundenen Pflichten hatten höchste Priorität in ihrem Leben. Kurzerhand packte sie ihre Sachen, innerhalb eines Jahres sollte alles so weit vorbereitet sein, daß auch wir Kinder nachkommen konnten.

Meine Mutter trug das Kopftuch, befolgte die Gebote des Islam, aber sie stand mitten im Leben, sie stand ihren »Mann«. Als Einundvierzigjährige brach sie allein in ein fremdes Land auf, um ein neues Glück zu finden. Mann und Kinder blieben vorerst in der Türkei. Das ist Emanzipation in ihrer reinsten, ausgeprägtesten Form, aber wehe, wenn aus dieser Stärke, diesem Mut eigene Rechte hätten abgeleitet werden wollen!

Wo immer mein Vater Gelegenheit dazu hatte, versuchte er, ihre Kraft zu zerstören. Aus seiner armseligen Persönlichkeitsstruktur heraus mußte er diese leuchtende, starke Frau demütigen, um selbst bestehen zu können. »Wo kommst du her, wer bist du denn schon, was hast du je in deinem Leben geleistet!« Wie oft klangen diese und ähnliche Worte in ihren und meinen Ohren wider. Es war nicht nur seelische Mißhandlung – oft hat er sie im Anschluß an derartige Beschimpfungen geschlagen. Erst ganz zum Schluß, als er sein Ziel erreicht hatte, konnte er so etwas wie Mitleid für sie entwickeln.

## Allein zurückgeblieben

Als meine Mutter sich schweren Herzens entschlossen hatte, ihrem Bruder nach Deutschland zu folgen, begann für mich und Hydar eine Zeit der Schutz- und Heimatlosigkeit, die mein Vertrauen in die Gemeinschaft unseres Dorfes und unserer Familie schwer erschütterte.

Bis dahin hatte ich persönlich immer gute Erfahrungen mit unseren Nachbarn und Verwandten gemacht. Die Erwachsenen waren ausgesprochen kinderlieb und sorgten sich um unser Wohlergehen. Ich liebte unser freies Leben, liebte die Gemeinschaft der Frauen, in der jede Mühe schwesterlich geteilt wurde.

Sobald meine Mutter abgereist war und wir allein zurückblieben, änderte sich alles schlagartig. Wir siedelten zu der Familie eines älteren Bruders meines Vaters über, die außerhalb von V. wohnte, so daß wir zu dem Verlust unserer Mutter noch den der vertrauten Umgebung zu verkraften hatten.

Wir wurden schlecht und ungerecht behandelt, für meinen Onkel waren wir willkommene, billige Arbeitskräfte, die er von morgens bis abends auf dem Feld und im Haus einsetzte. Es war der erste Haushalt, den ich kennenlernte, wo die Lebensmittel verschlossen aufbewahrt wurden, so daß Hydar und ich, wenn wir nicht pünktlich mit unseren Arbeiten fertig wurden und dadurch die Mahlzeiten verpaßt hatten, mit leerem Magen zu Bett gingen. Menschliche Anteilnahme und Wärme wurden uns überhaupt nicht mehr entgegengebracht, und es war ein Segen, daß wir einander hatten, um uns gegenseitig über unseren Kummer und Schmerz hinweg zu trösten.

Sayme und Halil hatten es besser getroffen, sie kamen zu einer Verwandten meiner Mutter nach E., wo man sich liebevoll um sie bemühte und sie das Glück hatten, schon als Kleinkinder Türkisch zu lernen, was einen großen Vorteil bedeutet. Ich weiß noch, wie unendlich stolz ich auf die beiden war, als wir uns wiedersahen und sie sich fließend auf Türkisch unterhalten konnten.

Die Männer der Umgebung betrachteten mich seit der Abreise meiner Mutter als Freiwild, an dem jeder seine Lust ungestraft befriedigen durfte. Gegenüber unserem neuen Wohnhaus befand sich ein Schafgehege und ein niedriger Stall, in dem sich die Schafe während der kalten Monate unterstellen konnten. Er war mit einfachsten Mitteln gebaut und erreichte gerade die Höhe eines ausgewachsenen Schafes.

Mein Onkel hatte einen Hirten in Anstellung, der für das Melken und Scheren der Schafe zuständig war. Oft ging ich zu ihm herüber, um ihm bei seiner Arbeit zu helfen.

Eines Tages, als ich mich niedergekniet hatte, um eines der Schafe zu melken, stand er unerwartet bei mir und berührte von hinten meine Scheide. »Komm mit, Fatma, es wird dir gefallen!«

Der Atem stockte mir. Ich wußte nicht, was seine Worte zu bedeuten hatten und warum er mich an dieser Stelle anfassen wollte. Doch eine nie empfundene Angst sprang mich an, dunkle Ahnungen stiegen in mir auf. So schnell mich meine Beine trugen, lief ich davon und versteckte mich in dem kleinen Schafstall, hier roch es so unerträglich nach Exkrementen, daß mir schwindelig wurde.

Ismet lachte und verfolgte mich nicht weiter. »Ich werd' dich schon noch kriegen«, rief er mir zu und verschwand um die Ecke.

Er versuchte jetzt ständig, mir aufzulauern. Eine panische Angst befiel mich, wenn mein Onkel mir auftrug, ihm zu helfen und es wahrscheinlich war, daß wir zwei allein sein würden. Ich hatte Hydar erzählt, was geschehen war, und er blieb – wo immer er die Möglichkeit dazu hatte – treu an meiner Seite, um mich vor den Annäherungsversuchen zu schützen.

Mein Onkel behandelte uns schlecht, er demütigte und schlug uns bei dem geringsten Anlaß. Wir fühlten uns einsam und verlassen, waren mit einem Mal jeder Geborgenheit beraubt, wir hatten Heimweh nach unseren Eltern und nach V.. Als wir drei Monate im Haus unseres Onkels verbracht hatten, faßten wir den Entschluß, einen Fluchtversuch zu unternehmen. Nur wie, wußten wir nicht, denn V. war zwei Fahrstunden vom Haus meines Onkels entfernt, was für uns eine unüberwindliche Distanz bedeutete.

Doch ein Zufall sollte uns zu Hilfe kommen.

Eines Morgens stand ein Ochsenkarren im Hof, den mein Cousin Mustafa und Ismet mit Heu beluden. Mein Onkel trat aus dem Haus und rief quer über den Hof: »Mustafa, beeile dich, und wenn du fertig bist, dann fahr das Heu zu deiner Tante Sidem!«

Ich horchte unwillkürlich auf – Sidem war auch unsere Tante, ich kannte sie gut. Sie wohnte mit ihrer Familie auf einem großen Hof in V., wie oft hatten wir bei ihr gespielt, sie war ein guter, gerechter Mensch und würde uns nicht im Stich lassen, dessen war ich mir sicher.

Als mein Onkel und mein Cousin kurz im Haus verschwanden, versteckten wir uns auf dem Wagen unter dem Heu. Mein Herz pochte wie verrückt, ich hatte Angst, daß seine lauten Schläge uns verraten könnten. Das Heu kitzelte und juckte in der Nase, wir mußten uns alle Mühe geben, nicht plötzlich los zu niesen oder uns zu kratzen.

Dann kam Mustafa aus dem Haus zurück, nahm die Mistgabel und stieß sie mit aller Kraft ins Heu, dabei traf er ausgerechnet meinen Zeh. Der Schmerz machte mich wahnsinnig, aber ich konnte die Gabel nicht herausziehen, denn auf keinen Fall durfte ich mich bewegen und uns durch mein Rascheln verraten.

Ich biß die Zähne aufeinander, mußte in meiner Position innehalten, bis der Wagen anfahren würde und den Hof verlassen hatte. Ich spürte das Blut langsam meinen Fuß entlang rinnen. Endlich setzte sich Mustafa auf den Kutschbock, und die Ochsen zogen an. Erst als wir außer Sichtweite waren, wagte ich es, mich zu bewegen und den Zeh vorsichtig von der Mistgabel zu befreien.

Ich hatte mir ein kleines Loch gemacht, durch das ich nach draußen sehen konnte und die Umgebung und meinen Cousin aufmerksam beobachtete. Die ruckelnde Fahrt unter dem stechenden Heu, das ständig Nießreiz bei uns hervorrief, schien endlos, aber irgendwann kam mir die Landschaft vertraut vor, und es dauerte nicht mehr lange, da erkannte ich das Minarett unserer Moschee in der Ferne.

Als wir auf dem Hof meiner Tante einfuhren, war es Mittag. Keiner arbeitete in der glühenden Sonne, der Hof war menschenleer, nur meine Tante kam aus dem Wohnhaus gelaufen und hieß Mustafa willkommen. Sie nahm ihn mit sich, um ihn nach den Anstrengungen des Weges zu verköstigen und mit frischem Ayran zu erquicken. Jetzt waren wir unbeobachtet, schlichen uns vom Wagen herunter und versteckten uns in der Scheune, wo wir warteten, bis Mustafa wieder abgefahren war.

Meine Tante traute ihren Augen nicht, als sie uns entdeckte. Aber sie erklärte sich nach langem Hin und Her bereit, uns bei sich zu behalten.

Noch am späten Nachmittag schickte sie einen Boten zu meinem Onkel, der ihn von unserer Flucht benachrichtigte.

Hydar und ich fühlten uns seit langer Zeit das erste Mal wohl, überall trafen wir auf bekannte Gesichter, die uns willkommen hießen. Auch unsere Spielgefährten freuten sich, uns wiederzusehen, und waren neugierig zu erfahren, was wir in der Zwischenzeit erlebt hatten. Wir erzählten den ganzen Abend lang und genossen die Aufmerksamkeit, die uns entgegengebracht wurde.

## Ein Geheimnis wird entdeckt

Ich mochte meine Tante Sidem sehr, so daß es für mich geradezu ein Vergnügen war, ihr bei den täglichen Verrichtungen zu helfen. Der Hof, auf dem wir jetzt mit unserer Tante lebten, war einer der größten in V., sechs Familien fanden Unterkunft und Auskommen – es gab hier immer etwas Aufregendes zu sehen. Ein Erlebnis ist mir ganz besonders in Erinnerung geblieben:

Eines Abends spielten wir Kinder auf dem Hof, als plötzlich mehrere Frauen, darunter auch meine Tante, aus dem Haus gelaufen kamen. Sie waren sichtlich aufgeregt und riefen ein paar Männern, die noch mit Heu abladen beschäftigt waren, zu: »Schnell, lauft Wasser holen, Ayses Stunde ist gekommen! Allah erbarme sich ihrer!«

Die Männer hielten sofort in ihrer Arbeit inne, holten Eimer und liefen zur Zisterne. Ihre Mienen hatten einen ernsten, besorgten Ausdruck, sie sprachen leise miteinander.

Die Frauen organisierten saubere Tücher und verschwanden wieder im Haupthaus, wo unsere große Wohnküche lag. Als wir Kinder ihnen folgen wollten, schimpften die Frauen wütend auf uns ein: »Verschwindet, das ist nichts für eure Augen!«

Ich drängte mich ganz besonders vor und hatte mir bald eine Ohrfeige eingehandelt. Unbedingt wollte ich sehen, was da vor sich ging, denn Ayses erwartete täglich ihr Baby.

Bei der Tür zur Wohnküche blieb ich stehen. Es war inzwischen dunkel geworden, und man hatte die Öllampen angezündet.

Zwei Frauen machten sich am Kamin zu schaffen, um Wasser zu erhitzen. Sie hängten einen großen Kessel ein und legten reichlich getrockneten Mist und Stroh nach. Schon nach kurzer Zeit loderten die Flammen auf und erfüllten den Raum mit anheimelnder Wärme.

Ich schlich mich ein und versteckte mich hinter dem Herd. Die Frauen waren so sehr mit ihren Arbeiten beschäftigt, daß sie mich nicht bemerkten.

Jetzt sah ich auch die beiden anderen Frauen, die eben auf den Hof hinausgelaufen waren. Sie kümmerten sich um Ayse, die am Boden lag und sich vor Schmerzen krümmte. Ihr Rock war hochgeschoben, ich konnte ihren entblößten Unterleib sehen, der auf dem nackten Steinboden lag. Den Kopf der Gebärenden hatten die Frauen mit Kissen abgestützt.

Eine seltsam aufgeräumte und warme Atmosphäre erfüllte den Raum. Das flackernde Kaminfeuer tauchte die Gesichter der Frauen in ein weiches, rötliches Licht. Sie blickten ernst und gewissenhaft – die Frauen hatten Erfahrung in dem, was sie taten, jeder Handgriff war wohlüberlegt und sicher.

Von draußen hörte ich das leise Gemurmel der Männer.

Die Schmerzen der Gebärenden wurden immer heftiger. Ich sah, wie die Wehen wie riesige Wellen heran gerollt kamen, die der Frau auf ihrem Höhepunkt fast die Besinnung raubten. Sie hatte ein Kissen in den Armen, in das sie sich regelrecht festbiß.

Ich zitterte am ganzen Körper. Ich spürte, daß ich ein Wunder miterleben würde. Ich hatte Angst und fühlte mich selig zugleich.

Jetzt wurde ihr das Kopftuch im Nacken zusammengebunden und um die Stirn dann noch ein zweites – man erzählte bei uns, daß dies die Preßwehen erleichtere.

Ab und zu konnte ich durch die Röcke und Beine der Frauen einen Blick erhaschen – Blut und Flüssigkeit flossen nun in großen Mengen.

Sie drückten und preßten ihren Bauch. Ganz eng standen die Frauen um Ayse herum, so daß ich nicht sehen konnte, wie weit die Geburt fortgeschritten war. Doch plötzlich, erst traute ich meinen Ohren nicht, hörte ich ein leises, zartes Weinen. Dieses Weinen berührte mich so tief im Herzen, daß mir die Tränen die Wangen hinunter liefen. Es war ein Gefühl, gespeist aus unbändiger Freude und unendlicher Demut, denn das Wunder des Lebens erfüllte den Raum, und niemand konnte sich der Kraft entziehen, die da plötzlich mit dem neuen, kleinen Wesen zu atmen war.

»Du hast eine Tochter geboren, Ayse! Ein hübsches kleines Mädchen!«, sagte eine der Frauen und legte ihr das noch blutige Neugeborene in die Arme. Glück und Stolz überstrahlten Ayses Gesicht, als sie ihr Kind betrachtete, die Anstrengungen der Geburt schienen wie verflogen.

Auch vor der Tür hatte man das zarte Geschrei vernommen, und freudige, erleichterte Worten drangen von dort herein.

Doch die Frauen schienen beunruhigt und sagten immer wieder: »Es muß noch etwas heraus!«

Da sah ich mit einem Mal, wie etwas aus ihrer Scheide glitt. Die Frauen gaben es in eine Schüssel, und eine schickte sich an, damit hinauszugehen.

»Grabe die Nachgeburt tief genug in die Erde, daß die Hunde sie nicht finden«, rief ihr eine hinterher, »sonst gibt es Unglück!«

Wir glaubten daran, daß die Nachgeburt in Frieden ruhen muß, bevor die frisch geborene Seele sich frei in der Welt entfalten kann. Tief in der Erde vergraben, verlor der Mutterkuchen seine fesselnde Macht und prophezeite einen kräftigen Start ins Leben.

Die Wöchnerin wurde gewaschen und frisch angezogen. Dann bettete man sie auf weiche Schaffellmatratzen und hüllte sie in Decken.

Diese Geburt ist mir in tiefer Erinnerung geblieben, ich empfand die Atmosphäre als warm und erfüllt, obwohl ich noch heute das schmerzverzerrte Gesicht deutlich vor mir sehe. Ich habe damals nur zu einem Teil verstanden, was an jenem Abend vor sich ging. Ich ahnte nicht, wie unerträglich die Schmerzen der Geburt waren und welch einen äußersten Akt von Selbstdisziplin es für die Gebärende bedeutete, nicht laut zu stöhnen und zu schreien. Ich konnte mir damals nicht erklären, warum sie wie verrückt in das Kissen biß, erst später lernte ich, daß eine türkische Frau sich in dieser Stunde keine Blöße geben durfte, daß die Frauen, die ihr bei der Geburt halfen, zugleich über ihre Tapferkeit wachten, die anschließend hinter der vorgehaltenen Hand beurteilt wurde. Aber nicht nur die Frauen waren Zeugen, sondern auch die Männer draußen vor der Tür. Dort stand nicht nur der Ehemann, dort standen alle Männer, die auf dem Hof lebten und beschäftigt waren, und es hätte für die Frau eine Schande bedeutet, wenn sie etwas von ihrem Schmerz gezeigt hätte; nichts davon durfte durch die Tür nach draußen dringen, obwohl jeder wußte, welch gräßliche Schmerzen sie durchstand. Die Frauen in Ostanatolien sahen bei ihren Geburten oft dem Tod ins Gesicht, denn Schwangerschaftsvorsorge und Geburtshilfe waren unbekannt. Bis zum Tag der Niederkunft arbeiteten die Frauen ebenso hart weiter, wie vor der Schwangerschaft. Meine Mutter hatte meinen Bruder Halil am Abend nach einem Tag schwerer Feldarbeit zur Welt gebracht. Die Wehen setzten unvermittelt so stark und heftig ein, daß sie nicht bis nach Hause kam und das Kind unter freiem Himmel zur Welt brachte. Die Nabelschnur trennte sie mit einem spitzen Stein durch, wickelte das Kind in einen ihrer Röcke und mußte ungeachtet ihrer Erschöpfung weiter ihres Weges gehen.

Unter diesen schwierigen Bedingungen, wo die Frauen in keiner Weise geschont wurden, lag die Rate der Fehlgeburten bei fünfundzwanzig Prozent. Viele der Frauen starben an Kindbettfieber, weil es in den Dörfern nicht die geringste medizinische Versorgung und keine hygienischen Maßnahmen gab. Und auch die Kindersterblichkeit liegt mit fünfzig Prozent enorm hoch und spiegelt das harte, aufzehrende Leben der Frauen wider. Die Erinnerung an das Leben in der Türkei ist für mich in großen Teilen voller Poesie, aber die Wirklichkeit war Tag für Tag der Kampf ums nackte Überleben.

## Muska

Der erste Winter ohne meine Mutter zog ins Land. Obwohl meine Tante Sidem mich gut behandelte, überkam mich des öfteren große Traurigkeit. Vielleicht war es die eisige Kälte des Winters, die noch deutlicher spüren ließ, wie sehr ich die Nähe und Wärme meiner Mutter vermißte.

Mehr und mehr zog ich mich in mich selbst zurück und schuf mir in meiner Phantasie eine Welt, in der all das leben durfte, was ich brauchte wie das täglich Brot und was jetzt in so weiter Ferne lag.

In dieser Zeit der Einsamkeit erschloß ich meine Träume als Kraftquelle des Überlebens. Sie boten mir Raum, in dem mein Innerstes weiterleben konnte, selbst wenn es im Außen keine Entsprechung dazu gab.

Auch mein Körper lehnte sich in regelmäßigem Rhythmus auf:

Wenn mich die Traurigkeit und die Sehnsucht zu sehr quälten, bekam ich starkes Nasenbluten. Wir dachten, daß dies nur eine vorübergehende, kleine Schwäche sei, doch es blieb über Wochen und Monate.

Mit der Zeit wurde es für die anderen zur Alltäglichkeit:

»Sieh, Fatmas Nase!«

Dann gab man mir ein Tuch, um die Blutung zu stillen, und ließ mich ausruhen.

Eines Abends kam mein Onkel mit einem riesigen Champignon nach Hause. Wir liefen in der Küche zusammen und bestaunten den prachtvollen Pilz, denn es war mitten im Winter eine Unmöglichkeit, ein solches Lebensmittel aufzutreiben. Mein Onkel wollte uns nicht verraten, woher er ihn bekommen hatte, bat uns aber, ihn zuzubereiten.

Wir freuten uns auf das Festessen, und als wir alle gemeinsam um den mit Zwiebeln gebratenen Champignon saßen, setzte wieder mein Nasenbluten ein, diesmal ungewöhnlich heftig. Mein Onkel zeigte sich an diesem Abend sehr erschrocken über meinen Zustand:

»Fatma, morgen gehen wir zur Krankenschwester, da muß etwas geschehen!«

Am nächsten Tag machten wir uns auf zur dörflichen Ambulanz. Das Haus war sehr langgezogen und weiß getüncht. Innen roch es streng, es war unglaublich sauber. Noch nie zuvor hatte ich so weiße und blitzende Möbel und Schränke gesehen. Die Krankenschwester war das einzige medizinische Personal, das es in dieser Ambulanz gab, ein Arzt war erst in K. zu finden. Sie war Türkin und stammte nicht aus unserem Dorf. Sehr behutsam untersuchte sie mich und ordnete schließlich an, daß ich in den nächsten zwei Wochen täglich in der Ambulanz vorsprechen sollte, um eine Spritze von ihr zu bekommen.

Aber die Spritzen halfen nicht, das Nasenbluten kam weiterhin. So wurden wir nach K. zum Arzt überwiesen. Ich erinnere mich noch genau an diesen Tag, als wir mit dem Schlitten unter blauem Himmel die Fahrt antraten. Normalerweise durften wir Kinder im Winter nicht mit in die Stadt fahren, weil es immer unerwartete Schneestürme geben konnte, die den Heimweg jäh abschnitten. Der Arzt verordnete mir Eisentabletten, doch auch diese Behandlung blieb erfolglos.

Selbst als meine Mutter uns besuchte, zeigte sich keine Besserung. Da kam plötzlich unter den Verwandten der Verdacht auf, daß jemand einen Muska für mich gemacht habe. Ein Muska ist ein Glücks- oder Unglücksbeschwörer, ein kleines Blatt Papier, auf das Flüche oder Segenswünsche geschrieben werden und das auf eine besondere Weise gefaltet werden muß – und zwar immer in der Form eines Dreiecks. Heilkundige Männer und Frauen haben die Gabe, diesem Muska Kraft zu verleihen. Meistens werden noch kleine Stücke von Habseligkeiten des Opfers eingefaltet.

So beschloß meine Mutter, mit mir eine alte Heilerin aufzusuchen. Sie sollte herausfinden, was die Ursache für mein Nasenbluten war. Mein Onkel und meine Tante begleiteten uns zu dem niedrigen kleinen Haus, in dem sie wohnte. Die Tür wurde uns von einem alten Mann geöffnet, den alle Hadschi nannten. Ein Hadschi ist eine Art Priester, jemand, der korankundig ist und die Fähigkeit besitzt, mit Allah in Verbindung zu treten. Mir war dieser Mann zutiefst unheimlich. Er war schon an die achtzig Jahre alt, sein Mund zahnlos, das Gesicht ausgemergelt. Seine Augen hatten einen stechenden, kalten Blick. Er sah mich kurz und durchdringend an, dann sagte er:

»Sie ist mit Bösem zusammengekommen.«

Für einen Moment war Stille, bis er in sich gesunken fortfuhr:

»Ich spüre es, … das Böse, … es herrscht über sie! – schon lange!«

Er legte seine Hände auf meinen Kopf, sie lasteten wie Blei auf mir, es war schwer, ihrem Druck standzuhalten.

Er schüttelte seinen Kopf: »So jung ist sie, und so viel Böses hat man ihr geschickt!«

Er nahm seine großen, schweren Hände wieder von mir, und ich fühlte mich für einen Moment wie befreit. Wir hatten die ganze Zeit in einem kleinen Flur gestanden, jetzt öffnete der Alte eine Tür, die in den Hauptraum des Hauses führte. Es war ein dunkler Raum, nur von oben fiel durch eine Dachluke ein wenig Licht. Trotz der schlechten Lichtverhältnisse war unverkennbar, wie dreckig das Zimmer war. Der Boden war schon lange nicht mehr gesäubert worden, all der Schmutz, der im Laufe eines Tages von draußen hereingetragen wird, bedeckte ihn: Lehm, der von den Schuhen abgefallen war ebenso wie kleine Heubüschel, die sich wohl beim Füttern der Tiere in der Kleidung verfangen hatten und dann im Haus abgefallen waren. Der Trog, in dem der Brotteig zubereitet wurde, war mit Teigresten verklebt. Es ekelte mich, warum hatte man mich an diesen unheimlichen Ort gebracht?

In einer Ecke des Raumes saß auf einem mit Teppichen überzogenen Podest eine sehr alte Frau. Als wir eintraten, erhob sie sich langsam und kam zu uns herüber. Sie war klein, vielleicht einen halben Kopf größer als ich, und mager. Ihr Gesicht hatte unglaublich viele tiefe Falten, besonders um die Augen und den zahnlosen Mund herum. Die Farben der Röcke, die sie trug, waren längst nicht mehr erkennbar, so dreckig waren sie und mit unzähligen Flicken ausgebessert. Ihr Gesicht war wie eine Maske: Die Falten so tief, die dunkle Haut von der Sonne so gegerbt, daß ich hätte Schichten entfernen wollen, um das Gefühl zu haben, ihr nahe zu kommen. Doch als meine Augen ihren klaren, scharfen Blick trafen, spürte ich, wie ihre Kraft mir durch alle äußeren Verkrustungen hindurch entgegen strömte.

Mit einer kleinen Handbewegung gab sie den Männern ein Zeichen, das Zimmer zu verlassen. Nur meine Mutter und meine Tante blieben zurück.

Mir schlug das Herz wie einem jungen Vögelchen, was hatte diese Alte mit mir vor?

Sie stellte sich dicht vor mich und betrachtete mich eine Weile. Es war ein eigentümlicher Blick, der durch mich hindurch sah. Ein Blick, der nicht nach der kleinen Fatma suchte, sondern nach etwas anderem, nach etwas, wovon ihr mein Gesicht, meine Augen, mein Haar erzählten und was mir selbst fremd war. Ich fühlte mich nackt und ungeschützt. Sie nahm eine kleine Schüssel mit Wasser und begann, im Kreis um mich herum zu gehen. Mit beiden Händen trug sie die Schale dicht vor ihrer Brust, sie war ganz in sich versunken. Da hob sie plötzlich in einem rasenden Tempo zu reden an, ich konnte kein Wort verstehen und auch die Sprache nicht erkennen – es war mehr ein Lallen als ein richtiges Sprechen. In den kurzen Pausen zwischen den Redeschwällen spuckte sie in die Schüssel. Und wie sie spuckte! Als müßte sie den Teufel mit ihrem Spucken vertreiben. Sie benetzte ihre Finger mit dieser Mischung aus Wasser und Speichel und bespritzte mich damit. Ich weiß nicht, wieviele Kreise sie so um mich beschrieb, es waren Ewigkeiten, die ich dastand. Immer weiter lief sie im Kreis um mich herum. Der Raum drehte sich vor meinen Augen, mich ekelte vor ihrem Speichel. Eine unendlich lange Zeit ging das Spiel so weiter. Dann nahm sie meinen Kopf und drückte und knetete ihn mit einer Intensität und Kraft, die ich ihr nicht zugetraut hätte. Ich hatte Mühe stehenzubleiben. Sie ergriff mein Haar und tat, als würde sie es auswringen, als wäre es durch und durch naß.

Als sie von meinem Kopf abließ, lief sie weiter im Kreis. Nun wurde ich nicht mehr mit der Flüssigkeit aus der Schüssel bespritzt, sondern sie spuckte im Laufen einen Kreis um mich herum, mit unglaublicher Inbrunst sammelte sie große Mengen Speichels in ihrem zahnlosen Mund und schleuderte sie mit aller Kraft zu Boden.

Da blieb sie mit einem Mal ganz unvermittelt vor mir stehen und tat einen unendlich tiefen Atemzug. Und im Ausatmen stimmte sie ein immer lauter werdendes furchterregendes Wehklagen an: »Wai, wai, wai, wai .............wai, wai......wai, waiiiiiiiii, wai ............... wai, wai, wai wai, wai .........wai!«

Sie schlug sich auf die Oberschenkel und rieb sich das Gesicht. Diese uralten Hände vor ihrem Gesicht berührten mein Herz: Sie waren zerschunden und runzelig, aber alle Arbeiten, die sie je verrichtet hatten, hatten nicht vermocht, ihre Kraft zu brechen. Diese Hände erzählten, sie erzählten von all den Dingen, die sie im Laufe eines Menschenlebens berührt hatten: Sie ließen alle Zeiten, die sie durchwirkt hatten, in diesem einen Augenblick aufleuchten. Ich fühlte, daß die Tränen, die sie hinter diesen Händen vergoß, rein waren. Herzzerreißend war ihre Klage.

Auch das Weinen meiner Mutter und meiner Tante konnte ich jetzt hinter mir hören.

»Was ist mit ihr?«, klang wie von weitem die Stimme meiner Mutter.

Die Alte wiegte sich hin und her: »Oh, ... sie haben ihr das Haar geschnitten, ...oh weh, als sie schlief, haben sie ihr Haar geschnitten!« Und wieder rieb sie das Gesicht mit ihren Händen.

»Sie haben ihr Haar verflucht und einen bösen Muska in eurem Haus versteckt!«

Sie zitterte am ganzen Leib, als würde sie all das Böse, das man mir gewünscht hatte, noch einmal am eigenen Leib erfahren.

Langsam beruhigte sie sich, das Klagen wurde leiser und auch das Hin-und Herwiegen ließ allmählich nach.

Es war plötzlich eigentümlich still im Raum, nur das leise Weinen der beiden Frauen war noch zu hören.

Die Alte brauchte Zeit, um sich wieder zu sammeln. Das eben Erlebte hatte sie stark ergriffen. Irgendwann wandte sie sich ab von mir und ging zur Tür. Sie rief den Hadschi herein und trug ihm auf, einen Muska für mich zu machen, der mich vor Verfluchung schützen sollte.

Der alte Mann ging zum Tendir hinüber, hielt ein langes,

dünnes Stück Holz in die Glut, bis es zu brennen anfing, verlöschte es wieder und schrieb mit dem angekohlten Ende des Holzes auf ein kleines Stück Papier. Er schrieb in arabischer Schrift – wahrscheinlich einen Koranvers – und darunter als Bezeugung die Namen meiner nächsten Verwandten. Es dauerte lange, bis er mit dem Schreiben fertig war, denn er mußte zwischendurch den Holzstab wieder und wieder zum Brennen bringen, da der Kohlenstaub nicht lange vorhielt. Dann faltete er das Papier, stets ein Dreieck über das andere. Sehr gewissenhaft führte er diese Arbeit durch. Als der Muska vollendet war, wurde er mit einer Nadel auf der Innenseite meines Pullovers befestigt, genau über dem Herzen.

Die Alte hatte die ganze Zeit still dabei gestanden. Sie zeigte sich sehr zufrieden, als der Muska seinen Platz gefunden hatte. Dann nahm sie mich an die Hand und führte mich noch einmal in die Mitte des von ihr gespuckten Kreises, hob ihre Röcke einen nach dem anderen am Saum hoch, bis sie zu ihrem Unterrock vorgedrungen war, und riß ein Stück des Saumes ab. Der Unterrock mochte wohl einst weiß gewesen sein, doch von der ursprünglichen Farbe war nicht viel geblieben: Er schimmerte in allen Farben zwischen gelb und braun. Das hatte seinen Grund, denn waren die Frauen erkältet, dann benutzten sie den Saum ihrer Unterröcke zum Nase putzen – und genau so, wie ein oft gebrauchtes Schnupftuch sah er aus.

Sie teilte das herausgerissene Stück Saum und wickelte daraus zwei Tamponaden, die sie in die Schüssel mit der Mischung aus Wasser und Speichel tauchte. Dann packte sie meinen Kopf, bog ihn nach hinten und stopfte mir die gewickelten Tücher in meine Nasenlöcher. Für einen Augenblick wurde mir schwarz vor Augen. Ich rang nach Luft und schwankte zu meiner Mutter herüber. Aus meiner Nase lief die Flüssigkeit der Tamponaden zum Mund herunter. Ich mußte unwillkürlich würgen. Was dann geschah, ist mir nicht in Erinnerung geblieben. Wie im Traum gingen wir zurück nach Hause.

Das Nasenbluten aber kam nicht mehr wieder.

## Ausgeliefert

Meine Tante wurde krank, und Hydar und ich mußten noch einmal in ein fremdes Haus übersiedeln. Diesmal kamen wir in die Nähe von Kars zu einem Bruder meines Vaters. Es wurde mit Abstand die grauenvollste, entwürdigendste Zeit, die ich erlebt habe.

Wir wurden wie Sklaven gehalten, bekamen kaum zu essen, mußten von morgens bis abends arbeiten, durften uns nicht mehr baden. Wie demütigend war es für mich, plötzlich eines der abgerissenen, dreckigen Kinder zu sein, die ich früher immer bemitleidet hatte und zu denen es kaum Kontakt gab, weil meine Mutter sich fürchtete, daß wir Läuse oder andere Krankheiten von ihnen bekämen. Jetzt war ich selbst ein verwahrlostes Kind und schämte mich, wenn die Leute sagten: »Sieh! Was ist nur aus Cemiles Kindern geworden!« Ich hatte immer sehr darauf geachtet, saubere Kleidung zu tragen, es war für mich eine Qual, in stinkenden, zerrissenen Fetzen auf die Straße zu gehen. Mein Haar wurde nicht mehr ausgekämmt und verfilzte mit der Zeit. Niemand fühlte sich für uns verantwortlich. Wir wurden mit Arbeiten überlastet, für die unsere kleinen Körper noch viel zu schwach waren. Meine Tante war eine schlechte, unsaubere Hausfrau. Mich ekelte, wenn ich sie beim Essen kochen beobachtete oder beim Spülen der Töpfe, die sie nie richtig abwusch, sondern noch mit Essensresten wieder zurück ins Regal stellte. Nach kurzer Zeit überließ sie mir die gesamte Verantwortung für den Haushalt, daneben hatte ich das Vieh zu versorgen und die Ställe auszumisten.

Eines Nachmittags war ich wie jeden Tag mit Ausmisten beschäftigt, das Licht fiel sanft durch kleine Luken in den Stall. Dort, wo es das Heu beschien, leuchtete es in einer fast goldenen Farbe. Es war schon recht spät, aber ich hatte erst die Hälfte meines Tagespensums bewältigt.

Da hörte ich Schritte.

Ich hatte Angst, mein Onkel würde kommen und mich prügeln wie so oft. Aber als die Stalltür sich öffnete, sah ich meinen Cousin Celal. Sein Gesicht konnte ich in dem schwachen Licht nicht richtig erkennen. Er kam näher. Jetzt sah ich den Ausdruck seiner Augen und erstarrte bis ins Mark.

Seine funkelnden, begierigen Blicke ließen keinen Zweifel an der Absicht, mit der er gekommen war.

Ich stand wie angewurzelt. Wie sollte ich mich gegen diesen starken Zwanzigjährigen zur Wehr setzen?

Dicht vor mir blieb er stehen und hob wortlos meinen Rock. Sein Atem ging schnell, der Körper roch unangenehm nach Schweiß und Tabak.

Als er versuchte, meine Unterhose herunter zu zerren, kam wieder Leben in mich. Ich fing an zu schreien, raufte seine Haare und trat mit aller Kraft um mich.

»Halt still, Fatma«, zischte er mich zornig an, »stell dich nicht an wie ein kleines Kind, du bist reif genug dazu!«

Jetzt hatte er meine Arme unter Kontrolle gebracht und hielt sie mit einer Hand fest umschlossen.

Mit der anderen tastete er wieder nach meiner Wäsche. Ich geriet in Panik und versuchte, ihn mit meinem Knie zwischen den Beinen zu treffen, wie Hydar es mir nach der Geschichte mit Ismet erklärt hatte.

Wütend warf er mich zu Boden. Ich kam nicht mehr dazu, um Hilfe zu rufen, ich mußte all meine Kräfte auf unseren Zweikampf ausrichten.

Celal war wild entschlossen, durch die Kleidung spürte ich seinen steifen Penis.

»Halt endlich still«, schrie er mich immer wieder an.

Es war ein aussichtsloser Kampf, ich hatte auf Dauer keine Chance.

Plötzlich stand jemand neben uns und packte Celal am Hemd. Ich nutzte diesen Augenblick der Irritation, sprang auf und rannte zur Tür. Als ich mich kurz im Hinauslaufen umwandte, sah ich Hydar.

Noch nie hatte ich ihn so bleich und starr gesehen, er sprach kein Wort, aber seine Blicke verrieten grenzenlose Ohnmacht.

Er war Zeuge geworden, wie jemand seine achtjährige Schwester um ein Haar vergewaltigt hatte, und mußte machtlos zusehen, wie der Täter ungestraft davonkam.

Von diesem Tag an wurde alles noch schwieriger für uns. Die Schikanen nahmen kein Ende. Egal, wie wir uns verhielten, wir wußten schon vorher, daß es falsch sein und man uns mit dem Gürtel oder der Peitsche bestraften würde. Mein Onkel war ein brutaler, blutrünstiger Mensch, in seinen Augen lebte eine wilde, ungezügelte Gewalt, die nie einzuschätzen war und bei dem unbedeutendsten Anlaß hervorbrechen konnte. Er schlug uns mit einer Leidenschaft und Unbeirrbarkeit, daß ich manchmal Angst hatte, er würde uns töten.

Hätte ich nur irgendeine Chance gehabt, Kontakt mit meinen Eltern aufzunehmen, ihnen von den Mißhandlungen zu berichten!

Voller Sehnsucht erwarteten wir das kommende Frühjahr, dann würden unsere Eltern kommen und uns endgültig mitnehmen.

Von meinem Onkel hatten wir erfahren, daß meine Mutter wieder schwanger war und daß das Kind wahrscheinlich im Februar zur Welt kommen würde.

Der Winter wurde zur härtesten Zeit unseres Aufenthaltes im Haus meines Onkels. Zu Beginn der Wintermonate hatte meine Mutter zahlreiche Päckchen mit warmer Kleidung und festem Schuhwerk geschickt, die Sachen sollten uns wohlbehalten durch die kalte Jahreszeit bringen. Aber nichts von alledem erreichte den richtigen Adressaten. Die Kinder meines Onkels erhielten alles, was für uns bestimmt war, obwohl meine Mutter jeden Monat einen Betrag von 500 DM für unseren Lebensunterhalt in die Türkei schickte. Das war vor zwanzig Jahren selbst für deutsche Verhältnisse ein stattlicher Betrag, in der Türkei bedeutete er ein Vermögen. Und trotzdem zwang mich mein Onkel, manipulierte Briefe an meine Eltern zu schreiben, mit dem Ziel, einen höheren Lebensunterhalt für uns zu erwirken. Mit einer Peitsche saß er neben mir und diktierte mir haltlose Lügen in die Feder. Es tat unendlich weh, meiner Mutter in meinem Namen Briefe zu schreiben, in denen ich sie mit »du grausame Mutter« ansprach. Ich hätte ihr so gern geschrieben, wie sehr ich sie vermißte und liebte, wie sehr ich mich nach einem Wiedersehen sehnte.

Gerade dieser Winter war ungewöhnlich streng, so daß sogar der Fluß in K. teilweise zufror. In manch einer Nacht war so viel Schnee gefallen, daß wir am Morgen die Tür des Wohnhauses nicht mehr öffnen konnten und auf Hilfe von außen angewiesen waren.

Schon der Schulweg in den dünnen Sommersachen war kaum zu bewältigen. Es gab Tage, da mich mein Onkel im Schlafanzug, über den ich nur den in der Türkei üblichen Schulkittel zog, vor die Tür trieb. Wir besuchten eine Schule, die über sechs Kilometer vom Hof meines Onkels entfernt war. Es war unmöglich, diese Distanz durch den hohen Schnee und in der klirrenden Kälte zu Fuß zurückzulegen, wir wären vor Erschöpfung zusammengebrochen und hätten es nicht geschafft, rechtzeitig zu Unterrichtsbeginn da zu sein. Also fuhren wir als Trittbrettfahrer heimlich auf Ochsenkarren oder Lkws mit. Da die Schule mitten in K. lag und der Verkehr dorthin für unsere Verhältnisse recht lebhaft war, fanden sich immer ausreichend Möglichkeiten, um irgendwo aufzuspringen. Das war kein ungefährliches Unterfangen, denn die Fahrer sahen nicht gern, daß Schwarzfahrer mitfuhren, und schlugen mit langen Peitschen nach uns, wenn sie uns bemerkten. In der Regel suchten Hydar und ich uns ein gemeinsames Fahrzeug aus. Erst sprang ich auf und, wenn ich es sicher geschafft hatte, Hydar.

Eines Mittags, der Schnee fiel so dicht, daß man kaum die Hand vor Augen sehen konnte, standen wir wie immer am Wegesrand und warteten auf eine Fahrgelegenheit. Wir suchten uns einen Pferdekarren aus. Ich nahm Anlauf und bekam eine der Holzsprossen des Geländers zu fassen, an der ich mich hochzog. Ich streckte Hydar meine Hand entgegen, aber er stolperte und verfehlte sie. Bald konnte ich ihn nicht mehr sehen, weil der Schnee in dichten Flocken fiel. Ich hörte nur noch seine Stimme: »Alles in Ordnung, Fatma, fahr weiter, ich nehme den nächsten Karren.«

An der Kreuzung zum Hof meines Onkels sprang ich ab und wartete. An die sechs Karren kamen vorbei, aber Hydar war nirgendwo zu sehen. Ich wurde zunehmend unruhig, konnte jedoch nicht länger warten, weil ich mir, wenn ich verspätet nach Hause kam, eine Tracht Prügel zuzog. Niemandem durfte ich erzählen, was geschehen war, da es unser Onkel strengstens verboten hatte, daß wir als blinde Passagiere mitfuhren. Zuhause wurde ich angeschrien:

»Wo treibst du dich die ganze Zeit rum, du kleine Schlampe! Ich werde dir schon noch helfen!«, und kaum hatte er diese Worte ausgesprochen, da hatte ich eine schallende Ohrfeige sitzen, daß ich dachte, mein Ohr würde taub.

»Mach, daß du an die Arbeit kommst! Wo steckt überhaupt dein mißratener Bruder!«

Ich lief in die Küche, um das Essen vorzubereiten, aber ich konnte mich auf keine meiner Arbeiten konzentrieren. Stunden verstrichen, und noch immer war nichts von Hydar zu sehen. Mir war schlecht vor Angst und Sorge. Als es dunkelte, kam ein Ochsenkarren auf den Hof gefahren, und der Fahrer hob ein mit Blut überströmtes Kind vom Wagen. Es war Hydar, der, als er auf ein Gefährt aufspringen wollte, auf die Straße gefallen war und dann unter die Räder des Ochsenkarrens geraten war, der ihn nach Hause gebracht hatte. Zum

Glück waren die Verletzungen nicht schwer. Mein Onkel bekam mit einem Mal Angst und schonte Hydar eine ganze Zeit, bevor er ihn wieder malträtierte.

Es kamen die grauenvollen Nachmittage, an denen mein Onkel mich in der Kälte zum Fluß schickte, um die Schuhe der Familie zu reinigen. Bevor ich mit meiner Arbeit beginnen konnte, mußte ich das Eis an einer Stelle zerschlagen, um überhaupt ans Wasser zu gelangen. Meine Hände waren blau- und steifgefroren. Ich versuchte, die steile Böschung hochzuklettern, was mir nicht gelang, denn ich war erschöpft.

Die Hilfe kam in Gestalt eines Soldaten, der mich zum nächsten Haus brachte, um mich vor dem Erfrieren zu retten. Ich werde seine Worte nie vergessen: »Was ist das für ein Mensch, der einem Kind so etwas antut? Das kann doch nur ein Tier sein!«

Woher er kam und wohin er ging, blieb mir unbekannt.

Ich weiß bis heute nicht, aus welchem Grund er uns so erbarmungslos gequält hat.

Es war schwer für uns Kinder, nicht zu resignieren, die Hoffnung zu bewahren in dieser Hölle. Alles war Willkür, wir lebten in ständiger Angst, unwissentlich etwas Falsches zu tun. Einmal bekam ich Schläge mit der Peitsche, bis mein Rücken blutig war, weil ich das Abendbrot nicht schnell genug abgeräumt hatte. Als seine jüngste Tochter einmal das Essen auf dem Boden verstreute, schlug er mich derart, daß ich aus der Nase blutete wie ein geschlachtetes Huhn.

## Erlösung

Was war nun geblieben von all meinen Erinnerungen an die Gemeinschaft unseres Dorfes, was sollte ich über die langen Reden meiner Mutter denken, in denen sie uns voll Stolz und Inbrunst von dem unbedingten Zusammenhalt der Familien untereinander erzählt hatte? Und wer gehörte alles in den engsten Kreis der Familie? Jeder, der um tausend Ecken mit uns verwandt war, wurde wie ein Bruder begrüßt und behandelt, ohne daß der Grund für die ihm entgegen gebrachte Herzlichkeit immer in aufrichtiger Sympathie gelegen war – so wollte es eben die Tradition, die Sitte. Hydar und ich hatten in der Zeit, die wir ohne unsere Eltern in der Türkei verbrachten, nichts von diesem Zusammenhalt, dieser Solidarität zu spüren bekommen, von meinen Gefühlen der Geborgenheit und des Vertrauens war nichts mehr geblieben.

Ich war auf der Hut und wußte, wie doppelzüngig die Menschen redeten. Denn nicht nur für meine Mutter hatte die Gemeinschaft einen hohen Stellenwert – jeder in unserem Dorf verkündete stolz das Gemeinschaftsbewußtsein als wichtigstes Wesensmerkmal seiner Kultur. Es gehört zur Ehre eines guten Türken oder Kurden, sich immer und überall für seine Familie und seine Landsleute einzusetzen, egal, unter welch schwierigen Bedingungen das auch geschehen mag. Diesen Grundsatz versuchten unsere Eltern in erster Linie durch ihre Erziehung an uns Kinder weiterzugeben. Aber ich habe selten mehr als Worthelden angetroffen, kaum einer lebte, was er als seine Ideale pries.

Diese oberste Prämisse der Solidarität erzeugt in der türkisch/kurdischen Gesellschaft eine verlogene, unaufrichtige Atmosphäre, denn eine Folge dieses »sozialen« Denkens ist die Unfähigkeit, Konflikte auszutragen. Man glaube nicht, daß mein Vater, nachdem er von unserer barbarischen Behandlung durch seine Brüder erfahren hatte, sie irgendwie zur Rechenschaft gezogen hätte. Keiner wagte es, die Dinge beim Namen zu nennen, nicht die Menschen durften richten, sondern allein Allah. Wenn es aber darum geht, Frauen zu steinigen oder Behinderte zu mißhandeln, dann sieht das mit Allahs Position des Richters schon ganz anders aus; den Schwächeren gegenüber konnte man es riskieren, unausgelebte Aggressionen und Gewalttätigkeit zu kanalisieren, ohne bestraft zu werden. Auch ich zählte während der Abwesenheit meiner Eltern zu den schwächsten Gliedern unserer Gemeinschaft und wurde dementsprechend behandelt. Für mich ist es seit dieser Zeit sehr wichtig zu sehen, wie Menschen mit Schwächeren umgehen, nur daran ist letztendlich zu beurteilen, wen man vor sich hat.

Als die Schneeschmelze einsetzte und die Straßen sich in unpassierbare Sümpfe verwandelten, hieß es eines Tages, daß die Ankunft meiner Mutter unmittelbar bevorstünde.

Wir durften nach Monaten das erste Mal ein Bad nehmen und bekamen die Kleidung anzuziehen, die von Anfang an für uns bestimmt war.

Eines Morgens saßen wir ordentlich zurechtgemacht in der Küche – und wirklich, kaum wagte ich meinen Ohren zu trauen, hörte ich von weitem die Stimme meiner Mutter unsere Namen rufen.

Ich lief hinaus in den strömenden Regen, den morastigen Weg zum Tor des Hofes hinunter – da stand sie wie eine Fata Morgana mit einem großen, runden Bauch.

Wir brachen in Tränen aus und konnten uns lange nicht aus unserer Umarmung lösen. All meine Verzweiflung, Sehnsucht und Angst bahnten sich jetzt einen Weg. Ich glaube, ich war niemals wieder so glücklich wie damals.

Sie erzählte uns von Deutschland. Es waren unglaubliche Geschichten, die wir in unserer Phantasie noch tausendmal steigerten.

Als wir am Abend gemeinsam kochten, fing sie mit einem Mal an zu summen. Es waren seltsame, fremd klingende Melodien in einem wiegenden Rhythmus.

»Hörst du, Fatma, das ist deutsche Musik«, erklärte sie mir, »ein Tanz, der Walzer heißt.«

Sie nahm mich in die Arme und zeigte mir die Schritte dieses Tanzes. Eng aneinander geschmiegt drehten wir uns selig durch den Raum.

Ich mußte verwundert lachen, als sie mir erzählte, daß in

Deutschland Männer und Frauen in aller Öffentlichkeit so eng zusammen tanzten.

Ich erzählte die ganze Nacht hindurch von den Torturen, die wir in ihrer Abwesenheit erlebt hatten. Meine Erzählung war stockend, denn oft konnte ich in meinem Bericht nicht fortfahren, weil ich vor Erschöpfung und dem plötzlichen Abfallen der seelischen Spannung hemmungslos weinte. Wie gut tat es, endlich in Armen zu liegen, die mir Geborgenheit gaben, die mich beschützten und liebkosten. Aber meine Mutter zog keine Konsequenzen aus meinen Schilderungen, sie wagte es nicht, jemanden zur Rede zu stellen. Mich tröstete sie, indem sie auf die Gerechtigkeit vor Allah verwies, der sich kein Mensch entziehen konnte. War es Zufall oder Fügung, ich weiß es nicht, jedenfalls starb mein verhaßter Onkel zwei Wochen vor unserer Abreise nach Deutschland eines vollkommen unerwarteten Todes.

Meine Mutter war nicht nur gekommen, um uns nach Deutschland zu holen, sie wollte auch das Kind, das sie trug, in der Heimat zur Welt bringen.

Sie war jetzt schon über vierzig, und die Geburt meines Bruders Celil hätte sie beinahe das Leben gekostet.

Als ich erfuhr, daß die Niederkunft im Krankenhaus stattfinden sollte, machte ich mir große Sorgen. Für mich hatte das Gebären nichts mit Kranksein zu tun, obwohl ich wußte, daß manch eine Frau in unserem Dorf die Geburt ihres Kindes nicht überlebt hatte.

Eine unheimliche Angst beschlich mich in den Tagen, da meine Mutter im Krankenhaus lag, kaum konnte ich mich über mein neues Brüderchen freuen.

Als sie nach einem Monat das Krankenhaus verließ, war sie zwar noch schwach, aber unserer Abreise stand nun nichts mehr im Wege.

## In der Zeitmaschine

Eine Zeitmaschine wirbelte mich durch die Jahrhunderte. Es ist eine Illusion des modernen, westlichen Menschen, sich im 20. Jahrhundert und damit global auf dem Gipfel- und Höhepunkt technologisch-fortschrittlichen Denkens zu wähnen. Da, wo ich geboren wurde, war 1965 Mittelalter. Mit jedem Kilometer in Richtung Westen ließ ich Jahrzehnte hinter mir zurück. Meine Reise begann in V. auf einem Ochsenkarren und endete auf dem Kölner Hauptbahnhof, wo wir einem Schnellzug entstiegen.

Von jetzt an wohnten wir nicht mehr in einem eigenen Haus, wir hatten keine Tiere und kein Land mehr. Meine Eltern hatten in einem Mehrfamilienhaus zwei Etagen gemietet. Platz war zwar ausreichend vorhanden, aber wir Kinder waren ganz auf uns selbst gestellt. In V. stand jede Tür für uns offen. Nachbarschaft war fast gleichbedeutend mit Familie. Alle Frauen des Dorfes waren für mich Tanten gewesen, alle Männer Onkel. In Deutschland hielt jeder seine Tür verschlossen – das war der erste, bleibende Eindruck, den meine neue Heimat auf mich machte. Man grüßte zwar, wenn man sich im Treppenhaus begegnete, aber mehr bedeutete Nachbarschaft nicht.

Unsere Freiheit war mit einem Mal beschnitten. Wir konnten nicht mehr unbeaufsichtigt durchs Dorf streifen, in den Feldern spielen, um dann bei irgendeiner Tante auszuruhen und Wasser zu trinken. Wir verbrachten von nun an die meiste Zeit in der Wohnung, auf die Straße wagten wir uns kaum hinaus.

Was uns aber besonders bedrohlich vorkam, war der dichte Wald, der direkt hinter unserem Haus begann. Wir vermuteten wilde Tiere und Geister in diesem undurchsichtigen Gewirr von Laub und Nadeln. Nie zuvor hatten wir etwas Ähnliches gesehen. Wenn unsere Eltern das Haus verlassen hatten, verbarrikadierten wir die Eingangstür, um uns vor Verbrechern und Kobolden zu schützen.

Überall gab es Lichter, selbst bei Nacht waren die Straßen so gut beleuchtet, daß man spazierengehen konnte, ohne vom Weg abzukommen. In der Wohnung mußten wir nur auf einen Schalter drücken, und schon war es taghell. Aber man konnte nie erkennen, wo die Dinge ihren Ursprung hatten. In V. zündeten wir am Abend ein Feuer an, der getrocknete Mist verbrannte – es gab Wärme und Licht. Die prasselnden, lodernden Flammen habe ich stundenlang gedankenverloren betrachtet, sie verströmten Ruhe und Geborgenheit. Das alles fehlte mir hier sehr.

Die Kleidung der Menschen empfand ich als seltsam grau und farblos, besonders die Kleidung der Mädchen und Frauen stand in großem Kontrast zu den langen, bunten, farbenfrohen, in aufwendiger Handarbeit gefertigten Kleidungsstücken, die wir in der Türkei getragen hatten. Meine Mutter verschloß schon bald ihre Kleidersammlung in einer großen Kiste und kaufte sich neue, der fremden Lebensweise angepaßte Sachen.

Wie sehr das Leben in Deutschland sich von dem in der Türkei unterschied, verdeutlicht eine kleine Geschichte, die mir der Bruder meiner Mutter einmal, unter Tränen lachend, erzählte:

Als Cemile gerade nach Deutschland gekommen war und mein Onkel sie eines Abends das erste Mal allein zu Hause ließ, schaltete er seiner Schwester den Fernsehapparat ein, um ihr die Zeit zu vertreiben.

Nach den Nachrichten kam ein Western. Meine Mutter konnte weder die Sprache verstehen noch, was da eigentlich vor sich ging. Für sie waren diese kleinen Figuren auf dem Bildschirm Realität. Sie war auf der Hut, denn so klein die Männer in der viereckigen Kiste auch sein mochten, sie waren dennoch bis zu den Zähnen mit Messern, Revolvern und Gewehren bewaffnet. Als sie sah, daß die Streitereien zunehmend ernst und heftig wurden und plötzlich einer von ihnen eine Waffe zog, versteckte sie sich schnell hinter dem Sofa.

Die Schießereien in der Kiste nahmen kein Ende. Was hatte sie diesen Zwergen getan, daß sie sie so erbarmungslos bedrohten und verfolgten? Als Ruhe einkehrte und die Kämpfe beendet schienen, tastete sie sich vorsichtig aus ihrer Deckung heraus. Da fiel unerwartet erneut ein Schuß. Sofort zog sie sich in ihr Versteck zurück, sie fing zu weinen an. Mit wem hatte ihr Bruder sie hier allein gelassen?

Spät in der Nacht kam Hidir nach Hause und fand seine Schwester noch immer völlig aufgelöst an ihrem Platz hinter dem Sofa wieder. Längst schon war die Sendezeit vorbei, der Bildschirm flimmerte.

Ihr fiel ein Stein vom Herzen, als sie ihren Bruder kommen hörte. Hidir lachte bei den Schilderungen seiner Schwester, die ihm von den grauenvollen Ereignissen des Abends berichtete. Auf seine Erklärungen hin, daß alles, was sich zugetragen hatte, nur ein Werk der Phantasie war, ähnlich wie aneinandergereihte Photographien, reagierte sie mit Unglauben. Warum sollten die Menschen sich selbst auf so schreckliche Weise täuschen? Sie hatte die Männer doch mit eigenen Augen gesehen und mit eigenen Ohren sprechen gehört. Bei sich war sie davon überzeugt, daß Hidir sie nur beruhigen wollte. Sie mied es künftig, den Raum zu betreten, wenn der Fernsehapparat eingeschaltet war.

## Erste Freundschaft

Voller Erwartungen sah ich den Tag meiner Einschulung nahen. Wie würden die Lehrer sein, wie meine neuen Kameraden?

Als ich erfuhr, daß ich wieder in die erste Klasse zurückversetzt werden sollte, weil meine Sprachkenntnisse unzureichend waren, brach für mich eine Welt zusammen. Ich hatte gehofft, in der Schule gleichaltrige Freundinnen zu finden, mit denen ich alle Sorgen würde teilen können. Mit neun Jahren sollte ich jetzt in die erste Klasse gehen, obwohl ich in der Türkei schon drei Schuljahre mit Auszeichnung absolviert hatte.

Wie immer in den entscheidenden Augenblicken meines Lebens, war ich auch am Tag meiner Einschulung einzig auf mich gestellt. Meine Mutter setzte mich noch in den Bus, der mich in die Schule fahren würde, und dann war ich mit der ganzen Angst vor dem Unbekannten und Ungewissen allein. Auf dem Schulhof tummelten sich fröhlich die Kinder, manche von ihnen hatten große Tüten in der Hand, die an lange, steife Zipfelmützen erinnerten. Niemand beachtete mich, nur manchmal traf mich ein abschätzender, musternder Blick von der Seite mit jener schamlosen Neugier, wie sie Kindern eigen ist. Ich fühlte mich grenzenlos verloren, ich verstand ja nicht einmal die Sprache, in der die Kinder miteinander redeten. Irgendwann gingen alle ins Schulgebäude. Als der Schulhof sich allmählich leerte, folgte auch ich ihnen zögernd. Alle waren sie in den vielen Klassenzimmern verschwunden, die zu beiden Seiten eines langen Ganges abgingen. Ich wußte nicht, wohin und an wen ich mich wenden sollte. Nach einer langen, bangen Zeit des Wartens kam eine Lehrerin den Gang entlang und wollte gerade eine der Klassentüren öffnen, als sie mich entdeckte. Sie hatte einen sehr freundlichen Gesichtsausdruck und aufmerksame Augen, wie ich es von den türkischen Lehrern überhaupt nicht kannte. Als sie bemerkte, daß ich kaum ein Wort Deutsch verstand, nahm sie mich bei der Hand und führte mich in mein neues Klassenzimmer.

Als ich das Schulgebäude am Ende meines ersten Schultages verließ, war ich innerlich aufgewühlt. Ratlos stand ich draußen auf dem Schulhof: Wie sollte ich nur den Weg zu unserer Wohnung wiederfinden? Warum war meine Mutter nicht da, um mich abzuholen? Warum wurde ich immer allein gelassen?

Als ich ein paar Kinder erblickte, die am Morgen mit mir im Bus gefahren waren, lief ich in der Hoffnung hinter ihnen her, daß sie den gleichen Weg hätten wie ich.

Ich folgte ihnen in einigem Abstand. Auch ein Mädchen aus meiner Klasse war unter ihnen. Sie drehte sich manchmal nach mir um und sah mich schüchtern an. Die anderen begannen, mich zu hänseln. »Was läufst du hinter uns her? Geh! Mach, daß du fortkommst!«

Es war mir damals nicht möglich, ihre Worte zu verstehen, doch in ihren Gesichtern konnte ich lesen, und was ich da sah, traf mich mitten ins Herz. Was hatte ich diesen Kindern getan? Am liebsten hätte ich mich umgedreht und wäre bis nach V. zurückgelaufen, aber ich hatte keine andere Wahl, als ihnen zu folgen.

Als ich in die Wilhelmstraße einbog, ging vor mir nur noch das Mädchen aus meiner Klasse. Ich schaute ihr nach, sah, wie sie die Straße überquerte und wie sich die Tür im Haus gegenüber öffnete. Eine junge Frau, wahrscheinlich war es ihre Mutter, trat heraus und schloß die Kleine in die Arme. Es war offensichtlich, daß sie ihre Tochter schon erwartet hatte. In dieser Begrüßung lagen eine Innigkeit und Herzlichkeit, die mich mit einem Mal unsagbar traurig machten. Ich begriff in diesem kurzen Moment die Welten, die dieses Mädchen und mich voneinander trennten: Sie hatte ein wirkliches Zuhause, sie durfte Kind sein, sie hatte Eltern, die fürsorglich waren und die sie wohl nie an einen fremden Ort schickten, von dem sie den Nachhauseweg nicht kannte. Wenn ich gleich unsere Wohnung betreten würde, finge mein Arbeitstag an: Die Schultasche würde in die Ecke gestellt, denn meine Mutter bräuchte Hilfe beim Kochen, Putzen und Waschen.

Bevor das Mädchen im Haus verschwand, drehte sie sich nach mir um und winkte mir zu. Freudig überrascht winkte ich zurück. Das war der Anfang einer Freundschaft.

Nicole hieß meine neue Klassenkameradin und Gefährtin, sie lebte wie eine Prinzessin. Ihre Familie hatte ein wunderschönes, großes Haus, das mit alten Möbeln eingerichtet war und eine besondere Atmosphäre auf mich ausstrahlte. Als ich das erste Mal ihr Zimmer betrat, glaubte ich zu träumen: So viele Spielsachen hatte ich noch nie auf einmal gesehen: Stofftiere, Puppen, Puppenwagen, Kreisel, Barbies, Autos, Stifte, Spiele – alles gab es in Hülle und Fülle. Beim Anblick dieses Überflusses kam mir unwillkürlich der Gedanke: »Allah, sie hat so viele Spielsachen, es ist doch bestimmt nicht schlimm, wenn ich etwas mitnehme!« So nahm ich heimlich einen kleinen Stoffhund, versteckte ihn unter meinem Pullover und trug ihn mit nach Hause. Doch in der Nacht plagten mich furchtbare Träume, in denen mir die rechte Hand abgehackt werden sollte. Das Abhacken der rechten Hand ist im Koran die Strafe für einen Dieb. Auch in den kommenden Tagen wich das schlechte Gewissen nicht von mir. Am dritten Tag nach meiner Tat ging ich schließlich zu Nicole, um ihr alles zu erzählen. Während unserer ganzen Unterredung wagte ich es nicht, Nicole in die Augen zu sehen, so sehr schämte ich mich für das, was ich getan hatte. In meinem gebrochenen Deutsch konnte ich mich nur sehr notdürftig verständlich machen, und ausgerechnet, als ich mit meiner Beichte mehr schlecht als recht ans Ende gekommen war, betrat Nicoles Mutter das Zimmer, sah mich prüfend an und fragte, was passiert sei. Es zeigte sich, daß meine neue Freundin zu mir hielt: »Fatma hatte sich eines meiner Stofftiere ausgeliehen und wollte es zurückgeben!«

Von dem Tag an hatte ich Nicole in mein Herz geschlossen. Wir verbrachten viel Zeit miteinander und bald wurden meine Deutschkenntnisse zusehends besser, und auch Nicole war in der Lage, einige Sätze auf Türkisch zu verstehen.

Nicole war meine erste Berührung mit der deutschen Lebenswelt, und die Freundschaft mit ihr war eine nicht immer leichte Lehrzeit für mich. Ich entsinne mich eines Nachmittags, den wir gemeinsam im Wald verbrachten. Nachdem wir kreuz und quer durchs Dickicht gelaufen waren, kamen wir völlig außer Atem auf eine wunderschöne Lichtung. Junge

Brennesseln, Sauerampfer und anderes Wiesenkraut, das ich aus der Türkei kannte, gedieh hier. Bei mir war die Freude über diese Entdeckung groß. Erinnerungen an V. stiegen auf: Ich sah die Frauen wieder vor mir, wie sie abends im Gras saßen und *Nancücük* aßen. Es war köstlich, das Kraut in der Hand zu zerreiben und mit einer Prise Salz direkt von der Wiese zu verzehren. Das Wasser lief mir im Mund zusammen, ich pflückte ein paar junge Brennesseln und aß sie voller Genuß.

Ein Aufschrei Nicoles riß mich jäh aus meinen Gedanken: »Bah, das ist ja widerlich, wie kannst du so etwas nur essen!«

Ich sah sie verständnislos an, aber in Zukunft hütete ich mich, in der Gegenwart der deutschen Kinder etwas von der Wiese zu essen. Ich wollte nicht zur Außenseiterin werden, doch viele meiner Gewohnheiten waren den Menschen hier so fremd, daß ich lieber lernte, sie zu verstecken, als mich durch sie zum Gespött machen zu lassen. Manchmal überkam mich dennoch der Heißhunger auf frische Wiesenkräuter, dann lief ich auf eine einsame Lichtung im Wald, die ich bei einem Spaziergang mit Hydar entdeckt hatte und auf der allerlei frische Köstlichkeiten wuchsen. Dort konnte mich niemand sehen, und ich konnte ungestört alles von der Hand in den Mund genießen.

Erst später verstand ich, in wie großem Maße die Deutschen von der Natur entfremdet waren. Sie aßen lieber Lebensmittel aus Dosen, was für uns damals unverständlich war, als sich Wald und Wiese zum Küchengarten zu machen.

## Wir Kinder standen dazwischen

In der Schule ich war zur Außenseiterin prädestiniert. Nicht nur meine ungewohnte Kleidung, die Shalvars und die langen, bunten Röcke gaben den anderen Grund zu lachen, auch die fehlerhafte Sprache und der gewaltige Altersunterschied waren Grund für Hänseleien.

Am meisten wurde ich jedoch wegen meiner Kleidung verlacht. Ich bin ein stolzer Mensch und habe unter diesen tagtäglich wiederkehrenden Demütigungen sehr gelitten. Ausgerechnet eine türkische Mitschülerin machte mir das Leben besonders schwer. Sie gab erst Ruhe, nachdem ich sie ausgiebig verprügelt hatte.

Eines Tages beschloß ich, diesen ewigen Sticheleien ein Ende zu machen. Heimlich kaufte ich mir eine Hose – eine Jeans – und ein Paar Schuhe. Meine sämtlichen Ersparnisse waren dabei draufgegangen, aber ich hatte meine gewünschte Wirkung erzielt. Meinen Eltern konnte ich mich in diesen Kleidungsstücken unmöglich zeigen, sie hätten mich wochenlang nicht mehr vor die Tür gelassen. Also versteckte ich meine Schätze und zog mich erst morgens auf dem Schulweg in einem kleinen Waldstück um.

Meine Eltern unterstützten meine schulische Laufbahn in keiner Weise, sie taten im Gegenteil alles, was mir das Mitkommen erschwerte. Für meinen Vater war es wichtig, aus mir eine gute Hausfrau, Köchin und Mutter zu machen. Dazu benötigte ich weder Deutsch- noch Mathematikkenntnisse. Die Lehrer schimpften in der ersten Zeit sehr oft, weil ich meine Schulaufgaben nicht erledigt hatte. Ich versuchte, ihnen zu erklären, daß ich bei allem guten Willen, die Hausaufgaben zu machen, keine Möglichkeit dazu hatte, weil mein Vater mich ständig mit anderen, »wichtigeren«, Aufgaben überlastete.

Die meisten Lehrer reagierten auf meine schwierige Lage verständnisvoll. Sie erkannten, daß mir Schule und Bildung am Herzen lagen, ganz im Gegensatz zu manch einem meiner deutschen Mitschüler.

Als ich in die vierte Klasse gekommen war und die Entscheidung getroffen werden mußte, welche weiterführende Schule ich in Zukunft besuchen durfte, erfuhr ich von meiner damaligen Klassenlehrerin große Unterstützung. Sie stellte mir die Beurteilung für die Realschule aus, aber meine Eltern meldeten mich trotz ihres Protestes auf der Hauptschule an – und schon dieses Minimum an Bildung, das dort vermittelt wird, war in ihren Augen zuviel.

Ich erinnere mich an einen Nachmittag, an dem ich zu Hause am Küchentisch saß und Schulaufgaben machte. Es waren Aufgaben aus der Biologie – menschliche Fortpflanzung. In meinem Buch waren die weiblichen Geschlechtsorgane in einer schematisierten Zeichnung abgebildet. Mein Vater kam aus dem Kaffeehaus zurück. Er sah es nie gern, wenn ich mit solch »überflüssigen« Dingen beschäftigt war. Doch diesmal traute er seinen Augen nicht. Schallende Ohrfeigen, und mein Buch wurde wütend zerrissen und seine Überreste im Ofen verbrannt. Von nun an hatte ich kaum noch eine Chance, Zeit für die Schule aufzubringen. Eine halbe Stunde gestand mein Vater mir für die seiner Meinung nach unnötigen und unsinnigen Aufgaben zu – und er saß mit der Uhr neben mir, um über jede Minute zu wachen. Natürlich war das viel zu wenig Zeit, um nur annähernd mitzukommen.

So mittelalterlich wie das religiöse Weltbild meines Vaters war auch sein geographisches und kosmologisches. Will man den Übergang vom Mittelalter in die Neuzeit beschreiben, dann ist die kopernikanische Wende ein wichtiges Charakteristikum dieser Epoche des Umbruchs. Wenn ich meinen Vater nach der Gestalt unseres Planeten fragte, dann beschrieb er mir eine Platte – über ihr der Himmel, unter ihr die Hölle. Als Erwiderung auf mein leidenschaftliches Plädoyer, die Erde sei eine Kugel, die frei im Weltraum kreise, schimpfte er auf die Schulen, in denen wir nur Unsinn lernten.

Einem ungebildeten Moslem, dessen einzige intellektuelle und weltanschauliche Quelle der Koran ist, erscheint die westliche Welt unendlich bedrohlich. Sie stellt alles in Frage, zerstört alle Werte. Für meinen Vater war die moderne Naturwissenschaft eine Abgesandte des Teufels. Wir Kinder standen dazwischen. Unsere Eltern waren Autoritäten, denen wir Respekt schuldig waren, aber wir konnten sie durch das, was wir draußen lernten, nicht mehr ernst nehmen. Uns wurde zunehmend bewußt, gegen welch unverrückbare Mauern wir anredeten, wir erkannten die Sinnlosigkeit unserer Bemühungen. Und irgendwann gibt man auf und meidet die unfruchtbare, zornige, verletzende Diskussion. Ich habe meine Mutter viel mit Fragen geplagt, auf die sie keine Antwort geben konnte. Ich wollte sie ändern, ihr wahrscheinlich ebenso kompromißlos zeigen, wie man »richtig« lebt.

## Ein Symbol wird verbrannt

Es kam der Tag, da mein Vater mir befahl, das Kopftuch zu tragen. Er hatte das Tuch persönlich für mich gekauft und sich mit der Auswahl viel Mühe gegeben – ich bekam ein sehr schönes, ausgefallenes Stück, um das mich viele Türkinnen beneidet hätten. Ich weiß nicht mehr genau, wie alt ich zu diesem Zeitpunkt war, vielleicht zwölf oder dreizehn. Mit diesem Symbol war alles mir Verhaßte verbunden – meine Abhängigkeit, das geknechtete Leben meiner Mutter. Es gab unerbittlichen Kampf zu Hause. Ich habe dieses Symbol auf meine Art geschändet und degradiert, ja geradezu in sein Gegenteil verkehrt, indem ich es als modisches Accessoire um den Hals trug, anstatt damit als Zeichen meiner Keuschheit, Ehre und Gottesfürchtigkeit das Haar zu verhüllen. Ich wurde geprügelt wie selten zuvor in meinem Leben, mein Vater packte mich an den Haaren und schleifte mich minutenlang über den Küchenboden, aber ich gab nicht nach. Wir hatten in der Küche einen alten Herd stehen, der noch mit Holz betrieben wurde – vor Wut riß ich die Klappe auf und schleuderte das Tuch in die Flammen. Mein Vater war außer sich, selten habe ich ihn wütender und ohnmächtiger erlebt als damals. Aber es gelang mir, ein Stück der Freiheit jenseits unserer Wohnung zu erkämpfen und in den Kreis meiner kleinen moslemischen Welt zu tragen.

Für meine Schwester stellten sich ein paar Jahre später Grundsatzdiskussionen dieser Art nicht mehr.

Meine Eltern hatten nicht verstanden, daß sie eine Brücke hätten schlagen müssen zwischen unserer Kultur und der der Deutschen. Es war nicht möglich, zur Hälfte in einer Welt zu leben, die ignoriert und verachtet wurde, an der ich aber gleichzeitig als vollwertiges Mitglied sozial und kulturell teilnehmen mußte. Es hätte vieler Erklärungen bedurft, vieler Bemühungen, diese so gegensätzlichen Welten miteinander zu verbinden, um den Wert der eigenen Identität nicht mißachten zu lernen. Nur in aufrichtiger Diskussion hätten sich meine Wurzeln den deutschen als ebenbürtig erweisen können. Es ist die größte Schwäche des Islam und gleichzeitig seine grauenvolle, totalitäre Stärke, daß er unfähig zur Diskussion, zur kritischen Stellungnahme sich selbst gegenüber ist. Der Fragende – zumal, wenn es sich um eine Frau handelt – wird immer verteufelt werden. Fortschritt und Entwicklung sind gleichbedeutend mit Sünde. Das Traurige ist, daß es bei der Erziehung muslimischer Kinder nicht darauf ankommt, die Individualität sich entwickeln zu lassen, den eigenen Willen, die eigenen Lebensvorstellungen und Ziele, sondern darauf, ein möglichst funktionelles Mitglied der islamischen Gesellschaft zu produzieren, das seiner Herkunft alle Ehre macht. Daß dabei in der Regel nur verbogene Menschen herauskommen, die ohne ihr Korsett Glauben nicht gerade gehen können, liegt auf der Hand.

Besonders wir Mädchen lernten von klein auf zu lügen, wenn wir unsere Ziele durchsetzten wollten. Wir durften ja nicht frei und ungeschützt über unsere Wünsche reden, weil sich das für ein türkisches Mädchen nicht ziemt und weil eine muslimische Frau keine Berechtigung hat, mehr zu verlangen, als ihr Mann oder ihre Familie für sie bestimmt. In dem vom Ehemann und den Verwandten vorgegebenen Rahmen darf und muß sie selbständig denken und handeln, aber niemals darf sie diese Selbständigkeit auf ihr ganzes Leben ausdehnen, ohne bestraft zu werden. Diese Gegensätze von Demut und dem Wunsch nach Selbstbestimmung, die in kleinsten Ansätzen toleriert und gutgeheißen wird, sind kaum zu vereinen. Es gibt keinen Menschen ohne Träume – so mußten auch wir Frauen einen Weg finden, uns persönlich zu verwirklichen. Es blieb uns nur der Weg über die Diplomatie, über die vordergründige Harmonie, hinter der wir Enttäuschungen und Wut versteckten, um irgendwie über die Runden und an unsere Ziele zu kommen. Wenn ich etwas wirklich gehaßt habe, dann war es diese grauenvolle Verlogenheit, an der jeder – und auch ich – wohl oder übel partizipieren mußte. Oft lag ich abends im Bett, dachte an die unzähligen Lügen des Tages, ohne die ich nicht leben konnte und die mir das Herz unsagbar schwer machten. Warum mußte ich meine Eltern, besonders meine Mutter, belügen, warum konnte ich ihr nicht von meinen Wünschen erzählen, warum mußte ich alles in akzeptable, »ehrbare« Alibis verpacken? Ich weiß nicht, wann wir untereinander unser wahres Gesicht gezeigt haben. Ich glaube, wir waren alle so sehr in Lügen verstrickt, daß wir selber nicht mehr zwischen richtig und falsch unterscheiden konnten. Ich habe mich nach einem aufrichtigen Leben gesehnt, einem Leben ohne Heimlichkeiten und Verbiegungen – nach Klarheit und einer Luft, die ich atmen konnte.

## Erste Liebe auf Türkisch

Als wir nach Deutschland zogen, hatten wir besonders intensiven Kontakt zur Familie meines Onkels mütterlicherseits. Dort lernte ich Mehmet, meinen um fünf Jahre älteren Cousin, kennen.

Ich war ihm schon früher in V. einmal kurz begegnet, und bereits damals hatte er tiefen Eindruck hinterlassen. Es lag etwas in seinen Blicken, das mir vertraut war und mich magisch anzog. Seine Familie war zwei Jahre früher nach Deutschland gegangen als wir – meine Eltern fanden in dem Kontakt zu unseren Verwandten ein Stück Heimat in der Fremde, das Stabilität gab.

Zwischen Mehmet und mir entwickelte sich im Laufe der Jahre eine enge Freundschaft, wie sie zwischen einem türkischen Mädchen und einem türkischen Jungen sehr ungewöhnlich ist. Wir waren Vertraute, die, ohne ein Wort zu verlieren, die innersten Wünsche und Sehnsüchte des anderen kannten. Diese tiefe Seelenverwandtschaft war nicht zu verbergen, unsere Augen waren ein offenes Buch, so daß wir von unseren Familien als junges Paar betrachtet wurden und man es zuließ, daß unsere Bindung zunehmend inniger wurde. »Mehmet und Fatma sind füreinander geschaffen!« – das war ein feststehender Satz unserer Verwandten, in dem immer Wohlwollen und Segenswünsche mitklangen.

Damals war ich erst vierzehn Jahre alt, aber bei uns Türken ist es selbstverständlich, daß in diesem Alter Heiratspläne ernsthaft besprochen und beschlossen werden. Türkische Mädchen sind in diesem Punkt sehr viel reifer als die deutschen. Meine Gefühle für Mehmet waren nicht die einer ersten schwärmerischen Liebe, sondern voller Tiefe und Ernsthaftigkeit.

Ich liebte diesen Mann, wollte mein Leben gemeinsam mit ihm verbringen. Die vielen bitteren Erfahrungen, die ich mit türkischen Männern gemacht hatte, gaben mir einen feinen Instinkt und scharfen Blick für die Feinheit seines Charakters. Ich hatte ein sicheres Gefühl für das Glück, das in einer Bindung zwischen mir und Mehmet begründet sein würde, denn er achtete mich als Menschen, als gleichberechtigt.

Wenn wir zusammen waren, war das Leben wie verzaubert. Jede Blume, jede Wolke, jeder Vogel erzählte einzig von ihm. Von unseren Gefühlen durften wir nichts offen zeigen, aber wir nutzten jede unbeobachtete Sekunde, um uns in den Armen zu halten, zu streicheln und zu liebkosen. Wir waren sehr trickreich geworden, um uns unsere kurzen Augenblicke der Nähe zu erstehlen. Mehmet verließ unsere gesellige Runde, um zur Toilette zu gehen, und ich versalzte kurz darauf mein Joghurtwasser, um einen Vorwand zu haben, ebenfalls den Raum verlassen zu können, denn ich wollte mein *Ayran* in der Küche mit Wasser verdünnen. Dann trafen wir uns in der Diele, küßten uns und schwelgten für Sekunden im Glück. Mehmet kam zurück ins Wohnzimmer und fragte meine Mutter unschuldig, wo ich denn hingegangen sei. »Fatma hat ihr *Ayran* versalzen, sie ist nur kurz in die Küche gegangen, um es zu verdünnen. Ja, ja, Mehmet, wer so in seine Gedanken versunken ist, muß wohl verliebt sein!« – »Ja, Tante, meinst du?«, fragte er sie verschmitzt.

Einmal war ich krank, und Mehmet rief durch Zufall an. Damals lebte Mehmet mit seiner Familie in Köln, er hatte noch kein Auto und fuhr, als er von meiner Mutter erfahren hatte, daß es mir sehr schlecht ging, mit dem Bus über vierzig Kilometer, um bei mir zu sein. Von der Bushaltestelle bis zu unserem Ortsteil hatte er noch einen Weg von sieben Kilometern vor sich, den er in der Dezemberkälte zurücklegte. Aber er wollte unbedingt bei mir sein; dann rief er nach dem Arzt und ließ nicht eher Ruhe, bis ich versorgt war. Mehmet kümmerte sich um mich, wie es nie ein Mensch zuvor getan hatte. Er erwartete keine perfekte Frau, sondern tolerierte meine Fehler, und wenn ich von meiner Familie für etwas gescholten wurde, dann trat er immer auf meine Seite und verteidigte mich. Er liebte mich, wie ich war, er wollte mich nicht ändern.

Mehmets Zärtlichkeit und Fürsorge waren für mich die Quelle der Kraft, die mir half, mit meinem Vater und den Ungerechtigkeiten zu Hause fertig zu werden. In Mehmet lag meine Zukunft begründet, seine Liebe gab meinem Leben Perspektive. Immer, wenn wir die Gelegenheit dazu hatten, schlichen wir uns heimlich aus dem Haus und gingen spazieren. Einmal war es mitten in der Nacht, wir lagen auf einer duftenden Wiese unter dem klaren Sternenhimmel und träumten von unserer Zukunft, von unserer Wohnung und unseren Kindern. Mehmet war ein heiterer, fröhlicher Mensch, mit ihm gehörte mir die Welt, mit ihm war das Leben ein einziger, wundervoller Rausch. Gingen wir gemeinsam mit unseren Eltern durch die Parks in Köln, dann pflückte er riesige Blumensträuße, die er meiner Mutter schenkte, aber ich konnte in seinen Augen lesen und wußte, daß sie für mich bestimmt waren, daß ich sie zu Hause ansehen und an ihn denken sollte. Wie sehr war unsere Sprache das Schweigen geworden, das intuitive Fühlen des anderen!

Es wußte zwar jeder um unsere Liebe, aber wir mußten sie trotzdem verbergen und uns hüten, irgendein offensichtliches Zeichen zu geben. Am Wochenende kam er meistens mit seiner Familie zu uns aufs Land, um die freie Zeit in einer ruhigen, gesunden Umgebung zu verbringen, denn in Köln hatte die Familie keinen Balkon und keinen Garten. Er behandelte mich wie seine kleine Prinzessin, die er vor allem beschützen wollte. Besonders schön waren die Abende, an denen ich bei der Familie Mehmets in Köln schlief. Mehmet und ich hatten die Aufgabe, auf die kleinen Geschwister aufzupassen, und blieben dann allein in der Wohnung zurück. Wenn wir die Kleinen zu Bett gebracht hatten, konnten wir ungestört reden und zärtlich sein. Es war eine wunderschöne Zeit.

Kurz nach meinem fünfzehnten Geburtstag hieß es, für einige Wochen Abschied zu nehmen, weil seine Familie eine Reise in die Heimat geplant hatte, an der auch er teilnehmen sollte.

Es wurde eine harte Zeit für mich, denn die Infrastruktur Ostanatoliens ist absolut unterentwickelt, niemand verfügte dort über ein Telephon, so daß es keine Möglichkeit des Kontaktes für uns gab.

Als die endlosen Wochen vorübergegangen waren, ging ich eines Abends in die Telephonzelle, um Mehmet anzurufen. Wie lange hatte ich sehnsüchtig auf diesen Augenblick gewartet, mein Herz zitterte vor Freude, seine geliebte, vertraute Stimme wieder zu hören. Irgendwie war Mehmet schon ein

Stück Zuhause und Geborgenheit für mich geworden, es war ja nur noch eine Frage von kurzer Zeit, bis wir uns ein eigenes Leben aufbauen würden. Vor drei Stunden war das Flugzeug gelandet, hoffentlich war die Familie schon zu Hause angekommen.

Das Telephon läutete am anderen Ende der Leitung, jemand nahm ab – es war Kado, Mehmets jüngerer Bruder. Er war ungewöhnlich kurz angebunden und sagte, daß Mehmet nicht da sei, dann legte er auf. Ich verstand die Welt nicht mehr. War es Mehmet nicht wichtig, nach der langen Zeit der Trennung mit mir zu sprechen?

Auch an den kommenden Abenden ging ich zur selben Stunde aus dem Haus, um Mehmet zu erreichen, aber jedesmal wurde ich auf die gleiche Weise abgefertigt. Eine grauenvolle Unruhe hatte mich erfaßt, Unheil lag in der Luft, ich war in diesen Tagen unfähig, irgendeinen vernünftigen Gedanken zu fassen. Im Haushalt ging alles schief – das erste Mal brannte das Essen an, und mit dem Bügeleisen ruinierte ich ein Hemd meines Vaters.

Als ich eines Abends zum fünften Mal einen Versuch unternahm, mit Mehmet zu sprechen, pochte mein Herz wie verrückt, aber ich mußte herausfinden, was die Ursache für Mehmets seltsames Verhalten war.

Wieder hob Kado ab.

Ich nahm meinen Mut zusammen:

– »Kado, sag mir endlich, was bei euch los ist, was ist geschehen!«

- »Fatma, es tut mir leid, aber irgendwann mußt du es erfahren: Mehmet ist verheiratet.«

– »Verheiratet?«, schrie ich in den Hörer.

– »Ja.«

– »Nein, das kann nicht sein!«

– »Doch, Fatma!«

– »Du lügst, Kado, das ist unmöglich, Mehmet liebt mich!«

– »Ich weiß, Fatma, aber es ist die Wahrheit, mit Renan.«

Ich legte auf, kein Wort konnte ich mehr hervorbringen, vor meinen Augen wurde es schwarz. Mein Mehmet, mein über alles geliebter Mehmet, meine Zukunft. Ich bekam einen Weinkrampf, jede Faser meines Körpers war Schmerz. Warum, warum, warum?

## Eine Art Erklärung

Der Onkel, bei dem Mehmets Familie die Ferien verbrachte, hatte eine nicht mehr ganz junge, unverheiratete Tochter. Es gab ein großes, unüberwindbares Problem mit diesem Mädchen: sie war Epileptikerin. Kein Mann im Dorf meines Onkels wollte Renan heiraten, sie war von Allah gezeichnet und als Arbeitskraft nicht voll einsetzbar.

Als nun Mehmet aus Deutschland zu Besuch kam, sah man eine Chance, dieses Sorgenkind loszuwerden und stellte Mehmet eine Falle, aus der er unmöglich entkommen konnte:

Der Sohn des Onkels, Yussuf, nahm Mehmet mit auf einen Spaziergang und zeigte ihm auf dem Rückweg eine neu errichtete Scheune. Unter einem Vorwand führte Yussuf Mehmet in das Innere der Scheune und verschwand mit einem Mal. Dafür öffnete sich plötzlich die Tür, und Renan trat ein, sie ging vollkommen ungeniert auf Mehmet zu und umarmte und küßte ihn. Gerade in diesem Augenblick kam ihr Vater in Begleitung seines Sohnes hinzu.

Eine derart intime Situation zieht für das türkische Sittenverständnis eine Verheiratung unabwendbar nach sich, so daß Mehmet mit großer Freude und guten Wünschen als neuer Schwiegersohn begrüßt wurde.

In Mehmet kochte die Wut, er wollte versuchen, am nächsten Tag heimlich abzureisen, die Verlogenheit und Heuchelei seiner Verwandten widerte ihn an. Jeder von ihnen wußte, welch eine tiefe Bindung er zu mir hatte, jeder war sich bewußt, wie sehr diese Intrige gegen die Stimme seines Herzens verstieß. Als er in der Nacht wach im Bett lag und sich die Schwierigkeit seiner Lage immer wieder vor Augen führte, hörte er mit einem Mal so gegen drei Uhr morgens Stimmen in der Wohnküche. Kurz darauf kam seine Tante, um ihn zu wecken. Die Familie hatte schon jetzt, mitten in der Nacht, nach dem *Hodscha* rufen lassen, um den religiösen Teil der Trauung zu vollziehen. Man hatte Angst, daß Mehmet nach einer Fluchtmöglichkeit suchen und ihnen entwischen könnte.

Mehmet sah keinen Ausweg mehr, denn auch seine Eltern drängten ihn, in die Ehe einzuwilligen. Schließlich war man für seine nächsten Verwandten verantwortlich und mußte dabei helfen, das unglückliche Mädchen zu verheiraten.

Mehmets Leben ist an diesem Opfer zerbrochen, er war einer der vielversprechendsten Jungen in unserer Verwandtschaft und ist heute eine gescheiterte Existenz. Seine Frau konnte keine Kinder bekommen und war für Mehmet in keiner Weise eine passende Ergänzung. Sie lebt heute in V. und Mehmet in Istanbul – sie sehen sich zwei-, dreimal im Jahr.

Doch die schrecklichste Zeit kam erst noch, denn der Kontakt zwischen unseren Familien riß durch die Ehe Mehmets mit Renan nicht ab. Jetzt kam die Familie am Wochenende mit beiden, und ich mußte als gute Gastgeberin Mehmets Frau freundlich bedienen. Mein Herz ist fast zersprungen in dieser Zeit. Jetzt hatte ich sie ständig vor mir mit ihrem häßlichen, aufgequollenen Gesicht, dem dürren Körper und dem dümmlichen Blick. Sie war in allem das Gegenteil von Mehmet. Dieses Paar war in seiner Zusammenstellung geradezu unglaublich, ich konnte es einfach nicht fassen, daß mir diese Frau Mehmet weggenommen hatte. Des Nachts, wenn ich wach im Bett lag, hörte ich all zu oft ihr Liebesgeflüster durch die dünnen Wände unserer Wohnung. Ich kann nicht beschreiben, welche Qualen ich damals durchlebte. Bald trug man mir auf, da ich die deutsche Sprache am besten beherrschte, Renan zu den diversen Ärzten zu begleiten. So wurde ich ungewollt zu ihrer Vertrauten, die ihr auch bei ihren Anfällen half.

Eines Abends fuhr Mehmet mich zurück nach Hause, wir waren nach seiner Verheiratung das erste Mal wieder allein. Ich war so grenzenlos verletzt und machte ihm schwere Vorwürfe, warum er nicht intelligenter gehandelt hatte, warum er sich hatte kleinkriegen lassen, warum er nicht für unsere Liebe gekämpft hatte. Mehmet sah bleich und abgespannt aus. Auf einmal trat er das Gaspedal durch und fuhr mit 150 Kilometern in der Stunde über die enge, gewundene Landstraße. »Ohne dich, Fatma, will ich nicht weiterleben, laß uns gemeinsam sterben!«

Diese Fahrt war der Wendepunkt in unserer Beziehung. Nein, ich wollte leben, es würde weitergehen, auch ohne ihn. Verbitterung und Trotz stiegen in mir auf, ich wollte ihn mit aller Macht vergessen. Ich fing an, ihn zu beschimpfen: »Warum hast du unsere Liebe aufgegeben, Mehmet? Bist du wirklich so ein elender, winziger Feigling, der sich gegen ein paar verrückt gewordene Verwandte nicht durchsetzten kann? Ich will nicht an meiner Liebe zu dir zu Grunde gehen, dazu ist mein Leben zu wertvoll. Dein Leben hast du jetzt für immer verpfuscht, aber meines werde ich selbst in die Hand nehmen. Fahr langsamer, bring mich nach Hause und laß mich endlich in Ruhe!« Ich war erschöpft, aber ich begann, mich von ihm zu lösen. Ich wollte ihn vergessen, ihn für alle Zeiten aus meinem Leben streichen.

Was für eine grausame Gemeinschaft war das nur, in die ich hineingeboren worden war! Was zählte für diese Menschen persönliches Glück und Liebe! Wieder war ich ein Stück weiter auf Distanz gegangen, entfremdete mich mehr und mehr. Meine Mutter sprach kein Wort des Trostes zu mir, mein Schmerz wurde einfach totgeschwiegen. Warum nahm mich denn niemand in die Arme und gab mir Hoffnung? Warum ließ man mich allein?

An der Geschichte mit Mehmet zeigt sich, wie anders gelagert die Ansprüche waren, die meine Familie, meine Verwandten an eine Lebensgemeinschaft wie die der Ehe stellten. Die Ehe ist eine Zweckgemeinschaft, die ohne tiefe, einmalige Neigungen gut funktionieren kann. Seelische und geistige Erfüllung erwartete man von dieser Gemeinschaft nicht, dazu waren die Welten, aus denen Mann und Frau kamen, zu verschieden. Die strenge Rollenverteilung brachte es mit sich, daß es zwischen diesen beiden Welten kaum Berührungspunkte gab, denn einen gemeinsamen Erfahrungshintergrund kannten Männer und Frauen nicht. Die Nöte und Sorgen eines Mannes teilte ein Mann, die Nöte und Sorgen einer Frau teilte eine Frau. So ist es verständlich, daß Ana meinen Liebeskummer, den Schmerz über den Verlust Mehmets nicht weiter gewichtete. Natürlich kannte sie die Gefühle, die mich und Mehmet verbanden, ihr selbst war einst eine solch tiefe Liebe begegnet. Doch die Wirklichkeit hatte sie etwas anderes gelehrt, und um nicht an dem Verlust ihrer Gefühle und Sehnsüchte zu zerbrechen, wies sie ihnen einen Raum in ihrer Phantasie zu. Indem sie ihre Träume von einer Seele, die die ihre berührt und erkennt, vom wirklichen Leben abkoppelte, eröffnete sich eine Möglichkeit, diese seelischen Tiefen, an deren Existenz sie nie gezweifelt hätte, am Leben zu erhalten. Das war das Schicksal einer jeden Frau, anders kannte Ana es nicht, warum sollte es nicht auch für ihre Fatma gelten.

### Kleiner Zusatz

An dem Abend, als ich mit Kado sprach und von Mehmets Verheiratung erfuhr, war mir das Geld für die Telephonzelle ausgegangen. Meine Eltern waren nicht zu Hause, sondern nur ein entfernter Onkel, der auf uns Kinder aufpassen sollte.

Ich war vollkommen aufgelöst und weinte, denn schon lange beschlichen mich dunkle, unheilvolle Ahnungen. Etwas Grauenvolles ging vor sich, wenn Mehmet nicht mit mir sprechen wollte, denn ich war seine innigste Vertraute, alles, was sein Herz bedrückte, war mir nie verborgen geblieben.

Ich bat meinen Cousin um Geld, um anrufen zu können. Er verweigerte es mir. Auf mein nachhaltiges Drängen und Bitten hin, stellte er mir eine Bedingung: »Du bekommst das Geld, Fatma, und ich darf dir dafür einen Kuß geben.«

In meiner Verzweiflung wußte ich keinen anderen Ausweg und ging auf seine Erpressung ein. Ich dachte, er würde mir einen Kuß auf die Wange geben, aber er hielt mich fest und küßte mein Dekolleté. Ich war außer mir vor Wut und Entsetzen und gab ihm eine Ohrfeige.

Von diesem Abend an machte er meinen Eltern gegenüber fortwährend Anspielungen zweideutiger Art in Bezug auf mich. Eines Nachmittags saßen wir am Küchentisch und tranken Tee. Da fragte er meine Mutter unvermittelt: »Cemile, gibst du mir deine Tochter zur Frau?«

»Hussein, ich glaube kaum, daß ich meine Tochter für dich zur Welt gebracht habe!«, antwortete sie bestimmt.

»Nun, Cemile, ich dachte, wenn man sich erst einmal geküßt hat, dann ist man so gut wie verheiratet!«

Ich verlor die Fassung. Dieser Mensch benutzte seine üblen Annäherungsversuche, um mich unter Druck zu setzen. Noch bevor ich irgend etwas sagen konnte, schüttete ich ihm meinen heißen Tee ins Gesicht.

Meine Eltern saßen sprachlos am Tisch. Hussein schrie auf vor Schmerz und schimpfte auf meine Eltern, die nicht in der Lage seien, ihre Tochter angemessen zu erziehen. Ich sollte doch froh sein, daß nach meiner Beziehung zu Mehmet überhaupt noch jemand Interesse für mich zeigen würde. Meine Mutter stand auf und wies ihm wortlos die Tür.

Dann erklärte ich ihr in kurzen Worten, was geschehen war. Sie war entsetzt und beschämt über mein Verhalten. Sie sah in meinem Handeln das einer Prostituierten und machte mir schwere Vorwürfe.

### Unaussprechliches

Eine Frau eines anderen Kulturkreises wird schwer nachvollziehen können, welch einen Sprung ins Ungewisse und Unheimliche die Ehe bedeutet, wie wenig eine türkisch/kurdische Frau über die Dinge weiß, die in der Ehe passieren werden. Wie oft habe ich junge Bräute erlebt, die im Gedanken an die erste Nacht mit ihrem Mann vor Angst zitterten, weil sie nicht wußten, was mit ihnen geschehen würde. Von den anderen Frauen hörten sie beunruhigende, erschreckende Dinge:

»Jetzt wirst du bald sehen, was der Ernst des Lebens ist!«

»Das Lachen wird dir schon noch vergehen, du wirst sehen!«

»Bei Allah, das sind Schmerzen.«

Alles, was die Sexualität betraf, wurde verheimlicht oder in Anspielungen angesprochen, die meistens wenig vertrauenerweckend klangen. Um dieses Unaussprechliche herum entstand ein Raum, der nicht betreten werden durfte und die Bedeutung der Sexualität ins Unendliche steigerte. Uns Frauen war bewußt, daß dieser Raum mit Macht zu tun hatte, mit Verbotenem, Sündigem.

Wie soll eine junge Braut, die nur aus den Erzählungen der älteren Frauen ihr »Wissen« über Sexualität zieht, in Freude an die erste Nacht mit ihrem Mann denken? Oder wenn es soweit ist, innerlich so frei sein, daß sie Lust empfinden kann? Viele sind in der ersten Zeit nach der Heirat so verspannt, daß Geschlechtsverkehr nicht möglich ist, und auch darüber wacht die Gemeinschaft mit Argusaugen. Das blutige Bettlaken ist nach der ersten Nacht vorzuzeigen, andernfalls muß das junge Paar Rechenschaft ablegen.

Ich habe eine gute Freundin, die, bevor sie mit ihrem Mann aus der Türkei nach Deutschland kam, in Ankara bei der Regierung als Sekretärin tätig war. Für türkische Verhältnisse ist sie der Inbegriff einer emanzipierten, freien Frau, sie hatte studiert, ging ohne Kopftuch, war berufstätig. Ich bewundere sie sehr, weil ich weiß, wie hart ihre Kämpfe um Autonomie waren und wie beschwerlich die Wege, die sie gehen mußte. Auch in Deutschland gab sie ihre Selbständigkeit nicht auf und weigerte sich erfolgreich, die traditionelle moslemische Frauenrolle anzunehmen.

Eines Tages, nachdem wir schon Jahre miteinander befreundet waren, hatte sie den Mut, sich mir anzuvertrauen und lang Unausgesprochenes zu offenbaren. Sie ließ mich an Seelennöten teilhaben, die ihr Leben bestimmten und sie und ihren Mann bis an den Rand der Verzweiflung gebracht hatten. Obwohl sie ihren Mann liebte, war es für sie jedesmal eine unerträgliche Qual, mit ihm zu schlafen. Ihre ganze Kindheit hindurch hatte sie gelernt, daß »DAS«, das Unaussprechliche, die größte Sünde verkörpert. Nie hatte sie auch nur einen Ansatz von Aufklärung erfahren. Als sie heiratete, wußte sie nicht, wie ein nackter Mann aussieht, geschweige denn, wie Kinder gezeugt werden. Die Jungfräulichkeit war ihr höchstes Gut gewesen, nichts anderes als das hatte ihren Wert als Frau bestimmt. Diese Botschaft aus Kinder- und Jugendtagen saß so tief, daß sie ihre Ehe vergiftete. Noch nach zwanzig Jahren fühlte sie sich dreckig und sündig, wenn sie ihrem Mann, dem sie drei Kinder geboren hatte, nahe war. Auf die Bitten ihres Mannes hin vertraute sie sich ihrem Gynäkologen an. Die Fragen, die ihr in diesem Gespräch gestellt wurden, steigerten ihre Ohnmacht und Angst. »Fühlen Sie sich zu Frauen hingezogen, hatten Sie schon einmal ein sexuelles Erlebnis mit einer Frau?« – »Haben Sie sich früher selbst befriedigt?«

Schweigend saß sie da, gedemütigt, hilflos und beschämt, unfähig, diesem deutschen Arzt zu übermitteln, daß sie aus einer Welt kam, in der solche Fragen tabu waren.

Als ich zehn Jahre alt war, bekam ich während des Sportunterrichts meine erste Periode. Ich hatte grauenvolle Angst. Meine Lehrerin beruhigte mich und erklärte mir, daß das einen ganz normalen Prozeß des Erwachsenwerdens bei der Frau bedeute. Sie schickte mich nach Hause und sagte, daß ich mit meiner Mutter darüber sprechen sollte, daß sie mir alles in Ruhe erklären würde. Ich ging nach Hause, aber irgendwie wußte ich, daß ich meiner Mutter nichts sagen durfte, daß sie mir nicht helfen konnte. Ich weiß nicht, warum, aber ich schämte mich. Vielleicht ahnte ich, daß das, was mit mir geschehen war, für meine Mutter zu den beschämenden, unaussprechlichen Dingen gehörte. Ich hatte ja nie bemerkt, daß mit meiner Mutter etwas Derartiges passiert war. Ich verheimlichte mein einschneidendes Erlebnis und suchte mir alte Tücher, die ich in meine Unterhose legte und anschließend in den Mülleimer warf, wo sie meiner Mutter dann doch irgendwann auffielen, denn am dritten Tag kam sie mit folgenden Worten zu mir: »Tochter, ich habe gesehen, daß du unrein geworden bist und daß du die Binden in den Mülleimer geworfen hast. Niemals darfst du deine blutigen Binden wegwerfen, das ist eine große Sünde, die Allah schwer bestraft. Du mußt sie auswaschen und trocknen, aber auf keinen Fall darf einer deiner Brüder oder dein Vater deine Binden zu Gesicht bekommen.«

Was hatten ihre Worte zu bedeuten? Was hatte ich verbrochen, daß ich mit einem Mal unrein geworden war? Ich verstand sie nicht und traute mich dennoch nicht, sie um eine Antwort auf meine tausend Fragen zu bitten.

Das war alles, was sie zu diesem Thema sagte. Aber in den kommenden Wochen traten noch einige seltsame, für mich unerklärliche Veränderungen ein. Eines Abends wollte ich zu Bett gehen und fand meinen Schlafanzug nicht, meine Mutter hatte ihn wahrscheinlich gewaschen. Also nahm ich einen von meinem Bruder Hydar, dann ging ich ins Wohnzimmer und wollte meinem Vater gute Nacht sagen. Aber ich kam nicht dazu, denn bevor ich irgend etwas sagen konnte, bekam ich eine Ohrfeige, und mein Vater zischte mich durch die Zähne an: »Zieh das sofort aus!«

Ich begriff nichts mehr. Wie oft hatte ich Hydars Schlafanzug angezogen, ohne daß je ein Wort darüber verloren worden war.

Weinend und verunsichert ging ich zu meiner Mutter in die Küche. Auch ihre Augen blickten mich erschreckt an, als sie gewahrte, daß ich den Schlafanzug meines Bruders trug. Sie erklärte mir dann in ihrer umständlichen, weltfremden Art, daß in der Unterwäsche und den Schlafanzügen meiner Brüder kleine Lebewesen krabbelten, von denen ich schwanger werden könnte. Von diesem Tag an machte ich einen großen Bogen um die Wäsche meiner Brüder, sie war unheimlich und bedrohlich geworden.

Und auf noch etwas wurde ich von meiner Mutter indirekt aufmerksam gemacht. »Fatma, überall, wo jetzt Haare anfangen zu wachsen, mußt du sie entfernen, sonst bist du eine unreine Frau.» Und sie wachte über jedes Schamhaar, das sie in meinem Bett fand und das als Beweis dafür dienen konnte, daß ich mich nicht rasierte.

## Der Wert einer Jungfrau

Als ich sechzehn war, erkrankte eine meiner Tanten schwer und wurde für einen längeren Zeitraum ins Krankenhaus eingewiesen. Sie hatte zwei kleine Kinder, die beaufsichtigt und versorgt werden mußten. Die Zeit ihres Krankenhausaufenthaltes fiel mit meinen Sommerferien zusammen, so daß meine Eltern mich für sechs Wochen nach Köln schickten, um die Betreuung der Kleinen zu übernehmen. Es wurde eine ausgesprochen schöne Zeit, die mir auch die Möglichkeit gab, etwas für die Schule zu tun, ohne daß mein Vater ständig Rechenschaft von mir verlangte. Die Kinder liebten mich. Jeden

Nachmittag gingen wir spazieren. Unser Weg zum Kinderspielplatz führte uns an einer Eisdiele vorbei, die von einer türkischen Familie betrieben wurde. Die Kinder aßen für ihr Leben gern Eis, und ich konnte ihnen ihren Wunsch danach nicht abschlagen, so daß wir fast jeden Tag haltmachten, um Eis zu kaufen. Der jüngste Sohn dieser Familie war vier Jahre älter als ich und hatte bald eine kleine Leidenschaft für mich entwickelt. Wir unterhielten uns manchmal etwas länger und setzten uns dann in der Eisdiele zusammen. Als meine Ferien vorüber waren, ging ich noch einmal hin, um mich zu verabschieden. Süleyman war traurig und sagte, daß er mich sehr vermissen würde. Ich mußte innerlich ein wenig schmunzeln und tröstete ihn damit, daß ich gelegentlich zu Besuch bei meiner Tante wäre und dann kurz hereinschauen könnte.

Die Schule hatte wieder angefangen, und ich war froh, meine Klassenkameraden und Lehrer wiederzusehen. Während meines Aufenthaltes in Köln hatte ich den Unterrichtsstoff nachgearbeitet, so daß ich den Stunden jetzt gut folgen konnte.

Eines Nachmittags stand ich nach Unterrichtsschluß mit einer Freundin vor der Schule, wir erzählten von den Sommerferien, und ich berichtete ihr von meinem Verehrer.

Plötzlich hielt ein Wagen neben uns, die Hintertür öffnete sich, und ein Mann zerrte mich hinein, wobei mein Kopf irgendwo hart aufschlug und ich für einige Minuten wie benommen war. Alles ging so atemberaubend schnell, daß ich unfähig war zu reagieren. Immer wenn ich meinen Kopf heben wollte, wurde er von einer starken Hand wieder hinter den Rücksitz gepreßt. Ich versuchte, mich zu wehren, aber auf der anderen Seite saß noch ein Mann, der mich ebenfalls festhielt. Da erkannte ich unter den Stimmen auf einmal die Süleymans. Laut rief ich seinen Namen und bat ihn, meine Peiniger zurückzurufen.

Endlich lockerten sich die Griffe, und wirklich: am Steuer saß Süleyman. Jetzt begriff ich schlagartig, was hier vor sich ging: Er wollte mich entführen, um eine Ehe zu erzwingen.

Irgendwann kamen wir in Köln an. Er führte mich in die Wohnung eines Freundes, wo wir die Nacht verbringen sollten. Innerlich war ich außer mir vor Zorn und Wut, aber ich mußte mich um jeden Preis beherrschen, durfte bei ihm auf keinen Fall eine Kurzschlußreaktion hervorrufen.

Also tat ich freundlich. Ich beteuerte, daß auch ich ihn lieben würde und heiraten wollte, aber daß ich den Weg über die Entführung nicht richtig fände. Er wollte mich küssen, meine Brüste berühren und forderte mich schließlich auf, die Kleider abzulegen. Mit Engelszungen versuchte ich ihn davon zu überzeugen, daß wir uns erst nach der Hochzeit näherkommen sollten, daß ich Angst davor hätte, Allahs Zorn auf mich zu ziehen und meine Eltern nicht auf diese Weise entehren wollte.

Er war vollkommen verzückt davon, mich endlich in seinen Armen zu halten und gab wenig auf meine drängenden Bitten.

Plötzlich hörten wir laute Schläge an der Wohnungstür. »Polizei, aufmachen« rief jemand. Süleyman stand der Schrecken im Gesicht geschrieben, damit hatte er nicht gerechnet. Das Rufen wurde lauter, die Schläge wurden heftiger, schließlich löste sich Süleyman aus seiner starren Position und ging zur Tür, um zu öffnen.

Meine Freundin hatte sofort die Polizei und meine Eltern alarmiert. Durch meine Erzählung von den Sommerferien hatte sie den Verdacht geschöpft, daß der junge Eisdielenverkäufer hinter dieser Tat stecken könnte, sie war durch viele gemeinsame Gespräche mit den türkischen Sitten vertraut und wußte, daß Entführungen als ein übliches Mittel zur Eheanbahnung betrachtet wurden. Ihr hatte ich meine schnelle Befreiung zu verdanken, die mich vor einer ungewollten Ehe bewahrte.

Die Zeit nach meiner Entführung verdeutlichte mir noch einmal, was den Wert einer muslimischen Frau im Kern bestimmt.

Meine Familie begegnete mir mit verschämtem Schweigen; man versuchte, möglichst jeden Kontakt zu Verwandten und

Bekannten zu meiden, ehe nicht meine Jungfräulichkeit durch die Untersuchung eines türkischen Arztes eindeutig festgestellt war. Niemand vertraute meinen Schilderungen, selbst meine Mutter wirkte kühl und abweisend. Ich hatte nichts verbrochen, war im Gegenteil Opfer einer Freiheitsberaubung geworden, doch jeder mied mich wie eine Aussätzige. Eine grauenvolle Erkenntnis hat mich in jenen Tagen beschlichen: Das einzige Gut eines türkischen Mädchens ist es, Jungfrau zu sein, daneben gibt es nichts – es ist alles eine Frage der Ehre.

Ich fühlte mich dreckig, beschämt, gedemütigt, aber gleichzeitig rebellierte es in mir gegen diese blinde Anmaßung und Scheinheiligkeit. Bittere Erinnerungen stiegen in jenen Tagen auf: Ich sah die letzte Zeit in der Türkei wieder gegenwärtig vor mir, als Hydar und ich vorübergehend bei unseren Verwandten leben mußten.

Wie oft war ich damals als kleines, achtjähriges Mädchen um Haaresbreite einer Vergewaltigung entgangen. Wußten meine Eltern etwa nicht, welchen Gefahren sie mich da ausgesetzt hatten?

Meine Mutter war nicht dumm!

Sie kannte die türkischen Sitten in all ihrer Grausamkeit nur zur gut.

Und jetzt wurde eine Lappalie zu einer solchen Schande hochstilisiert. Tiefer Ekel ergriff mich angesichts dieser Heuchelei. Das Schlimme war, daß meine Eltern viel mehr sich selbst als mich belogen. Vor wem wollten sie denn als ehrenhaft und respektabel dastehen? Doch eben vor der Gesellschaft, zu der auch die Menschen gehörten, die mich damals entwürdigt und mißbraucht hatten, wie man es sich schlimmer nicht hätte ausmalen können, vor Menschen, die nicht einen Funken wirklichen Ehrgefühls besaßen.

Endlich kam der Tag, der Erlösung versprach. Ich hatte Angst, noch nie war ich bei einem Frauenarzt gewesen. Als ich den Behandlungsraum betrat und den Untersuchungsstuhl sah, blieb mir fast das Herz stehen. Was würde man hier mit mir machen? Aber es gab keinen anderen Weg, ich mußte die Zähne wohl oder übel zusammenbeißen und das Unvermeidliche über mich ergehen lassen. Der Arzt behandelte mich unfreundlich, doch die Diagnose war eindeutig – das Hymen war unversehrt. Meine Mutter schloß mich in die Arme und bat den Arzt, ihr ein Attest über seinen Befund mitzugeben. Diesen elenden Fetzen Papier reichte sie noch Monate später umher, um meinen Ruf zu retten. Ihre Tochter Fatma war wieder ein respektables Mitglied der moslemischen Gemeinschaft geworden. Ich weiß nicht, ob jemand nachvollziehen kann, was es für ein Gefühl ist, wenn die eigene Mutter den Bericht eines Arztes braucht, um sich zu ihrer Tochter zu bekennen, um aus vollem Herzen zu sagen: »Das ist meine Tochter Fatma.«

Ein tiefer Bruch hatte sich in diesen Tagen vollzogen. Warum sollte ich Menschen die Treue halten, die mich des Geschwätzes der Leute wegen verleugneten?

Und noch eines wurde mir bewußt: Ein türkischer Ehemann, der um diese Entführung wüßte, könnte niemals zur Ruhe kommen. Dieser winzige Funken Ungewißheit – was hat sich damals wirklich zugetragen – würde sich zum brennenden Dorn seines gekränkten Ehrgefühls entwickeln und eine Lebensgemeinschaft zur ewigen Qual gestalten.

Warum sollte ich mich all dem aussetzen, für was? Meine Mutter konnte auch ich jetzt nicht mehr glücklich machen, sie war für ihr Leben selbst verantwortlich. Ich lebte doch nur dieses eine Mal, nichts hatte ich als dieses eine Leben, als diesen einen Morgen voller Möglichkeiten, den mir niemand würde zurückgeben können. Ich wollte, ich mußte anders leben, wollte versuchen, meine Träume und Sehnsüchte zu verwirklichen.

## Doppelmoral

Eines der ganz traurigen Kapitel unserer Familiengeschichte ist die Verheiratung meines Bruders Hydar. Uns beide verband eine außerordentliche Zuneigung, die aus dem geteilten Leid der letzten Jahre in der Türkei und unserem dortigen unbedingten Zusammenhalt erwachsen war. Er heiratete ein Mädchen aus einem Nachbardorf von V., das ich persönlich vor der Eheschließung nicht kennenlernte. Als meine Mutter mit Hydar in die Türkei fuhr, um Mira abzuholen, arbeitete ich zwei Wochen gemeinsam mit meinen Geschwistern, um unsere Wohnung zu renovieren. Mein Vater half uns – wie üblich – nur durch seine mäkelnden Kommentare. Das junge Paar sollte bei uns wohnen, bis es selbst eine Familie gründen würde. Das war bei uns Sitte, und ich wollte, daß mein Bruder auf sein Zuhause und seine Familie stolz sein konnte. Ich wollte ihm auf diesem Weg eine besondere Freude und ein ganz persönliches Hochzeitsgeschenk machen. Noch nie in meinem Leben hatte ich tapeziert, aber mit vereinten Kräften klappte es gut, und schließlich strahlte die Wohnung in neuem Glanz.

Meine Mutter bekam den Mund vor Staunen nicht mehr zu, als sie unsere Wohnung betrat: »Kadir, guter Mann, was hast du für eine schöne Arbeit geleistet.« In ihren Augen war etwas Unglaubliches geschehen – Kadir hatte freiwillig die Initiative ergriffen, etwas für seine Familie zu tun. Aber sie geriet in noch größeres Erstaunen, als sie erfuhr, daß wir Kinder für die Veränderungen verantwortlich waren.

Doch unsere Mühe sollte sich nicht lohnen. Mit dem Tag, als meine Schwägerin bei uns einzog, war unser ohnehin gestörter Hausfrieden endgültig dahin, denn selbst die bis jetzt guten Bindungen, die zwischen meiner Mutter und Hydar und zwischen mir und Hydar bestanden und dem Zusammenleben unserer Familie noch Stabilität gaben, wurden zerstört. Mira hatte eine sehr plumpe, aber wirkungsvolle Methode, an ihre Ziele zu kommen. Für den Geschmack türkischer Männer war sie eine sehr attraktive Frau – zierlich, aber mit großen Brüsten und breiten Hüften. Als erstes versuchte sie, die Gunst meines Vaters zu erschleichen, und sie machte es erfolgreich mit ihren weiblichen Mitteln. Einmal betrat ich unverhofft das Wohnzimmer und sah, wie sie auf dem Schoß meines Vaters saß und sich ungeniert von ihm anfassen ließ. Auch meine Mutter ertappte die beiden in solchen Momenten, und es war nur natürlich, daß sie Hydar daraufhin ansprach. Aber Hydar war so sehr von Mira vereinnahmt worden, daß er in unserem Verhalten ein Komplott gegen seine Frau witterte, dem jeder Anspruch auf Wahrhaftigkeit fehlte. Hydar entwickelte in den kommenden Monaten Haßgefühle gegen mich und meine Mutter, die immer häufiger in Handgreiflichkeiten Ausdruck fanden. Manchmal wirkte er auf mich wie ein Besessener, der von der Wahnvorstellung geplagt wird, man wollte ihm sein Liebstes nehmen. Mir gegenüber verhielt Hydar sich bald noch strenger als mein Vater und fing an, mich brutal zu schlagen.

Zwei Fragen wirft diese Geschichte in mir auf: Wie konnte mein Vater bei seinen strengen Moralvorstellungen, die er jedenfalls in Bezug auf seine Töchter und seine Frau radikal durchsetzte, sich an der Frau seines Sohnes vergreifen?

Und wie sieht die Persönlichkeitsstruktur türkischer Männer aus? Meine Mutter hatte für Hydar eine Frau ausgesucht, die er nicht nur bedingungslos akzeptierte, sondern von der er bald so sehr versklavt wurde, daß er alles andere dafür opferte. Auch Mehmet hatte sich dem Zwang seiner Familie ziemlich kampflos ergeben. Worin liegt denn die Stärke begründet, aus der die Männer das Recht ableiten, ihre Frauen zu unterdrücken und sich alle erdenklichen Freiheiten zu nehmen?

## Berührung mit dem Koran

Und dennoch fühlte ich mich paradoxer Weise auf eine Art wohl, gebraucht und recht am Platz, in der Rolle, die ich in meiner Familie einnahm. Was an Schwierigkeiten auf meine Nächsten und den weiteren Verwandtenkreis zukam, dessen Lösung lag in meinen Händen. Ich hatte als Einzige den Mut, meine Interessen auch gegen Widerstände durchzusetzen. Ich war überall da zugegen, wo der Mangel an Sprachkenntnissen und Selbstbewußtsein zum Problem wurde. Ich war ein wichtiger Fixpunkt für meine große kurdische Familie, der das Leben in einer fremden Kultur ermöglichte. Man achtete mich, auch wenn ich von meinem Bruder und Vater geschlagen wurde, wenn ich an der Freizügigkeit der Gesellschaft, die direkt hinter der Schwelle unserer Wohnungstür begann, teilnahm.

Mein Vater hatte großen Wert darauf gelegt, daß mein Bruder Halil und ich das Lesen der arabischen Schrift beherrschen lernten, und jeden Mittwoch einen Privatlehrer bestellt, der mich zwei Jahre hindurch regelmäßig unterrichtete. Ich habe mich oft gefragt, warum ihm dieser Unterricht so wichtig war, denn ich habe ihn nur an den hohen muslimischen Feiertagen beten sehen. Die Tatsache, daß ich der arabischen Schrift mächtig war, den Koran zumindest phonetisch in seiner ursprünglichen Form zum Klingen bringen konnte, machte mich zum Mittelpunkt des religiösen Lebens in unserem Haus. Es ist diese Art von Religiosität eine ganz eigene, mehr auf den Schein als auf das Sein bezogene. Ich konnte die arabischen Worte artikulieren, habe Hunderte von Seiten des Korans vorgelesen, aber der Inhalt, seine Bedeutung blieben mir fremd.

Beim abendlichen Vorlesen am Donnerstag und Freitag entstand eine im Kern komische Situation: Ich las meinen

Angehörigen über Stunden etwas vor, das weder sie noch ich in der Lage waren zu verstehen.

Natürlich war meine Phantasie beim Lesen nicht eingeschlafen. Ich versuchte mir vorzustellen, was hinter diesen Klängen verborgen sein könnte, suchte meine Aufgabe mit Sinn zu erfüllen. Mein Vater hatte Lieblingsseiten, deren angebliche Übersetzung und Auslegung er mir mit bebender Stimme und leuchtenden Augen erklärte; die Enttäuschung war unermeßlich, als ich eines Tages gewahr wurde, was da wirklich stand.

Ich erlebte Glauben nicht als Sehnsucht nach der Beantwortung all der Rätsel, die uns Menschen mit auf den Weg gegeben sind. Was ich erlebte, hatte wenig mit ethischen Grundsätzen und der Frage nach dem wirklichen Sein der Dinge zu tun, mit der Frage, welchen Platz, welche Aufgabe, welchen Sinn meine Existenz haben könnte im Angesicht einer Dimension, die ich nur erahnen, aber nicht begreifen konnte. Glaube, wie er mir begegnete, war ein pures Machtinstrument unter dem Deckmäntelchen der Scheinheiligkeit. Ich konnte mich immer weniger daran orientieren. Der Koran wurde heute so, morgen aber schon ganz anders ausgelegt, gerade wie es dem Betreffenden in der jeweiligen Situation in den Sinn kam. Auslegung war reine menschliche – oder sagen wir besser – männliche Willkür, ohne Bemühen, einer Wahrheit und Ordnung gerecht zu werden, die jenseits persönlicher Wünsche und Ziele liegt.

Wie seltsam berührte mich immer wieder das *kurban bayram*, das Opferfest am Ende des *Ramadan,* das bei uns nicht nur als Fest des Fastenbrechens gefeiert wurde, sondern auch als das wichtigste Versöhnungsfest, bei dem alte Streitereien und Feindlichkeiten aufgehoben werden. Plötzlich schienen alle menschlichen Zwistigkeiten überwunden in allumfassender Liebe, die ihren Ausdruck in Umarmungen, Küssen und guten Wünschen fand. Kurze Zeit später wurden die Intrigen weiter gesponnen. Die Herzen wurden nicht wirklich berührt und geläutert, es gab keine wirkliche Besinnung, kein aufrichtiges Bemühen um Verständnis des anderen, kein über die eigenen Horizonte Hinausgehen, um nicht sich selbst, sondern Gott gerecht zu werden.

### Kulturschock

Mein Entschluß zu gehen, womöglich für immer, war schweren Herzens getroffen. Ich kann nicht sagen – wie ich es später so oft zu hören bekam –, daß ich meine Herkunft verleugnet habe. Denn mein persönlicher Hintergrund hat zwei gegensätzliche Ursprünge. Wurzeln habe ich nicht nur in meiner Familie geschlagen, sondern auch in der deutschen Kultur. Sie erst machte mir die Defizite der türkischen Herkunft bewußt, sie erst zeigte mir eine praktische Alternative zu dem unmündigen Dasein einer muslimischen Frau. Im Geheimen, in ihren Träumen und Phantasien, hatte jede muslimische Frau, die ich kannte, eine ganz persönliche Welt und Quelle der Kraft gefunden – für meine Mutter ist es die Prinzessin hoch zu Pferde, die in einem weißen Kleid über die unendlichen Felder galoppiert.

Die frühen Kinderjahre meiner Mutter müssen eine ausgesprochen glückliche Zeit gewesen sein. Sie war die jüngste Tochter im Haus und somit die kleine Prinzessin ihres Vaters. In ihren Erinnerungen sieht sie sich noch heute auf einem stattlichen Pferd, in weißem Kleid über die Felder reiten, jeder Pflicht und Arbeit enthoben. Meine Mutter erzählte viel aus ihrer Kindheit, dem Sonnenplatz in ihrem Leben. Ich habe mich oft gefragt, ob diese Erinnerungen an eine kleine Prinzessin in weißen Kleidern einmal Wirklichkeit waren oder nicht vielleicht der letzte Weg, um in einer kargen, freudlosen Gegenwart überleben zu können.

Denn für meine Mutter war die Ehe mit Kadir nichts als ein Fluch. Sie nahm jede Arbeit an, um die Familie zu versorgen. Sie ging putzen und wurde nach 20 Jahren harter Arbeit

Vorarbeiterin in einer Putzkolonne. Mein Vater bemühte sich in den ersten Jahren ebenfalls, aber eine Herzkrankheit lieferte ihm bald die sehr gelegene Ausrede, nichts mehr zu tun. Er verbrachte seine Zeit nun damit, das hart verdiente Geld seiner Frau mit Fremden und Verwandten oder mit Freundinnen, die nicht selten käuflich waren, durchzubringen. Wie oft hatte er sich bei seinen diversen Abenteuern Geschlechtskrankheiten zugezogen, die meiner Mutter dann das Leben schwer machten. Schmerzen zu ertragen war für sie nicht schlimm, sie hatte auch ihre Kinder allein zur Welt gebracht, aber ihre Schamgefühle zu überwinden, einem deutschen Arzt ihr Intimstes zu offenbaren, bedeutete eine grenzenlose Demütigung. Es ist schwer zu vermitteln, wie sehr alle Dinge, die um Sexualität und Geschlechtlichkeit kreisen, unaussprechlich sind, wie sich die Frauen lieber die Zunge abbeißen würden, als von ihren Sorgen und Nöten zu erzählen.

Heute sieht meine Mutter, wo ihre Fehler lagen. Trotz all ihrer Kraft hatte sie doch nie in Betracht gezogen, wirklich mit all den Dingen zu brechen, die ihr Leben Stück für Stück zerstörten. Es gab gewisse zwingende Vorgaben, die nicht zu hinterfragen waren: ihre Ehe, ihre Aufgaben als Frau und Mutter – das gesamte durch den Islam vorgegebene Rollenverständnis. Sie schlief mit Kadir aus Pflichtgefühl, sie sorgte für ihn aus Pflichtgefühl. Ich wüßte nicht, wo ihr Leben in entscheidenden Punkten aus ehrlichen, tiefen Neigungen geboren war.

Heute fragt sie sich, wo ihr Leben geblieben ist, wohin all die Stunden verflogen sind, die sie glücklich hätte gestalten können. Deshalb kann sie mir im Herzen auch nicht mehr böse sein, letztendlich habe ich meine ganz persönlichen Konsequenzen aus ihrem Leid gezogen.

Die wirkliche Tragik ihres Lebens aber wird erst jetzt in ihrem ganzen grauenvollen Ausmaß sichtbar: Ihre Kinder, die der wichtigste Grund ihrer ewigen Rücksichtnahme waren, verlassen nach und nach das Haus und die Kultur, in die sie hineingeboren wurden. Sie verlassen nicht nur ihr Elternhaus, sie nehmen einen fast endgültigen Abschied, indem sie sich für die Kultur entscheiden, in der sie wahlweise aufgewachsen sind und der die muslimische Weltauffassung geradezu verfeindet gegenübersteht. Zu einem offenen Dialog war in unserem Haus nie jemand bereit. Jetzt sitzen die Ungläubigen in den eigenen Reihen, und man streicht sie lieber ganz aus ihrem Leben, als das eigene Weltbild kritisch zu hinterfragen.

Es muß in das Bewußtsein unserer »Gastgeber« eingehen, daß ein großer Teil der Menschen, die damals aus der Türkei nach Deutschland kamen – und zu denen auch ich und meine Familie gehören –, einer Gegend entstammen, die in allem unterversorgt war. Unterversorgt sowohl im Hinblick auf fortschrittliche Technologien und medizinische Versorgung, als auch im Hinblick auf Bildung. Diese Menschen haben nie gelernt, über ihren eigenen kulturellen Horizont hinaus zu blicken. Nicht einmal den eigenen Hintergrund konnten sie, des Lesens und Schreibens nicht mächtig, in seiner ganzen Fülle erfassen. Alles Fremde und Unbekannte war zugleich bedrohlich, da nicht nachvollziehbar. So gestaltete die Generation meiner Eltern auch ihr Leben hier in Deutschland. Ihr Glaube ist schließlich der letzte nicht hinterfragbare Grundwert geblieben, auf den sie nicht verzichten konnten, ohne sich selbst vollkommen in Frage zu stellen.

Meine Eltern sind hier nach Deutschland gekommen und dachten, sie könnten all das, was sich vor ihrer Wohnungstür abspielt, einfach ignorieren. Sie glaubten, daß sie in V. weiterleben könnten, inmitten einer deutschen Stadt. Sie taten alles, um diese Illusion aufrecht zu erhalten. Ihre Kontakte beschränkten sich auf einen Bekanntenkreis, der nur aus Moslems bestand, zumeist aus strenggläubigen. Sie waren einfache, ungebildete Leute vom Land und dem Kulturschock nicht gewachsen. Die Türken, die heute in Deutschland leben und aus so unterentwickelten Gebieten stammen wie Ostanatolien, geben kein repräsentatives Bild von den modernen, in einer Großstadt wie Ankara oder Istanbul lebenden Türken. Hier im Exil werden Verhältnisse konserviert, wie sie in vielen Teilen der Türkei nicht mehr anzutreffen sind. In Izmir zum Beispiel gehen junge Türkinnen im Bikini zum Strand und tragen wie selbstverständlich Miniröcke. Diese modernen, aufgeschlossenen Türkinnen und Türken würden es weit von sich weisen, sich mit Menschen zu identifizieren, die nach Grundsätzen leben wie meine Eltern.

Niemand von den Älteren versuchte, die deutsche Sprache so zu erlernen, daß sie zu einem richtigen Weg der Kommunikation hätte werden können. Niemand zeigte sich aufgeschlossen für das Kulturgut des Landes, dessen Gast sie waren. Und weil kein Bemühen um Austausch da war, hatten auch die Deutschen keine Chance, den Reichtum der türkischen Kultur zu entdecken.

## Ein Kampf um Verbündete?

Niemand anders hätte besser wissen müssen, was es bedeutet, einen konservativen kurdischen Mann zu heiraten als meine Mutter. Ihr Leben ist daran zerbrochen. Und trotzdem hätte sie mich und Sayma lieber mit einem strenggläubigen Kurden verheiratet gesehen, als mit einem aufgeschlossenen Mann, der uns vielleicht hätte glücklich machen können.

Es gab eine Reihe von jungen türkischen Männern, mit denen ich mir eine Ehe durchaus hätte vorstellen können. Sie kamen aus liberalen, gebildeten Elternhäusern. Sie verstanden unter einem gläubigen Leben etwas anderes, als Frauen zu Menschen zweiter Klasse zu stempeln und sie dann auch dementsprechend zu behandeln. Es waren junge Menschen, die sich für die Inspirationen der westlichen Kultur geöffnet hatten, ohne ihre eigene kulturelle Identität aufzugeben. Aber sie hielten nicht mehr krampfhaft an einer unzeitgemäßen, deplazierten Orthodoxie fest, die das Leben in einem westlichen Land zur Unmöglichkeit machte.

Die Jungfräulichkeit einer Frau, ihre feste Einbindung in eine Lebensform wie die der Ehe waren für sie dennoch Werte höchster Priorität. Aber sie leiteten davon keine Rechte auf Unterdrückung ihrer Partnerin ab. Sie waren an einer intelligenten, gebildeten Frau interessiert, die ihnen auch die Möglichkeit zu geistigem Austausch eröffnete. Einer beruflichen Ausbildung, die immer zu einem meiner sehnlichsten Wünsche gehörte, hätte mit einem solchen Mann an der Seite nichts im Wege gestanden.

Hamid war einer dieser Verehrer. Als er meiner Familie einen Besuch abstattete, brachte er mir Blumen mit. Ich freute mich wie ein kleines Kind und war unendlich stolz – auch wenn ich meine Gefühle verbergen mußte.

Aber der Grund meiner Freude war die Ursache dafür, daß Hamid kurzerhand vor die Tür gesetzt wurde. In den Augen meiner Eltern war es eine abgrundtiefe Schamlosigkeit und eine Verletzung ihres Ehrgefühls, daß er seinen Gefühlen so offensichtlichen Ausdruck gab. Sie verboten mir, weiteren Kontakt mit Hamid aufrecht zu erhalten. Und so verlief die Begegnung mit einem modernen Türken im Sande.

Ein anderer hatte eine Schwester, die – an den Maßstäben meiner Eltern gemessen – eine viel zu freie Erziehung genossen hatte. Sie war, nachdem sie die Fachoberschulreife abgelegt hatte, in eine Praxis gegangen und hatte dort eine Lehre als Arzthelferin begonnen. Ich war begeistert davon. Auch mich interessierte dieser Beruf. Ich wußte, daß gerade in den Arztpraxen eine große Nachfrage nach türkisch sprechendem Personal bestand.

Meine Eltern waren entsetzt. Ich als Frau dieses Mannes würde ihnen nur Schande bringen. Da hätte auch ich bald nur noch Flausen im Kopf von moderner Kleidung und einem Berufsleben. Wie würde darunter ihr Ansehen leiden!

Ein Mann, der den Wünschen meiner Eltern entsprochen hätte, wäre für mich ein Todfeind gewesen. Ich hätte als seine Sklavin nie etwas wie Familienglück erleben können, hätte niemals aufgehört, mich gegen Schläge und Demütigungen zu wehren.

Ich weiß nicht, warum meine Mutter so hartnäckig darauf hinarbeitete, das Unglück ihrer Töchter verwirklicht zu sehen. Warum wollte sie, daß auch wir ihren Leidensweg einschlagen?

Vielleicht war es die Angst vor der Einsamkeit, vielleicht hat sie jemanden gebraucht, der ihr Leid in einer ganz konkreten, substantiellen Form miterlebt und teilt. Vielleicht war es der rücksichtslose Kampf um Verbündete.

## Zerreißprobe

Wie wichtig ist mir immer die Schule gewesen! Was hätte ich gegeben, um einen guten Abschluß und im Anschluß daran eine vernünftige Ausbildung zu bekommen! Es dürstete mich nach Wissen, nach Unabhängigkeit; ich wollte lernen, über meinen begrenzten Horizont hinaus zu blicken, wollte die Welt zumindest ansatzweise verstehen lernen. Aber mein Vater verbot mir konsequent alles, womit ich mich hätte unabhängig machen können. Ich war doppelt verzweifelt, weil meine Lehrer mir gute Chancen prophezeiten und ich durch ihre Ermutigungen die Gewißheit hatte, keine Luftschlösser zu bauen. Ich sah, daß es wirklich einen Weg für mich gab. Nicht einmal die Pflichtschuljahre wollte mein Vater mich absolvieren lassen; schließlich kam allmorgendlich ein Streifenwagen, der mich zur Schule brachte. Doch eine Lösung des Konfliktes lag darin natürlich nicht begründet. Immerhin erreichte ich so mit Hilfe meiner Lehrerin, daß ich zwei Berufschuljahre absolvieren konnte.

Aus meinen kühnen Träumen wurde bittere Realität in einer Glühbirnenfabrik. Hier sollte ich bis zur Verheiratung für meinen Vater Geld verdienen, um seine diversen Kredite für die Geschenke an seine Freunde und Freundinnen zu tilgen. Von den 1800 DM, die ich netto für einen Achtstundentag im Monat verdiente, durfte ich 200 DM behalten. Das Leben war unerträglich, und es gab keine Hoffnung auf Besserung. Je älter und hübscher ich wurde, je mehr meine Eltern spürten, daß aus mir eine attraktive junge Frau geworden war, die nicht nur türkischen, sondern auch deutschen Männern gefiel, desto häufiger wurde ich, wenn ich nicht pünktlich auf die Minute von der Arbeit zurückkehrte, auf grauenvolle Weise geprügelt und geschlagen, bis ich eines Tages mit Nierenblutungen ins Krankenhaus eingeliefert wurde.

Meine Mutter hatte eine subtile Art von Drohung gefunden, die mich tiefer traf als alle Schläge. Sobald ich ungehorsam war, drohte sie mit Selbstmord. Mit einem Strick lief sie durchs Haus auf der Suche nach einem geeigneten Haken oder Balken, an dem sie sich erhängen könnte.

Wie oft träumte ich des Nachts, daß meine Mutter sich um meinetwillen erhängt hatte, so daß meine Schuldgefühle jede andere Regung erstickten. Meine Schwester, die mit ganzem Herzen an meiner Mutter hängt, erzählte mir einmal einen Traum, der erschreckend klar zeigte, was in unseren Seelen vor sich ging, ohne daß es uns bewußt war: Sayme lag im Bett und hörte plötzlich ein leises Weinen und Wimmern im Nebenzimmer. Als sie nachsah, fand sie meine Mutter blutüberströmt am Boden liegen. Sie war schwer verletzt und kaum fähig, ein Wort zu sagen. Dann wechselte das Bild schlagartig. Sayme hielt sich wieder in ihrem Zimmer auf. Diesmal klopfte es heftig an der Tür, als Sayme öffnete, stand eine häßliche, teuflische Fratze vor ihr, die behauptete, unsere Mutter zu sein und sie immer wieder aufforderte, mitzukommen. Sayme ist ein ungewöhnlich feinfühliger Mensch, sie litt mehr als alle anderen unter dem Terror, den mein Vater auf uns ausübte. Sie war eine kleine Träumerin und stellte sich bei den täglichen Verrichtungen oft ungeschickt an, was mein Vater immer mit Schlägen bestrafte. Irgendwann begann sie, an den Fingernägeln zu kauen. Meine Mutter war wütend und verbot es ihr immer wieder. Sie erkannte nicht, daß in Saymes Verhalten keine böse Absicht lag, daß darin kein Ungehorsam zum Ausdruck kam, sondern Spannungen vom Grunde ihrer Seele, über die sie mit niemandem sprechen konnte; diese Spannungen waren unsichtbar, denn sie beschrieben ein Stück Alltag im Leben einer Türkin, der nicht über den Rahmen der Normalität und des Erträglichen hinaus ging. Meine Mutter hatte keinen Blick für das Verborgene, das in Saymes »schlechter« Angewohnheit sichtbar wurde, sah nicht, wie sehr Sayme selbst unter ihren häßlichen Händen litt. Eines Abends, meine Mutter bereitete das Essen vor, kaute Sayme wieder an ihren Nägeln. Da kam meine Mutter mit einem großen Messer, das sie auf der Herdplatte erhitzt hatte, und preßte es Sayme auf die Finger, wobei sie ihr Lippen und Finger verbrannte. Es war grauenvoll; die entsetzten, hilflosen Augen meiner Schwester werde ich nicht vergessen. Das Mittel der Wahl zur Lösung von Konflikten war die Gewalt; meine Mutter wandte es an – wie alle es taten, wenn nichts anderes mehr zu helfen schien. Ihre Vorstellungswelt war einfach strukturiert, es gab Gut und Böse – und in dieses Schema wurde alles gepreßt, was sie selbst hätte in Frage stellen können. Sie erkannte die feinen Linien nicht, die alles miteinander verbinden und es schwer machen, den Richter zu spielen.

## Führerschein

Seit ich in der Fabrik arbeitete und mein erstes eigenes Geld verdiente, wurde der Wunsch in mir stärker, die Fahrprüfung zu machen. Ich war mittlerweile achtzehn Jahre alt geworden, und auch meine Ersparnisse reichten aus, um dieses Unternehmen anzugehen.

Der Führerschein bedeutete für mich Unabhängigkeit, die Freiheit, wegzufahren und all den Kampf und Streit in der Familie hinter mir zu lassen. Zuhause stieß ich auf Widerstand. Mein Vater war dreimal durch die Fahrprüfung gefallen, bevor er seinen Führerschein bestanden hatte. Als ich ihn bat, mich in der Fahrschule anmelden zu dürfen, verlachte er mich:

»Wenn dein Vater die Prüfung dreimal nicht bestanden hat, wie will ein dummes Mädchen wie du sie bestehen?«

Er verbot es mir ohne weitere Begründung.

In mir rebellierte es. Ich wollte dieses Stück Freiheit haben.

Ich sprach mit meinem Chef , schilderte ihm mein Problem und bat ihn, die Fahrstunden und den theoretischen Unterricht während meiner Arbeitszeit besuchen zu dürfen, natürlich unter der Voraussetzung, sie später nachzuholen. Er erklärte sich bereit, mir zu helfen, und ich meldete mich ohne das Wissen meiner Eltern in der Fahrschule an.

Wie aufgeregt war ich während der Fahrstunden! Die Angst, mein Vater könne mir zufällig begegnen, verließ mich nie. Mein selbstbestimmtes Handeln hätte furchtbare Konsequenzen mit sich gebracht.

Nach zwei Monaten war ich so weit vorbereitet, daß ich sicher genug fuhr, um die Prüfung abzulegen. Die theoretische Prüfung bestand ich mit einem Fehler. Wie stolz war ich auf dieses Ergebnis! Denn die Worte meines Vaters waren nicht ganz ohne Wirkung geblieben, und manches Mal hatte ich an meinem Mut zu zweifeln begonnen.

Die praktische Prüfung fiel auf einen Samstag, einen Tag, an dem mein Vater immer zuhause war und mich kontrollieren konnte. Ich brauchte ein Alibi. Da bat ich eine ältere Dame aus der Nachbarschaft um ihre Unterstützung. Sie war gehbehindert und auf fremde Hilfe angewiesen. Schon oft hatte ich für sie den Haushalt gemacht und Einkäufe getätigt. Sie willigte ein. Und so gab ich bei meinen Eltern vor, ihr an diesem Vormittag die Wohnung zu putzen.

Vor mir waren schon zwei Prüflinge durchgefallen. Als die Reihe an mich kam, zitterte ich am ganzen Körper vor Nervosität. Bevor ich ins Auto stieg, nahm mich die Frau meines Fahrlehrers in die Arme. Sie hielt mich ganz fest und sagte mit ruhiger, aber bestimmter Stimme: »Fatma, du hast bis jetzt alles geschafft, diesen letzten Schritt wirst du auch noch schaffen!«

Ich war ihr so dankbar für diese Worte!

Die Strecke, die ich zu fahren hatte, führte mich immer wieder in die Gegend unserer Wohnung. »Warum müssen wir ausgerechnet diese Straßen fahren?«, schoß es mir immer wieder durch den Kopf. Ich absolvierte die mir aufgetragenen Aufgaben wie im Traum: Rückwärts einparken, am Berg anfahren ...

Und plötzlich standen wir wieder vor der Fahrschule, und alles war vorüber: Ich hatte bestanden. Vor Glück brach ich in Tränen aus. Ich, die kleine Türkin Fatma aus V., hatte es geschafft! Wie viele Ängste hatte ich für diese Prüfung durchstehen müssen! Anschließend ging ich mit meinem Fahrlehrer und seiner Frau in eine Kneipe, um auf meinen Erfolg anzustoßen. An diesem Tag war es mir gleichgültig, ob ich von irgendeinem türkischen Verwandten gesehen werden könnte, der mich später bei meinem Vater verraten würde – ich war überglücklich, mir wuchsen Flügel!

Als ich nach Hause kam, wußte ich nicht, wohin mit meiner Freude. Mein Vater war in Köln, meine kleineren Geschwister spielten in ihren Zimmern. Um meiner Freude irgendwie Ausdruck zu geben, fing ich an zu putzen und zu kochen, doch irgendwann brach es aus mir heraus, und ich legte meiner Mutter den Führerschein auf den Küchentisch.

»Was ist das, Fatma, hast du den Führerschein deines Vaters genommen?«

»Nein, Ana, sieh ihn dir doch mal an!«

Sie konnte nicht lesen, aber als sie ihn öffnete und mein Photo sah, begriff sie, daß er mir gehörte. Sie freute sich unbändig. Ihre Tochter hatte auf Anhieb geschafft, wozu ihr Mann drei Anläufe gebraucht hatte. Sie war unendlich stolz auf mich.

Als mein Vater nach Hause kam, hatte er ausgesprochen schlechte Laune. Er setzte sich im Wohnzimmer aufs Sofa und verlangte Tee. Ich zog ihm die Schuhe aus, wusch seine Füße und massierte sie. Das tat ihm wohl, und seine Miene wurde etwas heiterer. Nachdem er seinen Tee getrunken hatte, versuchte ich vorsichtig, ihm von dem Führerschein zu erzählen.

»Papa, weißt du, was ich heute geschafft habe?«

»Nein, was denn?«

»Ich habe die Fahrprüfung bestanden!«

Sein Gesicht verfinsterte sich.

»Wer hat dir das erlaubt?«, fragte er mit drohender Stimme.

»Ich dachte, dir eine Freude damit zu machen. Du hattest doch immer Sorge, ich sei zu dumm für diese Prüfung. Jetzt kann ich dir viele Erledigungen abnehmen.«

Meine Antwort überzeugte ihn wenig, er war sehr wütend.

»Will mal sehen, wo das noch hinführt!«

»Aber Kadir, sie wollte doch nur zeigen, daß sie ein kluges Mädchen ist, auf das du stolz sein kannst!«, versuchte meine Mutter mir zu helfen.

»Und, wie oft bist du durchgefallen?«, fragte er unfreundlich.

»Ich habe die Prüfung sofort beim ersten Mal bestanden, Papa!«

»Siehst du, was für eine schlaue Tochter du hast, Kadir!«, fiel meine Mutter erneut ein. Sie nahm mich an die Hand und ging mit mir in die Küche. Aus dem Küchenschrank holte sie ihr Portemonnaie, zog einen Hundertmarkschein heraus und überreichte ihn mir feierlich. Dann nahm sie meinen Kopf in ihre Hände und küßte mir zum Segen auf die Augen.

Für Ana war es ein besonderer Tag, ich hatte ein Stück Männerdomäne für uns Frauen erobert, was ihr sehr imponierte.

Ein eigenes Auto durfte ich mir nicht kaufen, obwohl ich genug Geld verdiente. Mein Vater wollte seine Kontrollmöglichkeit nicht aufgeben. Zwar war es mir erlaubt, sein Auto zu benutzen, aber stets nur, um für ihn Erledigungen auszuführen.

Eines Tages wurde mir von einem Arbeitskollegen ein grüner Opel für 400 DM angeboten, ich überlegte nicht lange und sagte zu. Wieder mußte ich etwas verheimlichen, wieder mußte ich Lügengeschichten erfinden. In der ersten Zeit stellte ich ihn heimlich auf einem Parkplatz in der Nachbarschaft ab und ging den Rest zu Fuß nach Hause.

Irgendwann faßte ich mir ein Herz und zeigte meinem Vater das Auto. Ich erzählte ihm, daß ich es geschenkt bekommen habe. Der Opel gefiel ihm besser als sein eigenes Auto, so daß er mir zugestand, den Wagen zu behalten.

## Eine Photographie

In dieser Zeit kaufte mein Vater eine Polaroidkamera.

Für uns Kinder war die neue Kamera tabu. Doch eines Abends, als meine Eltern nach Köln gefahren waren, um Verwandte zu besuchen, nahmen Sayme und ich heimlich den Photoapparat. Ich machte ein Photo von meiner Schwester im Schlafanzug, und sie photographierte mich in meinem neuen Bikini. Von diesem Bikini durften meine Eltern nichts wissen, denn auch das Schwimmen war mir verboten. Für mich war es wichtig, meinen Körper einmal so wahrzunehmen, wie es für alle meine deutschen Arbeitskolleginnen selbstverständlich war. Nie hatte ich die Gelegenheit, meinen Körper nackt zu betrachten, ich wußte kaum, wie er aussah. Nacktheit war verboten und eine Sünde vor Allah. Aus mir war eine schöne Frau geworden, doch ich mußte dieses Geschenk nicht nur vor den anderen, sondern auch vor mir verbergen. Nur vor diesem Hintergrund ist es nachvollziehbar, wie sehr ich mich über die Aufnahme freute, die Sayme von mir gemacht hatte. Ich versteckte sie in meinem Kleiderschrank und holte sie in den Momenten hervor, in denen mich die Enge in meiner Familie erdrückte. Wenn ich mein Bild betrachtete, wurde eine Stimme in mir laut, die sprach: »Fatma, warte ab, deine Zeit wird kommen! Hab Geduld!« Es war eine Kraftquelle für mich.

Doch eines Tages war es weg. Ich suchte den ganzen Kleiderschrank durch: Es war nicht mehr zu finden. Ich setzte mich auf die Bettkante, mein Herz schlug wild. Kaum wagte ich den Gedanken zu Ende zu denken, daß meine Mutter dieses Bild gefunden haben könnte. Die Ungewißheit ließ mir keine Ruhe, und so ging ich schließlich zu ihr und begann, unbestimmt zu fragen:

»Ana, hast du was aus meinem Zimmer weggenommen?«

»Nein, Fatma, was suchst du denn?«

Ich spürte, wie unbefangen sie war, sie konnte nicht davon wissen. Mir blieb keine andere Möglichkeit, als ihr zu erzählen, was ich gemacht hatte, denn irgendwer hatte diese Aufnahme genommen.

Ane war schockiert:

»Wie konntest du nur so etwas tun? Wenn dein Vater dieses Bild findet! ... Oh weh, Fatma, dann weiß er, daß du schwimmen gehst, er wird dich schlagen!!«

Sie war kreidebleich geworden, und ihre Stimme zitterte eigentümlich. Sie kannte die Wutanfälle meines Vaters zu gut und wußte, was uns bevorstand.

Die nächsten Wochen waren auffallend ruhig, doch mein Vater sah mich mit verächtlichen Blicken an, er war seltsam und versuchte mir aus dem Weg zu gehen. Konfliktstoff gab es zwischen uns beiden reichlich, es entging ihm nicht, daß aus mir allmählich eine junge Frau geworden war, die eigene Wege ging. Und so bewertete ich sein eigentümliches Verhalten nicht über.

Als er jedoch ankündigte, daß es etwas Schwerwiegendes zu besprechen gäbe, beschlich mich ein ungutes Gefühl. Zu der Unterredung hatte er auch drei meiner Onkeln einbestellt: Zwei Brüder von seiner Seite und Hidir, den Bruder meiner Mutter.

Ich konnte kaum an mich halten bei der Vorstellung, daß Probleme, die mich betrafen, vor den Brüdern meines Vaters eine Lösung finden sollten. Sie waren so sehr in ihren strengen Traditionen verhaftet, daß sie nichts von meinem Leben verstanden.

»Ich möchte nicht, daß ihr an unserem Gespräch teilnehmt! Wenn mein Vater mir etwas zu sagen hat, dann können wir das unter vier Augen tun!«

Die Brüder waren empört über meine Worte. Wie konnte sich ein junges Mädchen etwas Derartiges herausnehmen? Was war in die liebe, unkomplizierte Fatma gefahren, um die meine Eltern immer beneidet worden waren?

Ich blieb zäh. Die Brüder meines Vaters waren beleidigt und verließen wortlos unsere Wohnung. Nur Hidir war geblieben, er war für unsere Verhältnisse ein Freigeist, von dem ich nichts zu befürchten hatte.

Wir drei saßen am Tisch, die Miene meines Vaters war düster. Nachdem er eine Weile schweigend vor sich hin geblickt hatte, griff er unvermittelt in die Brusttasche seines Hemdes, holte etwas heraus, spuckte darauf und warf es auf den Tisch. Mein Atem stockte für einen Moment: Es war das verhängnisvolle Photo, das mich im Bikini zeigte.

»Da, meine Tochter – eine Nutte!«

Dieser Satz war an Hidir gerichtet, doch er würdigte das Bild nicht eines Blickes. Mir fiel ein Stein vom Herzen, denn ich fühlte in dieser Reaktion ein Stück Solidarität mit mir.

»Was soll ich mit ihr machen, Hidir? ... Sag es mir! Sie verdient es, umgebracht zu werden! – oder, daß ich sie an einen alten Mann verheirate!«

Er nahm das Bild wieder auf und betrachtete es angewidert.

»Sieh es dir an, Hidir, was macht sie für dreckige Sachen?!«

»Kadir, sie ist doch deine Tochter, und sie ist ein feines Mädchen!«

»Sie – meine Tochter? Sie ist eine elende Nutte, eine, die sich nackt zeigt!«

Ana betrat das Zimmer, die lauten Stimmen mochten sie beunruhigt haben. Mein Vater spuckte wieder auf das Bild und warf es auf den Tisch.

»Da, sieh es dir an – das ist deine Tochter. Alle beide seid ihr Nutten!«

Meine Mutter tat mir leid, sie konnte sich nicht gegen ihn wehren, aber meine Wut sprengte alle Angst, die in mir war.

»Wo habe ich das Bild wohl gemacht, Papa? Siehst du nicht, daß es in meinem Zimmer aufgenommen worden ist? Da war kein Mann dabei, ich habe es nur für mich gemacht!« In meiner Stimme war so viel Zorn, daß sie zitterte, ich mußte mich beherrschen, um ruhig weiterreden zu können. Mir war klar, daß ich hier für etwas büßen mußte, was eigentlich meinen Vater und seine schmutzigen Gedanken betraf. Büßen mußten immer nur die Frauen!

»Schämst du dich nicht, Vater, deine Tochter nackt zu betrachten? Ich weiß, wie lange dieses Photo schon nicht mehr an seinem Platz ist. Ich weiß genau, wie lange du es heimlich betrachtest!«

Er verlor die Fassung und warf einen schweren Speckstein-Aschenbecher nach mir. Hätte er mich damit am Kopf getroffen, ich wäre tot gewesen. Als er sah, daß sein Wurf mißglückt war, nahm er den Stuhl, auf dem er gesessen hatte, und schlug damit auf mich ein. Nur mit Mühe konnte ich die Schläge abwehren. Immer wieder hielt ich schützend den Arm vor meinen Kopf, um das Schlimmste zu vermeiden.

Hidir packte ihn irgendwann am Arm, als er spürte, daß meine Kräfte nachließen. Mein Onkel war an diesem Nachmittag schwer in meiner Achtung gesunken. Wie hatte er dieser furchtbaren Auseinandersetzung, in der mein Leben ernsthaft bedroht war, nur so lange unbeteiligt zusehen können!

Dann sagte er auch noch: »Fatma, das wäre ja wirklich nicht nötig gewesen mit dem Photo!«

Mein Arm schmerzte, ich hatte Prellungen davongetragen, denn war mein Vater wütend, dann schlug er blind zu mit aller Kraft, die seine Muskeln hergaben.

Von diesem Tag an sprach ich kein Wort mehr mit meinem Vater. Wenn er das Zimmer betrat, verließ ich es. Es war demütigend, die blauen Flecken vor meinen Arbeitskolleginnen zu verstecken oder Lügen zu erfinden, wenn sie sie zu Gesicht bekamen. In welcher Welt lebte ich nur! Und wie würde ich je einen Ausweg finden!

## Stärken

Trotz aller Schwierigkeiten, die mein Leben bestimmten und mir manchmal fast den Mut raubten, meinem Weg und meiner Kraft zu vertrauen, war ich ein vom Schicksal reich beschenkter Mensch – ich war eine schöne Frau geworden. Je älter ich wurde, desto mehr spürte ich die Ausstrahlung, die ich auf Menschen ausübte. Die Mischung aus Schönheit, Stärke und Sensibilität, die sich in mir vereinte, blieb nie ohne Wirkung. Erst war mir die Macht, die ich da ungläubig fühlte, unheimlich, doch mit der Zeit genoß ich es, in den Menschen zu lesen und auch sie zu manipulieren. Es war wie ein spannendes Spiel, das ich inszenierte, ohne daß irgend jemand begriffen hätte, was geschah und welche Rolle ihm in diesem Spiel zukam. Wäre mir diese Wirkung auf Menschen nicht gegeben gewesen, ich glaube, mein Leben hätte eine ganz andere Richtung eingeschlagen. In einem Umfeld, in dem es mir verboten war, meine Gaben zu entwickeln, wäre ich ohne dieses Geschenk wahrscheinlich untergegangen.

Mein Leben war meine Schule gewesen, eine harte Schule, die mir Dinge vermittelt hat, die ich nirgendwo hätte lernen können. Obwohl ich erst neunzehn Jahre alt war, hatte ich die Extreme erfahren, zwischen denen sich das Dasein auf dieser Erde bewegt: Ich hatte Menschen morden sehen und Frauen Kinder gebären, ich hatte Hunger gelitten und Mißhandlungen ertragen. Das genaue Beobachten meiner Umgebung war von Kindesbeinen an Quelle meiner Kraft gewesen. Nie war ich so sehr in die Betrachtung meines eigenen Standpunktes vertieft, daß mir Wege, die sich vor mir auftaten, verborgen geblieben wären. Von früh auf hatte ich gelernt und gelebt, daß es notwendig ist, die Sinne wach zu halten, um die richtigen Entscheidungen wittern zu können. Mit dieser inneren Haltung erreichte ich auch in der deutschen Gesellschaft – für meine damaligen Verhältnisse – viel. Obwohl mir die Schulbildung fehlte, konnte ich meinen Vorarbeiter in der Fabrik davon überzeugen, mich von der Fließbandarbeit abzuziehen und im Büro vorzustellen. Nicht meine Qualifikation, sondern mein Wesen verhalfen mir dazu, die freie Stelle übernehmen zu können. Ich hatte Freude daran, meine Kräfte auszuloten, mein Leben zu gestalten, wo immer ich ein bißchen Freiraum spürte. In mir brodelte ein Vulkan, der sich nach Ausbruch sehnte.

So pendelte ich von meiner deutschen in meine türkische Welt. Dort war ich anerkannt und bewundert für den Mut, mit dem ich meine Probleme anging, hier wurde ich geschlagen für jedes bißchen Autonomie, das ich gewinnen wollte. Es war eine verrückte Zeit, in der ich manchmal an den Spannungen, die in mir entstanden, verzweifelte. War ich in der Firma eine selbstbewußte junge Frau, wurde aus mir, sobald ich daheim war, die brave Fatma, die die Wohnung noch in der Nacht bis an die Grenzen ihrer Erschöpfung putzte und die Familie bekochte.

Mit der Zeit wuchs in mir die Gewißheit heran, daß ich die Welt meiner Familie eines Tages verlassen würde. Ich bemerkte, wie stolz ich war, wenn Leute, die mich nicht kannten, rätselten, welcher Nationalität ich sei, und nicht darauf kamen, daß ich Türkin bin. Mit der verstockten, weltfremden Lebensart, die meine Landsleute in Deutschland führten, konnte ich mich nicht identifizieren. Wie eine Fremde fühlte ich mich unter ihnen, die ihre Heimat erst noch finden mußte, denn so sehr ich mich auch gegen die strenge, traditionelle Welt auflehnte, zeigte sich keine Alternative für mich. Die Werte meiner Eltern waren die einzigen, die mir vertraut waren, unabhängig davon, wie verheerend ihre Wirkung auf mich war: Sie waren die Grundpfeiler der Welt, in der ich mich auskannte und orientieren konnte.

Das Leben, das mich jedesmal, wenn ich das Haus verließ, aufnahm, war verlockend, aber trotz der zehn Jahre, die ich jetzt schon in Deutschland zubrachte, noch immer rätselhaft und fremd. Wir waren in dieses Land ausgewandert, ohne V. je verlassen zu haben. Die Bilder, die ich von der deutschen Lebensweise in mir trug, waren nur zu einem geringen Teil aus persönlichem Erleben gespeist, denn abgesehen von der Zeit, die ich in der Fabrik verbrachte, gab es nur wenige Gelegenheiten, mit der deutschen Welt in Kontakt zu kommen. So wurden meine Vorstellungen von einem deutschen Leben von den Geschichten bestimmt, die meine Kollegen und Kolleginnen in den Pausen oder während der Arbeit erzählten. Nur in dieser vermittelten Form erfuhr ich etwas über das Land, in dem ich seit Jahren zu Hause war, einen eigenen Erfahrungsreichtum hatte ich nicht.

Für mich atmeten die Geschichten, die ich da zu hören bekam, eine nie gekannte Freiheit. Wie ungläubig und staunend lauschte ich, wenn von Reisen ins Ausland, von Abenden in Diskotheken oder von abenteuerlichen Liebschaften berichtet wurde. Nichts war mir mehr vertraut, alles gewann ein anderes Gewicht und andere Bezugsgrößen in einer Welt, deren Maßeinheiten ich nicht kannte. Je älter ich wurde, desto schwieriger war es für mich, die Spannungen dieses Doppellebens auszuhalten. Nur meiner Gabe, mich in alles einzufühlen, in fremde Empfindungen und Gedanken hineinschlüpfen zu können wie in eine andere Haut, habe ich es zu verdanken, daß ich an der Auflösung aller Orientierungspunkte nicht verzweifelt bin und nicht in die Irre lief, sondern den Menschen in seiner Wirklichkeit wahrnahm.

## Krankheit – oder ein Geschenk des Himmels

Die Wutanfälle meines Vaters nahmen seit jenem furchtbaren Streit, den wir wegen des Photos gehabt hatten, zu: Obwohl wir noch immer kein Wort wechselten, kam es fast täglich zu Auseinandersetzungen, in denen er handgreiflich wurde. Er ohrfeigte mich, schleifte mich an den Haaren über den Boden, wie es bei uns als Bestrafung Sitte war. Er erahnte dunkel, welche Gegenkräfte sich in mir aufbauten, und erkannte intuitiv, wie bedrohlich sie waren. Und da das Schlagen für ihn die einzig vertraute Form war, Konflikte mit einer Frau auszutragen, machte er davon häufig Gebrauch.

Mein Lebensmut schrumpfte in dieser Zeit zusammen, ich sah manchmal keinen Ausweg und keine Hoffnung mehr. Was schwerer als alles andere auf mir lastete, war ein Heiratsversprechen, das meine Eltern Verwandten aus V. gegeben hatten, als meine Zukunftspläne mit Mehmet damals scheiterten. Ich war längst eine Frau im heiratsfähigen Alter, und man wartete darauf, daß wir bald kommen würden, um das Versprechen an meinen Vetter einzulösen. Meine Mutter sprach jetzt oft von Reiseplänen in die Türkei und malte sich eine große, schillernde Hochzeit aus, von der sie noch lange würde erzählen können. Jedesmal, wenn die Sprache darauf kam, überfielen mich schwere Magenkrämpfe, und ich konnte Tage nichts essen.

Diese Magenkrämpfe wurden so stark, daß ich mich vor Schmerzen krümmte und nicht mehr laufen konnte. Selbst mein Vater vermochte mich nicht aus dem Bett zu prügeln, wenn ich diese Anfälle hatte, was ihn irgendwann nachdenklich stimmte und ihn bewog, mit mir zum Arzt zu gehen.

Ich glaube, daß ich damals eine unbewußte Entscheidung getroffen habe, die davon lebte, daß ich wußte und fühlte, was ich nicht wollte: Um den Preis meines Lebens würde ich nicht das Schicksal meiner Mutter teilen. Und diese Entscheidung hatte mein Körper verstanden und kam mir in einer verborgenen, wenn auch schmerzvollen Weise zu Hilfe.

Denn als die seelischen Spannungen sich in meinem Körper manifestierten, lockerten sich die Fesseln, die meine Eltern mir angelegt hatten. Meine Arzttermine wurden so zahlreich, daß sie mich nicht mehr ständig begleiten konnten, um mich zu überwachen. So eröffnete sich für mich und meinen Arzt ein Freiraum, die Möglichkeit, ein offenes Verhältnis zu entwickeln, in dem aufrichtig gesprochen werden konnte.

Peter nahm sich viel Zeit für meine Krankheit und die Problematik, die sie verursacht hatte. Wenn möglich, bestellte er mich als letzte Patientin ein, so daß wir in Ruhe über die Dinge sprechen konnten, die mich bedrückten und meine furchtbaren Magenschmerzen, deren organische Ursache nicht zu finden war, hervorriefen. Er nahm sich meiner in einer liebevollen Weise an, und bald entwickelte sich zwischen uns eine Freundschaft, deren Bedeutung für mein zukünftiges Leben ich nicht hoch genug einschätzen kann. Weil meine Eltern mich beim Arzt wußten, bot sich für uns die Gelegenheit, heimlich essen zu gehen und kleine Ausflüge zu unternehmen. Endlich verließ ich mein türkisches Ghetto und entdeckte die Welt, in der ich seit zehn Jahren lebte.

Nie werde ich den Abend vergessen, als Peter mich das erste Mal zum Essen einlud. Er hatte einen langen Praxistag hinter sich und war hungrig.

»Weißt du was, Fatma,« sagte er, »wir können auch in einem Restaurant weiterreden, laß uns doch heute abend zusammen essen!«

Ich hatte furchtbare Angst, einem meiner Verwandten zu begegnen – es hätte mich das Leben kosten können. Doch meine Neugier und mein Hunger nach einem anderen Leben waren stärker als meine Angst, und ich stimmte zu.

Es war ein feines Restaurant, in das er mich ausführte. An der Tür empfing uns der Ober und wies uns einen Tisch zu. Wie oft war ich an diesem stattlichen Haus vorübergegangen und hatte mich gefragt, wie es drinnen wohl aussehen möge. Ich war beeindruckt von der schönen, gepflegten Atmosphäre: den Kerzen, den schweren geblümten Stoffen vor den Fenstern, den Teppichen am Boden. Ein nie gekannter Luxus umfing mich mit einem Mal, und ich kam mir vor wie eine kleine Prinzessin. Im Hintergrund lief klassische Musik, und ich fühlte mich wie in einem Spielfilm, denn solche Welten waren mir nur aus dem Fernsehen bekannt.

Als wir uns am Tisch niedergelassen hatten, brachte der Ober die Speisekarte. Ich schlug sie auf, las und versuchte zu verstehen. Doch was ich da entziffern konnte, war mir gänzlich unbekannt: Seeteufel, Forelle, Wachteln – nie zuvor hatte ich diese Worte auch nur gehört. Im ersten Moment war ich verwirrt und verunsichert. Um Peter nach der Bedeutung dieser Worte zu fragen, war ich zu stolz. So wählte ich die Wachteln, weil sie als Beilage ein Kartoffelgericht hatten, und Kartoffeln kannte ich.

Nachdem ich bestellt hatte, studierte ich die Anordnung des Besteckes auf dem Tisch. Ich wußte mir nicht zu erklären, wozu ich so viel Besteck gebrauchen sollte. Besonders den Zweck des Messers konnte ich nicht erschließen, wir benutzten es zu Hause nur, um Butterbrote zu schmieren. Als das Essen serviert wurde, wartete ich ab, bis Peter zu essen anfing. Da sah ich, daß er das Fleisch nicht mit den Händen aß, sondern Messer und Gabel dazu gebrauchte. Ich versuchte, es ihm nachzutun.

Wie erstaunt war ich gewesen, als mir die kleinen Vögelchen serviert wurden, dazu gab es eine Soße aus Preiselbeeren, die

Peter mir sehr empfahl. Es war für mich eine befremdende Vorstellung, Fleisch mit Beeren zu essen, überhaupt schmeckten mir die Wachteln nicht. Mein Gaumen war die würzige türkische Küche gewöhnt und empfand dieses Essen als fad und geschmacklos.

So gut ich konnte, versuchte ich, meine Unwissenheit und Schüchternheit zu überspielen. Über das gute Gespräch, das wir führten, fiel im Laufe des Abends die Anspannung von mir ab, und ich genoß die wunderschöne, friedvolle Umgebung, in der es keinen Haß, keine Beschimpfungen und keine Schläge gab.

Als ich nach diesem Abend die Treppen zu unserer Wohnung hinaufstieg, zitterte ich vor Angst. Mein Vater hatte feine Antennen für alles Heimliche, ich war mir sicher, er würde spüren, daß ich an diesem Abend nicht beim Arzt war, sondern etwas Unerlaubtes getan hatte.

Ich selbst wußte nicht, ob alles nur ein Traum gewesen war, oder ob es wirklich Welten gab, die Unendlichkeiten von denen meiner Eltern entfernt waren. Ein Mann hatte mir den ganzen Abend aufmerksam und mit Respekt zugehört, um mich verstehen zu können und um mir eine Hilfe zu sein. Das war unbegreiflich für mich.

Peter erschloß mir neue Welten. Manchmal nahm er mich mit zu seiner Familie, stellte mich Freunden und Bekannten vor, lud mich sogar einmal zu einer Party ein. Diese Gelegenheiten boten sich nicht oft, und ich nahm jede von ihnen wahr, um den Geist, der mir da entgegen wehte, einzuatmen. Es war mir gleichgültig, daß mein Vater mich schlug, wenn ich dann zu später Stunde zurückkehrte, denn ich hatte nichts zu verlieren. Ich erfand Lügengeschichten wie nie zuvor in meinem Leben und manipulierte meine Familie skrupellos.

Mich faszinierten die Menschen, die ich kennenlernte. Hatten meine Eltern mir immer das Gefühl vermittelt, dem Schicksal hilflos ausgeliefert zu sein und auf Dinge von außen nur reagieren zu können, traf ich jetzt auf Menschen, die ihr Leben selbst bestimmend in die Hand nahmen.

Seit ich diese neuen Kontakte geknüpft hatte, arbeitete es unaufhörlich in mir. Nachts lag ich wach in meinem Bett und suchte nach einem Weg, meine Familie zu verlassen. Je mehr mich diese neue Welt berührte, desto unerträglicher wurde das Leben zu Hause. Ich konnte es nicht mehr ertragen zuzusehen, wie meine Mutter und meine Schwester verprügelt wurden. So stark der Druck in mir auch war, ich sah dennoch keine Möglichkeit, meine Situation zu ändern. Ein junges türkisches Mädchen kann nicht einfach von zu Hause ausziehen und sich eine eigene Wohnung mieten, ohne von der Familie als Nutte angesehen und bis aufs Blut verfolgt zu werden. Ich hatte nicht mehr viel Zeit, um Pläne zu schmieden, denn für den Sommer war die Türkeireise geplant, von der ich als verheiratete Frau zurückkehren sollte. Ohne Unterstützung von außen würde es keine Chance geben, diesem Leben zu entfliehen.

Mein gesundheitlicher Zustand verschlechterte sich in dieser Zeit zunehmend. Die Magenschmerzen waren jetzt permanent zu spüren und ich magerte rapide ab, weder konnte ich etwas essen, noch Nahrung bei mir behalten. Nachdem ich in der Fabrik ein paarmal ohnmächtig geworden war, wies Peter mich ins Krankenhaus ein. Dort wurden Magen- und Darmspiegelungen durchgeführt, doch es war nichts zu entdecken, was meinen Gewichtsverlust und die furchtbaren Schmerzen begründete. Es war meine Seele, die sich in dieser Krankheit ausdrückte.

Schließlich beschlossen die Ärzte, mir eine Kur zu verschreiben, um mich dem Einfluß meiner Familie über einen etwas längeren Zeitraum zu entziehen und mir so die Möglichkeit zu geben, meine Kräfte zu regenerieren.

Meinen Eltern blieb nichts anderes, als einzuwilligen, denn auch sie mußten endlich einsehen, daß mir mit herkömmlichen Mitteln nicht zu helfen war. Ich wurde für zwei Monate in den Schwarzwald geschickt, wo ich aufblühte wie eine Blume, die endlich Sonne bekommt.

Plötzlich war ich in einer anderen Welt, hatte die Reise von V. nach Deutschland endlich wirklich angetreten. Nach sechs Stunden Autofahrt kam ich in Geggenbach inmitten des Schwarzwaldes an. Es war Sommer, die Wiesen blühten und verströmten einen würzigen, schweren Duft. Die Sonne beschien in letztem rötlichen Schein die sanfte, friedvolle Landschaft. Langsam fiel die ungeheure Spannung der vergangenen Monate von mir ab. Mein Körper glich eher der Gestalt eines Skelettes als einem jungen zwanzigjährigen Mädchen. Essen verursachte mir Übelkeit, kaum konnte ich etwas bei mir behalten. Mein Gewicht betrug jetzt neununddreißig Kilo.

Das Kurzentrum war einer der fünfziger Jahre Bauten, denen es an jedem Charme fehlt, aber alles wirkte gepflegt und anheimelnd, umgeben von liebevoll angelegten Gärten.

Das erste Abendessen nahm ich auf meinem Zimmer zu mir. Vom Schreibtisch aus hatte ich einen weiten Blick übers Land. Die Gedanken schweiften nach Hause. Wie würde mein Leben weitergehen? Die Zukunft war erschreckend ungewiß und ich mit all den Problemen und Entscheidungen allein. Gab es wirklich keine Alternative zu der Ehe mit meinem Vetter?

In der Nacht plagten mich wieder Alpträume, in denen meine Mutter durch meine Schuld in den Selbstmord getrieben wurde. Irgendwann erwachte ich schweißgebadet und brauchte meine Zeit, um langsam zu vergegenwärtigen, daß ich von all diesen subtilen Manipulationen und Erpressungen weit entfernt war.

Der Morgen war wunderschön. Beim gemeinsamen Frühstück im Speisesaal kam mir von allen Seiten Wohlwollen entgegen.

Ich weiß nicht, wie ich auf den kindischen Gedanken kam, aber die Freude, von zu Hause weg zu sein, hatte mich übermütig gemacht. Nachdem ich mit all meinen Tischgenossen Bekanntschaft geschlossen hatte, sprang ich plötzlich auf und rief betroffen und aufgeregt: »Um Gottes willen, ich habe meine Kontaktlinse verloren!« und begann unter dem Tisch die Suche nach dem vermeintlichen Objekt aufzunehmen. Das wirkte überzeugend. Bald halfen mir alle, das kleine Ding wiederzufinden. Jetzt saßen wir unter dem Tisch, statt am Tisch und machten Scherze über meine Blindheit.

Als die Suche vergebens war und jeder sich auf seinen Platz zurückbegeben hatte, gestand ich meinen Spaß. Aber niemand war mir böse, jeder lachte über seine eigene ernsthafte Anstrengung. Die Stimmung war fröhlich und ausgelassen.

Ich hatte einen so entspannten Umgang mit fremden Menschen nie erlebt. Das erste Mal ging ich frei und offen auf andere zu und war verwundert, wie schnell ich die Herzen eroberte.

Die älteren Kurgäste behandelten mich wie ihr kleines Nesthäkchen. Sie machten sich große Sorgen um mein Fliegengewicht und achteten mit liebevoller Strenge darauf, daß ich meine Mahlzeiten bis zur letzten Gabelspitze aufaß. Ich kann gar nicht beschreiben, wie wohltuend diese Fürsorge für mich war, wie sehr ich die Zuwendungen aufsog. Mit so viel Achtung und Aufmerksamkeit war ich selten behandelt worden.

Mit einem Mal war ich Herrin über mein Leben, war frei.

Niemand kommandierte mich wie einen Roboter, niemand stellte Regeln auf von Gut und Böse. Das erste Mal in meinem Leben konnte ich meinen Tag selbst bestimmend gestalten.

Jede Stunde barg ein unentdecktes Abenteuer, und es lag an mir, es zu entdecken. Ich hatte Angst, irgendeine Sekunde zu versäumen, irgendeine Chance zu verschenken.

Tief im Herzen wußte ich ja, daß das alles nur ein kurzer Rausch sein würde, eine wunderschöne Illusion. Zu Hause wartete meine Familie in der Hoffnung auf meine baldige Genesung, um so schnell als möglich das meinem Vetter geleistete Heiratsversprechen einzulösen.

Jeder Tag erfüllte mich mit Glück. Nach langer Zeit hatte ich wieder ein Gefühl dafür bekommen, wie jung ich war und wie viele unentdeckte Dinge noch vor mir lagen. Ich hatte Menschen kennengelernt, die mich um meinetwillen mochten, für die es eine Bereicherung war, Zeit mit mir zu verbringen. Sie achteten mich als Menschen, und wir suchten gemeinsam nach Lösungsmöglichkeiten für meine Probleme. Aber nicht nur, daß mir bei der Bewältigung von Problemen geholfen wurde, auch ich wurde oft um Rat gebeten. Viele waren verwundert, wieviel Lebenserfahrung sich in meiner Sicht der Dinge spiegelte.

Meine Augen öffneten sich wieder für die Schönheit und den Zauber des Lebens. Eingebettet in die wunderbare Sommerlandschaft, begann meine Seele zu gesunden. »Warum willst du zurückkehren?« – Diese Gedanken gingen mir jetzt oft durch den Kopf. Ich war Menschen begegnet, die mir die Hand reichten, um mir bei den ersten Schritten in ein selbstbestimmtes Leben Hilfe zu leisten. »Warum zurück?«

Ein Mensch war mir in diesen Tagen zu einem besonderen Vertrauten geworden. Rudolf war zwanzig Jahre älter als ich und nahm sich meiner wie ein Vater an. Ich empfand das erste Mal die Geborgenheit, die ein älterer, lebenserfahrener Mann zu geben vermag. Er spiegelte mir in langen Gesprächen, welche Sehnsüchte und Wünsche ich ans Leben hatte. Plötzlich empfand ich meine Sehnsüchte wieder. Der Wunsch nach einem richtigen Beruf, nach der Erfüllung einer sinnvollen Aufgabe, der so lange unter dem schrecklichen Alltag zu Hause verschüttet gewesen war, wurde wieder lebendig. Schritt für Schritt kam ich mir näher, verlor mit der Zeit das furchtbare Ohnmachtsgefühl, das sich in den letzten Monaten bei mir eingeschlichen hatte, ohne daß ich ihm etwas entgegenzusetzen vermochte.

Gemeinsam mit Rudolf und einigen anderen Kurgästen war

ich oftmals unterwegs und lernte bisher unbekannte und ungeahnte Dinge kennen. Der Höhepunkt unserer Unternehmungen war eine kurze Reise, die uns durchs Elsaß über Straßburg nach Paris führte. Es war das erste Mal, daß ich die Eindrücke einer fremden Kultur aufsog. Meine Unsicherheit und die Angst vor dem Unbekannten versuchte ich zu verbergen, wollte mir vor den anderen keine Blöße geben, wollte ausloten, ob es eine realistische Chance für mich gab, um in der Welt der Deutschen zu bestehen. Ich fühlte mich wie ein lange eingesperrtes Tier, das aus seinem engen, dunklen Käfig entlassen wird und sich in der Freiheit, auf das man es nie vorbereitet hatte, zurechtfinden muß.

Mein Selbstbewußtsein wuchs während unseres Aufenthaltes in Paris von Tag zu Tag. Obwohl ich nur über die lückenhaften Englischkenntnisse aus meiner Schulzeit verfügte, nahm ich meinen Mut zusammen und versuchte, mit Franzosen ins Gespräch zu kommen. Diese Stadt elektrisierte mich, verströmte eine Leichtigkeit des Seins, eine Eleganz, daß ich dachte, nicht mehr auf diesem Planeten zu sein. Ich spazierte die Champs Elysée hinunter und hatte unvermittelt Bilder von V. vor meinem inneren Auge. Es war schwer für mich, diese Gegensätze in mir zu vereinen, sie alle zu dieser Welt gehörig zu empfinden. Mit einem Mal erkannte ich, daß die Angst vor dem Unbekannten überdimensional groß gewesen war und daß ich mich dank meiner instinktiven Aufmerksamkeit und Sensibilität überall gut zurechtfinden konnte. Ich lernte, daß Leben Mut ist, sich auf unbekannte Wege zu wagen und sich von lange Vertrautem zu lösen.

Von der mir bisher unbekannten Freiheit kostete ich in vollen Zügen und machte die Erfahrung, wie gut ich selbst im engen Zusammensein mit der deutschen Lebensweise zurechtkam. Mein Selbstvertrauen und mein Lebensmut wurden in diesen Tagen fester, und je weiter die Zeit vorrückte und der Tag meiner Abreise nahte, desto drängender und stärker wurde in mir die Frage: »Warum zurück?«

Die räumliche Distanz, die ich zu meiner Familie hatte, gab mir auch den notwendigen inneren Abstand, um meine Situation klarer zu beurteilen. Ich erkannte zum ersten Mal in aller Deutlichkeit, daß ich unmittelbar vor einer grundlegenden, weitreichenden Entscheidung stand: Der Zeitpunkt war gekommen, da ich mich entschließen mußte, ob ich mich in die Rolle der moslemischen Frau fügen wollte oder mit meiner Familie brechen, um ein selbstbestimmtes Leben zu führen. In der Zeit, die ich in Geggenbach verbrachte, hatte ich neue Kräfte geschöpft, und nur solange diese Kräfte frisch und unverbraucht waren, würde ich der Auseinandersetzung mit meinen Eltern und dem Bruch mit der gesamten Familie gewachsen sein.

Als die Wiesen verblüht waren und die Tage kühler wurden, kam die Zeit, Abschied zu nehmen. Ich war nicht mehr die gleiche Fatma, die hier vor zwei Monaten angekommen war.

Ich strotzte vor Gesundheit und Kraft. Der Entschluß, der vom Tag meiner Ankunft an langsam herangereift war, gab mir Stärke. Endlich hatte ich die Nebelwand aus Schuldgefühlen und Angst durchbrochen und sah meine Zukunft klar vor mir liegen. Es gab keinen Weg mehr zurück. Nach Hause würde ich nur noch zurückkehren, um persönliche Angelegenheiten zu regeln und um meine Geschwister auf das Kommende vorzubereiten, denn sie hätten einen wortlosen Abschied nie verstanden.

## Märchenhaftes – oder von der Kraft der Träume

Zu Hause war die Freude über meine Rückkehr groß, besonders meine jüngeren Geschwister hatten mich sehr vermißt. Als Willkommensgruß wurde ich mit meinen Lieblingsspeisen verwöhnt, und meine Mutter sah mit glücklichen Augen auf meinen wohlgenährten, erholten Körper.

Jetzt würde ich auch für türkische Männer eine attraktive Frau sein, und meiner Verheiratung stand nichts mehr im Wege.

In meiner Abwesenheit waren schon die ersten Vorbereitungen getroffen worden, um den Sommer in der Türkei zu verbringen und mich dort mit einem weiteren Verwandten, Kemal, zusammenzuführen. Wir waren schon lange Jahre nicht mehr in der Heimat gewesen, und für meine Eltern war es eine ausgesprochen glückliche Fügung des Schicksals, daß sie das Wiedersehen mit Verwandten und Nachbarn mit meiner Hochzeit würden verbinden können.

Es blieb mir nichts anderes übrig als mitzufahren, denn mein finanzieller Spielraum war noch zu gering, um den letzten Schritt zu tun. Vor einem Jahr hatte ich einen Kredit aufgenommen, da die finanzielle Lage meines Vaters aufgrund seiner persönlichen Abenteuer immer auswegloser wurde, und die Existenz unserer Familie ernsthaft bedroht war. Dieser Kredit mußte getilgt sein, bevor ich etwas für mich zurücklegen konnte.

In diese Zeit vor meiner Abreise fiel eine schicksalhafte Begegnung, die mein Leben in ganz andere Bahnen lenken sollte und mir mit einem Mal Perspektiven eröffnete, von denen ich nur zu träumen gewagt hatte. Unwirklich mutet diese Geschichte in ihren märchenhaften Zügen an und war doch ganz Wirklichkeit:

Vor dem langen Türkeiaufenthalt ging ich noch einmal zum Zahnarzt, um meine Zähne kontrollieren zu lassen. Als ich das Behandlungszimmer betrat, war ich überrascht, nicht meinen altvertrauten Dr. Winter anzutreffen, sondern einen jungen, mir vollkommen unbekannten Arzt.

Unsere Blicke trafen sich, und ich fühlte in diesem Augenblick der Begegnung, daß ich etwas ganz Tiefes in diesem Mann berührt hatte. Er war verwirrt, und es dauerte eine Zeitlang, ehe er seine Augen von mir lösen konnte und sich unbeholfen vorstellte. Er war in diese Praxis gekommen, um die letzten Monate seiner Assistenzarztzeit zu absolvieren. Sehr behutsam und vorsichtig untersuchte er mich. Nachdem er die Behandlung abgeschlossen hatte, fragte er mich zögernd und schüchtern, ob wir uns einmal außerhalb der Praxis sehen könnten.

Ganz gegen meine Gewohnheit willigte ich ein, machte ihm aber deutlich, daß ein Treffen mit mir nur heimlich möglich sei, weil meine Eltern mir den Kontakt zu Männern streng verboten.

Die Monate in Geggenbach hatten mir den Mut und die innere Stärke gegeben, mich einem solchen Mann zu stellen und nicht verängstigt vor dem Unbekannten zu fliehen. Ich verdrängte nicht, daß ich diesem Mann intellektuell nicht gewachsen war, aber ich war neugierig, ihn kennenzulernen. Was ich in seinen Augen lesen konnte, gefiel mir sehr.

Nach diesem denkwürdigen Zahnarztbesuch trafen wir uns dreimal, bevor ich die Reise in mein Heimatland antrat. Je mehr ich im Gespräch von Michael wahrnahm, desto mehr faszinierte er mich. Ich spürte eine Geradlinigkeit und Unbeirrbarkeit in seinem Wesen, deren Wirkung ich mich nicht entziehen konnte. Wenn er von seinem Studium erzählte, tauchte ich in andere Welten ein und ich fühlte, wie sehr auch ich mich danach sehnte, ein so freies, aufgeschlossenes, neugieriges Leben zu führen. Auch Michael hatte viele Probleme zu lösen gehabt, auch ihm waren die Dinge nicht in den Schoß gefallen, aber er hatte diese Probleme als Herausforderung verstanden und sie mit einem kühlen Kopf gelöst. Er war ein durch und durch Verstand betonter Mensch, der mit einer unglaublichen Stärke tat, was er für richtig hielt. Und in dieser Art, seinen Weg zu gehen, nahm er nicht einmal Rücksicht auf seine Familie, was mich auf der einen Seite befremdete und auf der anderen Seite positiv überraschte, weil es nicht in meine Denkkategorien paßte. Kam ich aus einer Welt der Mythen, der unendlichen Geschichten, so begegnete mir in Michael ein Mensch, der konsequent Freiheit und Autonomie verwirklichte. Er kam aus der Welt der Wissenschaften und Kausalitäten, in der das Leben berechenbar war. An seiner Seite war mit einem Mal der tiefe Abgrund der Fatalität verschwunden, der sich seit Kindertagen vor mir eröffnete und dem ich nicht entfliehen konnte. Für ihn hatten Dinge erst dann Anspruch auf Wirklichkeit, wenn sie sichtbar waren. Und nur an diesen Dingen hatte er Freude. Nicht ohne Grund half er seinen Eltern beim Bauen und sollte später selbst viel Freude am Renovieren von Altbauten haben. Ihm waren die inneren Widerstände fremd, die Grübeleien und Anzweifelungen, die sich mir so oft in den Weg stellten, weil ich immer wußte, wie sensibel alle Dinge miteinander verwoben sind. Michael schenkte mir ein Stück Befreiung, war der lebende Gegenbeweis zur Welt meiner Eltern – und dafür liebte ich ihn. Hatte ich nur durch Reagieren überleben können, durch das genaue Beobachten und Kontrollieren meiner Umwelt, so war es bei ihm das gegenteilige Verhalten gewesen, das ihn zur Erfüllung seiner Ziele gebracht hatte.

Energien trafen sich in uns beiden, die unglaublich intensiv waren, aber von entgegengesetzter Qualität. Wir zogen uns magisch an: Ihm begegnete in mir ein Gefühlsreichtum, der ihm versagt war, nach dem er aber dürstete, ohne ihn zu verstehen.

Bei unserem letzten Treffen vor meinem Abflug war er sehr traurig, er wußte, weshalb meine Eltern mich in die Türkei bringen wollten und zweifelte daran, ob ich je wieder zurückkehren würde. Er gestand mir seine Gefühle, deren Tiefe und Intensität ihn vom ersten Moment unserer Begegnung an erschüttert hatten, und bat mich, uns beiden eine Chance zu geben, wenn ich denn je zurückkehren würde. In seinem Herzen und seinem Haus würde er immer einen Platz für mich freihalten. Wir umarmten uns lange, bevor wir uns voneinander lösen konnten.

Mit dieser Begegnung im Herzen trat ich meine Reise an. Alles hatte eine neue Bedeutung bekommen, plötzlich leuchtete ein Licht am Horizont, an das ich nicht zu glauben gewagt hatte.

Auf der langen Autofahrt in die Türkei hatte ich Zeit, mir einen Plan zurechtzulegen, um die Verheiratung mit Kemal abzuwenden. Aus eigenen Kräften würde ich mich nicht dagegen stellen können, ich brauchte die Unterstützung meiner Eltern. Den Paß und mein Geld gab ich nicht aus der Hand, um jederzeit, wenn es nötig sein sollte, die Flucht ergreifen zu können. Die größte Schwachstelle meiner Eltern war ihre angespannte finanzielle Situation. Ich hatte mich schon oft gefragt, wie sie das Leben unserer Familie finanzieren wollten, wenn ich als Verdienerin ausfiele. Denn der Lohn meiner Mutter und die Unterstützung vom Sozialamt reichten nicht aus, um den Unterhalt der Familie und die Zinsen der Kredite zu bezahlen. Mit viel Diplomatie sprach ich diesen Punkt meinem Vater gegenüber an. Und tatsächlich, meine Argumentation verfehlte ihre Wirkung nicht. Es gelang mir, ihn davon zu überzeugen, daß es sinnvoller sei, wenn ich noch ein, zwei Jahre unverheiratet bliebe und während dieser Zeit für ihn in Deutschland arbeiten ginge, um zu helfen, unsere Kredite zu tilgen. Er war sehr angetan von diesem Vorschlag und lobte meinen Familiensinn, jetzt war ich nach langem wieder seine allerliebste Fatma.

Kemal war verzweifelt, als meine Eltern die Verheiratung nochmals aufschoben. Am Abend dieses Tages saß er unter dem Küchenfenster und weinte wie ein kleines Kind, denn er hatte fest damit gerechnet, I. hinter sich zu lassen und mit mir in Deutschland zu leben. Ob er aus Zuneigung oder aus Eigennutz die Verbindung wünschte, wage ich nicht zu entscheiden. Vielleicht ahnte er damals, daß seine Hoffnungen endgültig enttäuscht wurden. Aber wie sollte ich mich dafür entscheiden, mit einem völlig fremden Menschen mein ganzes Leben zu teilen, mit dem ich mich gerade mal fünf Minuten unter strengster Beobachtung unterhalten hatte.

Ich wollte ihn nicht!

So konnte ich die letzten Wochen in der Türkei unbehelligt von den anderen verbringen und an all die Orte zurückkehren, die in meiner Kindheit einmal wichtig gewesen waren. Auf meinen Streifzügen durch die unberührte, vertraute Landschaft arbeitete mein Kopf ohne Unterlaß.

Ich genoß die Stille der Natur, sog die schwere Spätsommerluft tief ein, in der die Erinnerungen an meine Kindheit lagen; all die schönen und beschämenden Momente meines Lebens in der Türkei wurden wieder lebendig. Alles, was ich hier erlebt hatte, war unwiderruflich ein Teil von mir, das spürte ich in diesen Tagen mehr als je zuvor. So groß mein Mut war, mit allem zu brechen, so groß waren auch meine Angst und meine Zweifel. Die Erziehung durch meine Eltern war nicht spurlos an mir vorübergegangen, selbst in die Entscheidung, meine Familie zu verlassen, schlichen sich alte, überkommene Traditionen. Ich wollte einen Weg finden, der es mir ermöglichte, eines Tages zu meiner Familie zurückzukehren. Ich war eine stolze Frau, und das türkische Ehrverständnis lebte in mir, wenn auch auf eine ganz andere Weise als bei meinen Eltern.

Meine Gefühle waren oft bei Michael. Wir kannten uns kaum, und dennoch war er mir rätselhaft vertraut. Eines Abends hatte ich mich auf jenen Felsen gesetzt, in dessen Nähe ich der seltsamen Schönen begegnet war, und betrachtete die vom Abendlicht in Gold getauchten Gipfel der Berge. Ich fing an zu träumen und sah mich unerwartet als Frau an Michaels Seite. Dieses Bild berührte mich tief und trug mich davon.

Nach meiner Rückkehr rief ich Michael an. Er freute sich unbändig, als er meine Stimme am Telefon hörte, denn er glaubte mich schon in der Türkei verheiratet. Als ich ihm erzählte, wie ich meinen Vater von den Hochzeitsplänen abgebracht hatte, lachte er laut auf und meinte, ich sei eben unverkennbar eine kleine Hexe. Er wollte mich so schnell als möglich wiedersehen, und wir verabredeten uns für den nächsten Tag.

Mein Herz schlug an diesem schicksalsträchtigen Abend wild vor Aufregung. Ich versuchte, Michael in diesem Gespräch etwas von meinem kulturellen Hintergrund zu vermitteln, der uns ein lockeres, unverbindliches Kennenlernen unmöglich machte. Ich erklärte ihm, wie unerbittlich die Sitten sind und daß ich selbst hier in Deutschland Angst vor der Lynchjustiz hatte, der ich in meiner Heimat begegnet war. Ich kannte die Leidenschaftlichkeit meines Vaters und meines Bruders, sie hätten mich lieber umgebracht, als ihre Ehre durch mich befleckt zu sehen.

Die Einmaligkeit und die Intensität seiner Empfindungen gaben Michael die Kraft, an uns zu glauben. Die Gefühle, die ich in ihm wachgerufen hatte, waren lange verschüttet gewesen: Er fühlte durch mich eine Lebendigkeit in die Seele zurückkehren, an die er nicht mehr geglaubt hatte. Nur vor diesem Hintergrund läßt sich nachvollziehen, was ihm die Kraft gab, sich auf eine Ehe mit mir einzulassen, obwohl er kein durch Erfahrung belebtes Bild von mir hatte.

Auf ungewöhnliche, märchenhafte Weise fanden wir zusammen und mußten beide allen Mut aufbringen, uns einer ungewissen Zukunft zu überlassen.

Der Entschluß zu dieser Ehe bedeutete für mich, zu sterben

und neu geboren zu werden. Alles vollzog sich in atemberaubender Geschwindigkeit. Jeder Tag, den das Aufgebot bestellt war und den ich noch bei meiner Familie verbrachte, barg das Risiko, entdeckt zu werden, vielleicht mit dem Leben bezahlen zu müssen. Die vier Wochen, die das Aufgebot öffentlich ausgehängt werden mußte, bedeuteten eine nie erfahrene nervliche Anspannung.

Es war der Sprung ins eiskalte Wasser. Daß ich den Mut aufbrachte, mich ins Ungewisse zu stürzen, dieses Ungewisse einzutauschen gegen meine ganze bisherige soziale und kulturelle Identität, war der verzweifeltste Ausdruck meiner Gefangenschaft.

Zweimal traf ich mich vor meiner Eheschließung heimlich mit Michael. Wir fuhren gemeinsam zum türkischen Konsulat, um die notwendigen Papiere zu beantragen. Ich weiß nicht, woher ich den Mut nahm, dort mit Michael zu erscheinen. Wie leicht hätte ich einem meiner Verwandten begegnen können! Fast immer hatte ich bisher auf diesem Amt einen bekannten Landsmann getroffen. Doch an diesem Morgen war niemand da, den ich kannte.

Die Frau, die für meine Unterlagen zuständig war, behandelte mich zuvorkommend und freundlich. Sie mußte meinen Antrag nach K. schicken, um ihn dort bearbeiten zu lassen. Doch dieser Antrag kam und kam nicht zurück, bis ich eines Tages selbst in K. anrief, um mich nach dem Stand der Dinge zu erkundigen. Ich wußte, daß in meinen Unterlagen vermerkt war, daß mein zukünftiger Mann nicht Moslem, sondern Christ war. Ich war mir sicher, daß der Grund für die Verzögerung darin begründet lag. Und tatsächlich, der Beamte, den ich in K. telefonisch erreichte, behandelte mich wie ein billiges Mädchen.

»Onkel«, sagte ich, » paß gut auf, was du tust! Mein Mann ist zwar Deutscher, aber ich werde ihn zum Moslem machen! Weißt du, was das für Allah bedeutet? Weißt du, was du tust, wenn du das verhinderst!«

Er wurde nach diesen Worten freundlicher, erklärte sich aber erst bereit, meine Unterlagen unverzüglich fertig zu machen, nachdem ich ihm versprochen hatte, ihn für seine Mühe zu beschenken. Er schickte mir eine Wunschliste, die zwei Seiten umfaßte. Das war die erste Hürde, die ich nehmen mußte, ohne von meinen Eltern entdeckt zu werden.

Das zweite Treffen war notwendig, um ein Brautkleid auszusuchen. Nachdem wir ein schönes Geschäft gefunden hatten, schickte ich Michael in ein Café, denn er durfte mein Brautkleid bis zum Tag unserer Hochzeit nicht zu sehen bekommen. Diesen Brauch war ich aus der Türkei und auch in meiner Familie gewöhnt, so sollte es auch bei meiner Hochzeit sein. Wenn ich meine Familie nicht teilhaben lassen konnte an diesem Fest, wollte ich doch möglichst viel von dem, was mein Leben bisher bestimmt hatte, in einer indirekten Form einbringen und lebendig werden lassen, wo nichts Vertrautes mehr da war.

Ich betrat das Geschäft, und in diesem Moment flog mich das allererste Mal eine Einsamkeit und Kälte an, die mich von nun an lange begleiten sollte. Was sollte ich allein in diesem Geschäft machen? Wo waren meine Mutter, meine Tanten, meine Schwester, um mit mir gemeinsam diesen großen Tag zu planen, um mich bei der Wahl meines Brautkleides, des wichtigsten Kleides, das ich je tragen würde, zu beraten? Die Vorbereitungen der Hochzeit waren doch immer ein Fest für sich gewesen, fast noch aufregender und geheimnisvoller als der Hochzeitstag selbst!

Jetzt stand ich in dem großen Geschäft und mußte mich auf die Ratschläge der Verkäuferin verlassen. Bei der Auswahl meines Kleides war ich befangen. Ich kannte die deutschen Bräuche nicht und wagte es nicht, mir eines der teuren Modelle auszusuchen. Der erste Eindruck, den mein Mann von mir bekam, sollte nicht der einer Verschwenderin sein.

In meiner Familie wurde immer viel Geld für dieses Kleid ausgegeben, denn es hatte eine ganz besondere Bedeutung und wurde von den Frauen hervorgeholt, wenn sie in ihrer Liebe enttäuscht waren und sich an den Anfang ihrer Ehe, an den Zauber und das Glück zurückerinnern wollten. So begleitete dieses Kleid die Frauen ein Leben lang.

So wählte ich aus Vorsicht ein Kleid der unteren Preiskategorie. Da ich eine sehr zierliche Figur habe und das Kleid für mich geändert werden mußte, konnte ich nicht sehen, wie es mir passend stand. Michael sollte das Kleid abholen und bis zum Tag unserer Hochzeit unausgepackt in seiner Wohnung aufbewahren.

Die Wahl des Brautkleides war die einzige Hochzeitsvorbereitung, die ich traf; alles andere lag in Michaels Händen, ich konnte nichts von diesem Fest mit gestalten.

## Stummer Abschied

Ich nahm einen langen, einsamen Abschied von meiner Familie. Von dem Tag an, an dem Michael und ich beschlossen hatten zu heiraten, erahnte ich, daß etwas in mir sterben mußte, daß nichts von dem, was mein Leben bisher bestimmt hatte, in meinem neuen Leben Platz fände. In diesen letzten gemeinsamen Wochen verwöhnte ich meine Geschwister mit allem, was ich ihnen geben konnte: Ich bekochte sie mit ihren Lieblingsspeisen, nahm mir viel Zeit, mit ihnen zu spielen. Wenn ich sie des Abends badete und anschließend zu Bett brachte, streichelte ich sie in den Schlaf. Ich entsandte sie in ein Leben ohne mich und versuchte, ihnen auf diesem Weg einen Vorrat von Wärme und Anteilnahme mitzugeben. Im Bewußtsein des Abschiednehmens gewann jede Kleinigkeit, die ich mit ihnen teilte, eine ganz eigene Intensität und Einmaligkeit. Nichts war mehr selbstverständlich und alltäglich: Ich freute mich über jedes ausgelassene Lachen und erlebte den Schmerz jeder vergossenen Träne. Meine Geschwister kamen mir in diesen

Wochen so nah wie nie zuvor in meinem Leben. Hatte ich früher oft nur die unzähligen Pflichten gesehen, die ich zu erfüllen hatte, den Streit mit meinem Vater, die Enge und Gewalt, so erlebte ich im Abschied all das Schöne und Vertraute, das es in meinem Leben gegeben hatte: Die Liebe, die mich mit meinen Geschwistern und meiner Mutter verband und in der ich verwurzelt war, auch wenn sie aus dem gemeinsamen Leiden geboren und davon bestimmt war.

Wenn ich daran dachte, was aus meinen Geschwistern ohne mich werden sollte, krampfte sich mir das Herz zusammen, denn die Energien meiner Mutter waren längst erschöpft. Das einsame Leben in der Fremde hatte die Konflikte mit meinem Vater noch verstärkt und ihre seelischen und physischen Kraftreserven aufgebraucht. Wie sollte sie den Kleinen in ihrem Zustand gerecht werden? Wie sollte sie ihnen ein Gefühl von Stärke und Zuhause vermitteln, wo sie selbst keine Heimat mehr hatte, keine Wurzeln, die sie mit Lebenssaft speisten?

Ich spürte die Traurigkeit meiner Mutter und wußte, was es zu bedeuten hatte, wenn sie mitten in der Nacht ohne Mantel hinaus auf die Straße lief. Ich hörte jedesmal die Tür ins Schloß fallen, egal, wie leise sie sich bewegte, um nicht von uns bemerkt zu werden. Dann zog ich mich in Windeseile an und stürzte ihr die Treppen hinunter nach, als ginge es um Leben und Tod. Ich konnte meine Tränen in diesen schwarzen Nächten nicht zurückhalten, ich weinte und schluchzte, daß ich kaum sprechen konnte.

»Mama, komm zurück!«

»Laß mich!«

Sie war abweisend und kalt. Ich wußte, warum sie weggelaufen war und was sie tun wollte, wußte, daß sie auf der Suche nach einem Platz war, um ihrem Leiden ein Ende zu setzen. Ich mußte sie zwingen, wieder mit zurück nach Hause zu kommen, in dieses schreckliche Gefängnis, aus dem es kein Entkommen für sie gab. Wie nah war sie mir in diesen Augenblicken, da es keiner Worte mehr bedurfte, um unsere Schmerzen zu teilen. Schweigend stiegen wir nebeneinander die Treppe hoch und hielten uns an den Händen.

Diese Bilder erschienen vor meinem inneren Auge und verfolgten mich wie böse Dämonen. Wer würde sich um Ana kümmern, wenn es mich nicht mehr gäbe? Wer würde sich um meine Geschwister sorgen? Der Schmerz zerriß mich in tausend Stücke und raubte mir des Nachts den Schlaf. Wie ein Stein lag die Angst auf meinem Herzen, ohne daß ich mit jemandem darüber sprechen konnte.

Wenn ich keinen Schlaf fand, ging ich in das Zimmer meiner Brüder, betrachtete sie, wie sie ruhig dalagen und schliefen: Wie unschuldig und ahnungslos sie waren. Im Stillen sprach ich zu ihnen, erzählte von mir und Michael, von meiner Traurigkeit und von meiner grenzenlosen Liebe zu ihnen. Stundenlang saß ich an ihren Betten und streichelte sie, bat sie um Vergebung für das, was ich ihnen antun würde.

Wenn ich meinen kleinsten Bruder Celil im Schlaf beobachtete, sah ich sein Gesicht wieder vor mir, wie er nach meiner Rückkehr aus Geggenbach draußen vorm Fenster stand: Es hatte damals in Strömen geregnet, seine nassen Haare hingen ihm in die Stirn, das Wasser rann ihm das Gesicht hinunter und perlte von seinen langen schwarzen Wimpern. Er hatte mich ungewöhnlich ernst mit seinen dunklen Augen angesehen und bedeutungsvoll gesagt: »Fatma, wie schön, daß du wieder da bist, ich habe dich so vermißt!« Wie schutzlos er ausgesehen hatte und wie allein. Ich erinnerte mich oft an diese Szene, sein Blick hatte sich in meinem Herzen eingebrannt. Ich fühlte mich wie eine Mutter, die ihre Kinder verrät. Celil war der Jüngste, es lag noch so viel vor ihm, er brauchte Zuwendung mehr als alle anderen.

Als der letzte Tag gekommen war, saß ich am Küchenfenster und blickte hinaus auf die Straße. Von hier aus konnte ich bis zur nächsten Kreuzung sehen und hielt Ausschau nach Ana und Celil. Mein Leben flog an mir vorbei, und jede Minute, die verging, starb etwas in mir. Als ich Ana erblickte, wie sie mit gebeugtem Rücken den Berg hinauf kam, spürte ich ihr ganzes trauriges Leben. Ein unglaublicher Schmerz ergriff mein Herz: Welch eine erbarmungslose Welt ließ ich da zurück!

Am Abend kochte ich wie gewöhnlich. Für mich war es ein inoffizielles Abschiedsessen, ich gab mir viel Mühe. Obwohl mir ein Kloß im Hals saß und ich ständig mit den Tränen kämpfen mußte, wollte ich diese letzte gemeinsame Mahlzeit bewußt gestalten. Doch es kam eine Sendung im Fernsehen, auf die sich meine Geschwister schon lange gefreut hatten. Sie setzten sich nur kurz zu mir in die Küche, schlangen das Essen hinunter und gingen dann ins Wohnzimmer hinüber, um den Anfang des Programms nicht zu verpassen. Da mein Vater im Wohnzimmer saß und unser Streit wegen der Photographie noch immer nicht geschlichtet war, durfte ich diesen Raum nicht betreten.

Ohnmächtig sah ich zu, wie mir die kostbare Zeit zwischen den Fingern zerrann. Der Zeiger der Küchenuhr rückte unablässig vor, und mir blieb nichts, als zu hoffen, daß eines meiner Geschwister das Wohnzimmer verließe. Vielleicht bekäme Celil Durst oder Sayme müßte zur Toilette – wenigstens einen kurzen Blick von ihnen oder ein paar Worte, mehr wollte ich nicht. Es war grauenvoll, die letzten Minuten zu Hause zu verbringen und keinen Abschied nehmen zu können. Ich verstand an diesem Abend, daß einem der Abschied gegeben wird, aber ich durfte ihn nicht einfordern und bekam ihn nicht, ich mußte ohne dieses Stück Frieden im Herzen meinen Weg suchen. Ich putzte noch ein letztes Mal die Küche, um alles in bester Ordnung zurückzulassen, ich sah die tausend Besuche, die wir in unserer Wohnung empfangen hatten, sah im Treppenhaus die Schuhe stehen, ich sah Mehmet, wie er im Flur auf mich wartete, um mich in den Arm zu nehmen und heimlich zu küssen.

Als ich ins Bett gegangen war, konnte ich lange nicht einschlafen. Meine Magenschmerzen waren so stark geworden, daß sie auch im Liegen nicht mehr zu ertragen waren. Erst um ein Uhr schlief ich für kurze Zeit ein. Um vier erwachte ich, stand auf und ging in das Zimmer meiner Brüder hinüber. Unsere Katze hatte Babys bekommen, die ich ihnen ins Bett legte, damit sie etwas Warmes bei sich hatten, wenn sie aufwachten.

Wie unter Drogen zog ich mich an und machte einen letzten Rundgang durch unsere Wohnung. Ich lehnte im Rahmen der Wohnzimmertür und betrachtete jede Einzelheit dieses Raumes: die Vitrine, in der ich meine Sammlung von Glastierchen aufbewahrte, die Bilder an den Wänden, die Sofas, auf denen so viel Besuch gesessen hatte, die Lampen, die Kissen – alles photographierte ich in meiner Seele ab, um es mitzunehmen. Wie viele von diesen Gegenständen gehörten einst zu mir – doch heute waren sie schon fremd, ich faßte nichts mehr an, wußte, daß ich mein Anrecht auf all diese Dinge verloren hatte. Unendlich weit kam mir das Wohnzimmer an diesem letzten Morgen vor, die Wände bewegten sich von mir weg und gewannen andere Dimensionen.

Dann suchte ich die Wohnung nach den Sachen ab, von denen ich gelernt hatte, daß ich sie vor meinem Vater und vor meinen Brüdern verbergen mußte: Nach meinen Unterhosen, BH's und Binden. Im Dunkeln ging ich hinauf zum Balkon, um die Wäscheleine nach letzten Kleidungsstücken abzusuchen. Ich wollte, was mir gehörte, tadellos zurücklassen und meinen Eltern keinen noch so geringen Grund geben, auf mich zu schimpfen.

Nachdem ich alles sorgfältig geordnet hatte, ging ich in die Schlafzimmer meiner Geschwister. Ich nahm sie kaum mehr wahr, innerlich war ich schon weit weg. Würde ich sie je wiedersehen? Würden sie mir je verzeihen, daß ich sie um meiner Freiheit willen verlassen hatte?

Durch das Schlüsselloch blickte ich ins Zimmer meiner Eltern. Sie schliefen noch ruhig und fest. Meine Mutter, deren feinem Gespür selten etwas entging, atmete in regelmäßigen Zügen. An diesem Morgen erkannte ich, daß ich stärker als sie war: Mit der Kraft meiner Gedanken betäubte ich ihre ausgeprägte Sensibilität und hielt sie im Schlaf.

Als ich die Tür hinter mir zuzog, wurde ich unruhig. Hatte ich in meiner Aufregung doch etwas Wichtiges vergessen? Noch einmal ließ ich alle Handgriffe an mir vorüberziehen und wurde ruhiger. Ob eines meiner Geschwister das leise Anschlagen der Tür gehört hatte und im Halbschlaf dachte: »Fatma geht zur Arbeit.«?

Draußen vorm Haus blieb ich stehen und sah hinauf zu unserer Wohnung. Alles war dunkel, meine Mutter würde erst in einer Stunde aufstehen und die Kinder für die Schule fertig machen. Doch Zilli, unsere Katze, saß am Küchenfenster und sah mich unverwandt an, als spürte sie die Bedeutung dieses Augenblickes.

Ich setzte mich ins Auto und fuhr zur Firma, um meinen Spind und meinen Schreibtisch auszuräumen. Da hier außer meiner Mutter noch andere Verwandte von mir arbeiteten, war ich vorsichtshalber eine halbe Stunde früher als sonst gekommen, um gefährliche Begegnungen zu vermeiden. Trotzdem hoffte ich, den einen oder anderen Mitarbeiter anzutreffen, doch so zeitig war noch keiner meiner Kollegen da. Also schrieb ich einen Brief, in dem ich mich von allen verabschiedete und mich für alle erwiesene Hilfe bedankte. Nachdem ich ihn gut sichtbar auf den Schreibtisch gelegt hatte, ging ich hinaus auf den Parkplatz. Ein leichter Nieselregen fiel an diesem Morgen, irgendwie war es unmöglich für mich, zu begreifen, daß ich all diese vertrauten Dinge das letzte Mal sah. Einsam war ich – wie immer in den entscheidenden Momenten meines Lebens.

Sari, eine türkische Arbeitskollegin, war in meinen Plan eingeweiht. Sie hatte sich bereit erklärt, mir zu helfen, meine persönlichen Sachen aus unserer Wohnung herauszuholen und stellte mir dazu ihren Wagen zu Verfügung, der unseren Nachbarn nicht bekannt war, und somit den Verdacht von mir ablenkte. Wir hatten uns für elf Uhr in einem nahegelegenen Waldstück verabredet, dort sollte ich in ihr Auto umsteigen, um dann gemeinsam zu unserer Wohnung weiterzufahren.

Bis dahin war noch viel Zeit. Ich setzte mich in meinen Opel und besuchte all die Orte, die einst bedeutungsvoll für mich gewesen waren: Ich fuhr zu meiner Schule, und als ich auf dem Parkplatz anhielt, sah ich mich dort wieder mit meiner Freundin stehen, wie wir über die Sommerferien erzählten, sah das Auto mit Ismet kommen, sah, wie sich die Tür seines Wagens öffnete und man mich hineinzog.

Auch jene kurvenreiche Strecke fuhr ich noch einmal entlang, auf der Mehmet sich mit mir das Leben nehmen wollte. »Vielleicht wäre es besser gewesen, wir wären damals von der Straße abgekommen!«, schoß es mir durch den Kopf. Trauer und Schmerz sogen mich wie ein schwarzes Loch auf, dem ich nicht entrinnen konnte. Etwas in mir wurde langsam, Stück für Stück, abgetötet; unerbittlich und unwiederbringlich.

Endlich war es so weit: Ich traf Sari im Wald, und wir fuhren zusammen zu unserer Wohnung. Alle waren um diese Zeit außer Haus, wir konnten meine paar Habseligkeiten unbemerkt im Auto verstauen. Sari wurde mit einem Mal unsicher. Sie fühlte meine Traurigkeit und wußte, daß es für mich nach diesem Tag keinen Weg zurück mehr geben würde. Ihre Stimme zitterte, als sie mich fragte: »Fatma, hast du es dir auch gut überlegt?«

Ja, das hatte ich. Nie wieder würde ich den Fuß über die Schwelle unserer Wohnung setzen, dieses Leben war für mich endgültig vorüber – egal, wie ungewiß meine Zukunft aussehen würde. Es konnte nichts schlimmer sein als das grauenvolle, unabwendbare Leiden, das ich in meiner Familie erfahren hatte. Sari fuhr mich zurück zu meinem Auto, und ich brach auf in ein neues Leben. Kaum konnte ich die Straße durch meine Tränen erkennen und fand den Weg dennoch, ohne mich zu verfahren.

Michael arbeitete noch in der Praxis, als ich ankam.

»Du bist da, Sonja? Du hast es wirklich geschafft?« Er nahm mich in den Arm und gab mir den Schlüssel zu seiner Wohnung, die über der Praxis lag. Dann mußte er weiter behandeln, die Patienten warteten.

Wie im Traum ging ich durch mein neues Zuhause, betrachtete den unbekannten Luxus, der mich von heute an umgeben sollte: Die teure Stereoanlage, die unzähligen CDs, welche in langen Regalen alphabetisch geordnet waren, die surrealistischen Bilder an den Wänden, die mir seltsam fremd schienen, die neu eingerichtete, moderne Küche, das großzügige Badezimmer und die glänzenden Parkettböden. Trotz all des Reichtums spürte ich deutlich, daß in dieser Wohnung nicht gelebt wurde: Hier spielten keine Kinder, und es kam wenig Besuch – die Wände verströmten eine eigentümliche Kälte, die ich mir nicht erklären konnte.

In mir tobten die widersprüchlichsten Gefühle: Da war auf der einen Seite der Schmerz über den Verlust meiner Familie, dessen Bedeutung ich nur erahnen konnte: Er fühlte sich dumpf an und legte sich wie ein Schatten über mein neues Leben. Auf der anderen Seite war da der Stolz, bald die Frau eines Zahnarztes zu sein, und die unbändige Vorfreude eines jungen Mädchens auf lang ersehnte Freiheiten, in denen sich ihr die Welt versprach: Die Freiheit, den eigenen Körper nicht mehr verstecken zu müssen und sich zu kleiden, wie es ihr gefiel.

In drei Tagen sollte ich verheiratet sein und endlich nicht mehr meinem Vater gehören, sondern Michael, meinem Mann. Er hatte dann offiziell das Recht, über mich zu bestimmen, und meinen Eltern würde nichts anderes bleiben, als das zu akzeptieren.

Ich setzte mich in die Küche und kochte Tee. Von heute an würde nichts mehr so sein, wie es einmal war: Ich hatte einen Mann, ich würde ihn versorgen und mit ihm schlafen, würde alles mit einem Menschen teilen, den ich nicht kannte. Ich war betäubt vom Schmerz des Abschieds und von der Angst vor der Zukunft. Es gab nichts mehr, auf das ich mich beziehen konnte, um Kraft zu schöpfen.

Michael kam aus der Praxis, und da ich mich noch nicht in seiner Küche auskannte, half er mir, das Abendessen zuzubereiten. Für ihn war es selbstverständlich, mir bei dieser Arbeit zu helfen, die Gemeinsamkeit mit mir machte ihm Freude. Doch ich war es nicht gewohnt, das Kochen mit einem Mann zu teilen, fühlte mich beobachtet und war irritiert.

Michael war an diesem Abend ausgelassen und fröhlich, denn er sah seinen Herzenswunsch in Erfüllung gehen. Doch das Glück, das er fühlte, forderte zuviel Raum und ließ keinen Platz für meinen Schmerz. In seinen Augen hatte ich endlich ein Umfeld hinter mir gelassen, das mich erbarmungslos in meinem Wesen beschnitten hatte, so daß für ihn kein Grund zu Traurigkeit erkennbar war.

Ich war einem tyrannischen Vater entkommen, der mich schlug und demütigte. Für Michael war ich von diesem Tag an ein freier Mensch, und dieses Ereignis wollte er mit mir feiern. Er fragte nicht danach, wie es für mich war, von Menschen Abschied zu nehmen, denen ich ein Leben lang verbunden war. Heute war heute, und Vergangenheit war Vergangenheit. Mir war zum Weinen zumute, aber ich lächelte und spiegelte seine Gefühle. Wir brachen auf zu einer beschwerlichen Gratwanderung zwischen unseren Kulturen. Die Kultur meines Mannes lebte bei dieser Wanderung am Tage und die meine in der Nacht, im Verborgenen, dann wenn er schlief und ich in meinen Träumen das Vergangene beschwor.

Ich erzählte Michael wenig von meinen Gefühlen, von meinen Sorgen, Ängsten und Nöten, doch von den türkischen Verhältnissen sehr oft. Insgeheim hoffte ich, daß er mich wohl besser verstehen und kennen würde, mit all meinen Zweifeln und Ängsten. Das gehörte sich nicht, schließlich sollte ich seine Frau werden, um ihn glücklich zu machen. Die Anforderungen, die ich an meine Liebeskraft stellte, waren unglaublich hoch: Ich erwartete, daß sie sich selbst immer wieder regenerierte, denn ich zeigte meinem Mann keine Wege zu meinem Inneren, die ihm die Chance eröffnet hätten, mich besser zu verstehen und kennenzulernen. So vereinsamte nicht nur ich in meinem Schmerz, den ich nicht zu teilen wagte, sondern auch Michael in seiner Liebe.

Unser unterschiedlicher kultureller Hintergrund legte uns von Anbeginn an Steine in den Weg. Ich hatte nie gelernt, daß eine Ehe davon lebt, daß man sich seinem Partner mit allem, was in einem ist, zumutet. Männer kamen aus einer anderen Welt als Frauen und waren nicht dazu geboren, die Gefühle einer weiblichen Seele zu teilen, zu respektieren und wertzuschätzen. Der Machtkampf zwischen den Geschlechtern, dem ich von klein auf ausgesetzt war, nahm sich Raum in meiner Ehe.

Ich war mir damals als junge Frau nicht bewußt, was in unserer Ehe vom ersten Tag an als Keim angelegt war. Ich erkannte nicht, daß ich für meinen Mann unantastbar wurde, weil ich die perfekte Hausfrau, die glückliche Ehefrau und die aufregende Liebhaberin spielte, ohne die Brüche, die es in meiner Person gab, offenzulegen. Der Kampf zwischen Tradition, Herz und Realität schienen ewig zu währen. Ich inszenierte ein Eheleben, wie es im Bilderbuch steht, und erntete, solange ich diese aufzehrende Rolle beizubehalten vermochte, Bewunderung, die mir Macht und Kontrolle über Michael sicherte. Der Preis, den ich dafür zu zahlen hatte, waren meine Zweifel und meine quälenden Gedanken in der nächtlichen Einsamkeit.

Es war mir alles zu unbekannt, als daß ich mich hätte fallen lassen können, und mein Mann war zu unsensibel, um mein Spiel zu durchschauen und mich als Mensch mit einer schwierigen Geschichte und einer fremden Kultur wahrzunehmen.

## Blut in den Augen

Am nächsten Tag klingelte es an der Tür, als Michael unten arbeitete. Ich erschrak, hatte Angst, daß mein Vater oder mein Bruder Hydar herausgefunden habe, wohin ich gegangen sei. Den ganzen Morgen beschlich mich ein ungutes Gefühl, und ich starrte unablässig aus dem Fenster, um etwas Verdächtiges sofort entdecken zu können. Vorsichtig fragte ich, wer da sei, bevor ich die Tür öffnete. Die Antwort kam auf Türkisch:

»Mach auf, Tochter, hier ist Cetin, ich muß mit dir sprechen!«

Ich kannte keinen Cetin, öffnete aber trotzdem. Der Mann war der Besitzer eines türkischen Lebensmittelgeschäftes, in dem Michael oft einkaufte. Er war sehr beunruhigt:

»Tochter«, sagte er, »am Morgen sind zwei Türken in mein Geschäft gekommen, die ich nicht kenne. Sie haben nach Fatma gefragt, die einen Zahnarzt heiraten soll. Kind, pass auf! Sie haben gesagt, daß sie dich umbringen werden, weil du eine dreckige Nutte bist.«

»Was hast du ihnen geantwortet, Onkel?«

»Ich habe gesagt, daß ich keinen Zahnarzt kenne, der mit einer Türkin verheiratet ist. Kind, Kind, ich sage dir, der eine von ihnen hat Blut in den Augen, er heißt Osman.«

Als Cetin diesen Osman beschrieb, stockte mir der Atem: Es war ein angeblicher Freund der Familie, er war der blutrünstigste Mensch, der mir je begegnet ist. Er hatte mir einmal gedroht, mich umzubringen, wenn ich nicht seine Frau würde. Der Blick, mit dem er mich damals angesehen hatte, war mir durch Mark und Bein gegangen – seine Drohungen waren bitterernst. Von meinem Bruder wußte ich, daß er in der Türkei seine Verlobte erhängt hatte, weil sie ihm nicht gehorchte.

Ich bekam mit einem Mal furchtbare Angst; die Geschichte entglitt mir und verselbständigte sich. Unten in der Praxis arbeitete mein Mann, wenn sie ihm etwas antun würden oder die Scheiben einwerfen!? Mir wurde schwindelig bei diesen Gedanken.

Ob Michael mir erlauben würde, Cetin unsere Telephonnummer zu geben? Ich konnte ihn jetzt nicht fragen und notierte Cetin mit schlechtem Gewissen die Nummer. Ich hatte gelernt, daß eine Frau ihren Mann in diesen Dingen um Erlaubnis fragen muß. Und ich wollte meinem Mann eine gute Ehefrau sein. Ich reichte Cetin den Zettel.

»Danke Onkel, bitte ruf mich an, wenn du etwas Neues erfährst!«

Cetin ging, und ich blieb zerschlagen zurück. Sollte ich hinuntergehen und Michael von der Bedrohung erzählen? Ich schämte mich für dieses Vorkommnis, das die Kluft zwischen unseren Kulturen so deutlich machte und die rauhe Mentalität meiner Familie schonungslos offenlegte.

Ich wußte keinen anderen Rat und rief den einzigen vertrauten Menschen an, den ich hatte: Peter. Er versprach, mir zu helfen.

Kaum hatte ich den Hörer aufgelegt, da läutete das Telephon, es war Cetin:

»Fatma, sie waren wieder hier, sie wissen jetzt, wo du bist, und der mit dem Blut in den Augen steht an der Straßenecke bei eurem Haus!«

Meine Knie wurden weich. Wieder rief ich Peter an.

»Peter, Osman steht jetzt vor unserem Haus, es wird ernst. Ich weiß, daß er mit Drogen handelt. Vielleicht kann dir das helfen.«

Peter verstand. Er wußte, daß er persönlich nichts gegen diesen fanatischen, nach Blut dürstenden Menschen unternehmen konnte, aber er hatte gute Beziehungen zur Polizei, die er für mich ausnutzte.

Es wurde Abend, und Osman stand noch immer an der Ecke. Er stand vollkommen unbeweglich da und rührte sich nicht von der Stelle. Michael war inzwischen hochgekommen und erzählte mir von seinem Arbeitstag. Kaum nahm ich seine Worte auf, immer wieder ging ich zum Fenster hinüber und blickte zur Ecke.

»Warum guckst du denn immerzu aus dem Fenster, mein Schatz?«, fragte er mich.

Ich suchte nach einer Ausrede, fand aber keine: »Ach, nur so, ich dachte, ich hätte jemanden gesehen, den ich kenne!«

Michael fragte nicht weiter nach. Er zog mich zu sich aufs Sofa und wollte zärtlich sein. Ich ging auf ihn ein, doch in meinem Herzen tobte es. Ob Osman noch immer da an der Ecke stand oder vielleicht schon unten vor unserem Hauseingang, ob er eine Waffe bei sich hatte oder nur ein Messer?

Gegen Mitternacht sah ich ein letztes Mal hinaus – er war nicht mehr da. Auch unten vor unserer Haustür war niemand. Doch meine Anspannung ließ nicht nach, ich konnte die ganze Nacht nicht einschlafen.

Am nächsten Morgen ging schon früh das Telephon. Peter war am Apparat:

»Fatma, sie haben ihn heute morgen um fünf Uhr verhaftet, sie haben Drogen und eine Waffe bei ihm gefunden!«

Mir fiel ein Stein vom Herzen, als ich diese Nachricht hörte. Ich war erleichtert, dieses Problem gelöst zu haben, ohne Michaels Hilfe in Anspruch zu nehmen. Ich wollte nicht, daß er mit der Primitivität und Gewalttätigkeit meiner Familie in Kontakt kam. Er sollte stolz sein können auf die Frau, die er übermorgen heiraten würde.

Am Mittag ging ich einkaufen. Es waren nur zweihundert Meter, die ich bis zum Edeka-Markt zurücklegen mußte, doch es schienen mir Kilometer zu sein. Als ich Schritte hinter mir hörte, spürte ich schon das Messer in meinem Rücken stecken. Mein Gehör war für jedes türkische Worte geschärft, ich stand unter Hochspannung. Aber unbehelligt kehrte ich nach Hause zurück.

Ich bereitete das Essen zu und wartete auf Michael, der in die

Stadt gegangen war, um letzte kleine Besorgungen zu machen. Er kam und kam nicht wieder. Ich ging hinaus auf den Balkon und hielt Ausschau nach ihm. Wenn ihm jetzt etwas zustoßen würde, wenn mein Vater oder Hydar ihm auflauerten?

Da läutete das Telefon. Mein Bruder Hydar war am anderen Ende.

»Du dreckige Nutte, wir werden dich umbringen, konntest du es nicht abwarten, einen Stock zwischen den Beinen zu haben! Das hätte ich dir auch besorgen können, du Schlampe. Jetzt bist du die Nutte von einem ungläubigen Christenschwein!«

Dann war plötzlich Ana dran:

»Was hast du uns nur angetan! Den ganzen Tag werde ich wegen dir verprügelt, weil du deine Beine für einen Ungläubigen breit machst! Eine Nutte bist du geworden. In der Stadt kann ich keinem mehr ins Gesicht sehen, fast krieche ich vor Scham am Boden. Und ich sage dir, Fatma, ich wünsche dir alles Unglück, niemals sollst du mit deinem Mann glücklich werden.«

Wieder wechselten sie den Hörer, mein Bruder war dran und fuhr fort, mich zu beschimpfen.

Endlich löste sich meine Zunge:

»Hör auf mit deinem dummen Gerede, Hydar. Nur weil ich nicht das getan habe, was ihr wollt, bin ich plötzlich nicht mehr eure liebe Fatma, sondern eine Nutte. Laß mich und meinen Mann in Ruhe, sonst wird es euch nicht anders als Osman ergehen, merk dir das gut, verstanden!«

Dann legte ich den Hörer auf. Mein Herz raste, besonders die Worte meiner Mutter waren nicht spurlos an mir vorübergegangen und lasteten mir auf der Seele. Warum konnten sie meine Entscheidung nicht akzeptieren und sich an meinem Glück mitfreuen?

Da hörte ich die Schlüssel im Schloß – Michael war zurück. Ich sank ihm in die Arme, doch meinen Kampf behielt ich für mich.

## Hochzeit

In der Praxis arbeitete eine sehr nette Helferin, Susanne, die mir in diesen ersten Tagen beiseite stand. Sie wußte, daß ich niemanden hatte, um mir bei meinen persönlichen Vorbereitungen zu helfen, organisierte eine Friseuse und erklärte sich bereit, mich am Hochzeitsmorgen abzuholen, damit ich mich in ihrer Wohnung ankleiden konnte. Denn nach türkischem Brauch darf die Braut ihr neues Zuhause nicht im weißen Kleid verlassen und im weißen Kleid wieder betreten, das bringt Unglück.

Ich war an diesem Hochzeitsmorgen unendlich aufgeregt. Susanne holte mich ab und brachte mich zur Friseuse. Dort saß ich gedankenverloren im Stuhl, ohne achtzugeben, was sie mit meinen Haaren machte. Ich war bei meiner Familie, war in meinen alten Träumen und Phantasien, die ich als junges Mädchen von dem Tag meiner Hochzeit gehabt hatte. Als ich aus meinen Gedanken wieder auftauchte und mich im Spiegel erblickte, kamen mir beinahe die Tränen: Die Friseuse hatte ein langes Stück meines lockigen, glänzenden Haares abgeschnitten: Reichten meine Haare vorher bis zum Po, gingen sie mir jetzt nur noch etwas über die Schulter. Von meiner wunderbaren Haarpracht, die mein schönster Schmuck war, war kaum noch etwas geblieben. Niemals wäre eine türkische Frau auf den Gedanken gekommen, einer Braut am Tag ihrer Hochzeit das Haar so zu kürzen. Die Haare waren Ausdruck der Kraft und Anmut einer Frau und wurden ihr nur zur Strafe abgeschnitten. Ich hatte noch nie einen Friseur besucht und wußte nicht, ob es angemessen war, meinen Gefühlen Ausdruck zu geben. Um mich nicht falsch zu benehmen, behielt ich mein Entsetzen für mich.

Als wir in Susannes Wohnung waren, äußerte ich vorsichtig, daß die Friseuse meine Haare nicht hätte abschneiden dürfen.

Doch Susanne konnte nicht nachempfinden, was mich bewegte, sie fand, daß ich schön aussah.

Da stand ich nun im Schlafzimmer dieser fremden, deutschen Frau und kleidete mich an. Wie einsam sich alles anfühlte, wie kalt und leblos.

Ich schloß die Augen und hatte plötzlich meine Mutter, meine Tanten, meine Großmütter und Großtanten um mich, die an meinem Brautkleid zogen und zupften, bis alles an seinem Platz saß. Sie kämmten mir das Haar und sortierten den Kopfschmuck. Die Tür öffnete sich und Hydars Kinder blickten neugierig um die Ecke, um mich, die Braut, zu sehen. »Sieh mal, wie schön Fatma aussieht!« Schnell wurden sie von den Frauen hinausgetrieben: »Weg mit euch, wir müssen die Braut fertig machen!« Ich lauschte den gewichtigen Worten der Frauen, die mir vom Geheimnis der Ehe erzählten. Hatte ich dieses Spiel früher oft nicht gemocht, weil den jungen Mädchen neben den schönen Verheißungen viel Angst gemacht wurde, so sehnte ich mich an diesem Tag danach. Die Ältesten fielen immer wieder mit erhobener Stimme ein und brachten die jungen Frauen zum Verstummen.

Als ich die Augen öffnete, ging ein schneidender Schmerz durch meine Brust. War meine Entscheidung richtig gewesen? War diese neue Welt, in der sich alles so leer anfühlte, eine freiere, zufriedenere Welt? Eine tiefe Traurigkeit ergriff mich plötzlich, gegen die ich machtlos war. Ich hatte Angst. Tausend Fragen, auf die ich keine Antwort wußte, bedrängten mich: Wie würde es auf dem Standesamt sein? War der Mann, der uns trauen sollte, so etwas wie ein Hodscha? Durfte ich etwas sagen, oder mußte ich warten, bis ich ein Zeichen von Michael bekam?

Endlich war ich fertig angezogen und geschminkt, und wir fuhren zurück zu meinem neuen Zuhause. Michaels Mercedes stand auf dem Hof und war mit einem aufwendigen Blumengesteck geschmückt. Es rührte mich, daß er als Mann an diese Dinge gedacht hatte. Der verhangene Himmel riß für kurze

Zeit auf, und im hellen Licht der Sonnenstrahlen gewann alles festlichen Glanz. Als die Nachbarn uns sahen, kamen sie zusammen und gaben uns gute Wünsche mit auf den Weg. Da kam mit einem Mal doch Hochzeitsstimmung in mir auf. Ich setzte mich ins Auto und fühlte mich wie eine kleine Prinzessin. Wenn meine Geschwister oder meine Mutter mich so sehen könnten, sie würden stolz sein auf mich. Wie gern hätte ich meiner Familie gezeigt, welchem Mann ich jetzt gehörte: einem gebildeten Mann, einem Zahnarzt. Ich war ein kleines Mädchen, das sich in seinen Träumen verfangen hatte.

Wir fuhren zum Standesamt, und ich wünschte mir, daß alle Menschen stehenblieben, um mich anzusehen und zu bestaunen. Doch als wir beim Rathaus ankamen, begriff ich, daß es hier niemanden geben würde, um mich zu bewundern. Ich war allein mit meinem Glück und meinem Stolz. Wie sehr hoffte ich, Verwandten zu begegnen, damit sie meinen Eltern erzählten, was für eine wunderschöne Braut ich war, daß ich an der Seite meines Mannes wie eine Prinzessin leben würde.

Wir betraten das Rathaus und fuhren mit dem Fahrstuhl hinauf in den zweiten Stock. Sari war der einzige Mensch, den ich kannte, den ich aus meinem alten Leben mitbrachte, um Zeuge meines Glückes zu werden. Wir warteten noch draußen vor der Tür des Trauzimmers, weil der Bruder meines Mannes, der Trauzeuge werden sollte, sich verspätet hatte.

Schließlich kam er. Es war ein seltsamer Augenblick für mich, denn vor dem Hintergrund meiner Familientradition heiratete ich diesen Mann mit, er würde von heute an zu dem Kreis meiner nächsten Menschen zählen. Wie fremd mir alles war. Bei unseren Hochzeiten fanden sich Familien zusammen, die sich über Generationen kannten, wo die Verwandtschaft und auch die Brautleute sich von Kindesbeinen an verbunden waren. Eine unglaubliche Anonymität lag über dieser Feier, ich vermißte die herzlichen Begrüßungen und neugierigen Fragen, mit denen sich unsere Verwandtschaft bei solchen Anlässen zusammenfand.

Ich zitterte innerlich vor Aufregung: Wie hatte ich mich nur zu verhalten?

Die Gedanken flogen mir auf Kurdisch und Türkisch durch den Kopf, die deutsche Sprache war plötzlich ausgelöscht. Ich wußte nicht einmal mehr, was »ja« auf Deutsch hieß. Welche Hand mußte ich Michael reichen, damit er mir den Ring anstecken konnte? Der Standesbeamte las irgend etwas vor, doch seine Worte zogen an mir vorbei. Schließlich richtete er die entscheidende Frage an mich, und ich schaffte es, mit ja zu antworten. Wir steckten uns die Ringe an und durften uns küssen. Auf unseren Hochzeiten war es streng verboten, daß Braut und Bräutigam sich berührten, es widersprach allem, was ich gelernt hatte, vor den Augen der Hochzeitsgesellschaft derart intim zu werden. Ich nahm mich zusammen, hatte mich doch entschlossen, ein Teil dieser deutschen Gesellschaft zu werden. Ich schob alle Schamgefühle beiseite und beugte mich vor, um Michaels Kuß zu empfangen.

Jetzt wurden wir von allen beglückwünscht, doch wie sollte mich jemand beglückwünschen, der mir fremd war, der meine Geschichte nicht kannte? Ich sehnte mir in diesem Moment nichts mehr herbei, als diesen Raum zu verlassen, wollte mich irgendwo vor all dem Fremden verstecken.

Als wir vor dem Rathaus standen und Fotos gemacht wurden, dämmerte es ganz langsam in mir: Ich war jetzt verheiratet und gehörte dem Mann an meiner Seite. Wie schnell war die Zeremonie vorübergegangen, wie wenig Bedeutung hatte dieses große Fest, von dem ich meine ganze Kindheit hindurch geträumt hatte, in diesen kurzen Worten des Standesbeamten zu entfalten vermocht.

Ich war an diesem Tag zweigeteilt. Ich feierte in der Realität meine deutsche Hochzeit, und in meinen Träumen malte ich mir aus, wie dieses Fest im Kreis meiner Familie gefeiert worden wäre.

In dem Saal eines großen Gasthauses wurde die Feier fortgesetzt, die natürlich von Michael perfekt organisiert war. Da auch die Familie meines Mannes bis auf seinen Bruder nicht anwesend war, gewann unsere Hochzeit den Charakter einer Party, sie war unverbindlich in der Leugnung all dessen, was uns zu dem hatte werden lassen, was wir heute waren. Wir hatten einander das Jawort für ein Leben gegeben, ohne die Vergangenheit des anderen zu kennen und in die gemeinsame Zukunft mitzunehmen.

Ich nahm kaum teil an diesem Fest, war innerlich hin und her gerissen. Doch Michael war glücklich, und in all seinem Glück fühlte er nicht, was in mir vor sich ging. Als wir spät nachts nach Hause kamen, zog er mir das Brautkleid aus und genoß es, mit mir zu schlafen. Wo war nur meine Seele geblieben, wo meine Empfindungen? Von diesem Tag an war ich ein geteilter Mensch, etwas in mir war abgespalten und lebte im Verborgenen weiter.

## Harte Fronten

Meine Eltern trugen mich nach meiner Hochzeit symbolisch zu Grabe. Sie hatten von nun ab keine Tochter mehr. Alles, was irgendwie an mich erinnerte, wurde systematisch entfernt – Photographien, Habseligkeiten, Kleidung. Sie schwiegen mich tot, als hätte es mich nie gegeben.

Nach meiner Heirat wagten sie sich lange nicht mehr unter die Menschen, sie waren überall zum Gespött geworden und schämten sich bis ins Mark für ihre unreine Tochter. Es war das eingetreten, wovor sie immer die größte Angst gehabt hatten: Sie hatten ihre Ehre, ihr Gesicht verloren. Für mich war am schlimmsten, daß sie sich nicht ansatzweise erklären konnten, warum alles so gekommen war.

Ein nicht zu unterschätzender Punkt für ihr radikales Verhalten liegt sicherlich auch darin begründet, daß meine Eltern

Kurden sind. Sie haben ein durch ständige Verfolgung tief verankertes Traditionsbewußtsein. Ihr Sitten- und Gemeinschaftsverständnis ist noch sehr viel strenger und konservativer als das der Türken. Ein Ausbruch aus dieser Gemeinschaft, wie es die Eheschließung mit einem Nichtkurden darstellt, ist immer zugleich auch Verrat und Schwächung dieser Leidensgemeinschaft.

Aber nicht nur ich hatte immense Probleme mit meiner Familie. Auch Michaels Eltern waren auf ihre Weise ebenso konservativ, hart und unnachgiebig wie die meinen. Sie hatten sich eine andere Schwiegertochter vorgestellt, eine Akademikerin, die ihre gesellschaftlichen Vorgaben erfüllen würde. Da Michael die gewünschte Frau über Jahre nicht mit nach Hause brachte, hatte sein Vater einschlägige Initiativen entwickelt und für den Sohn Heiratsannoncen in renommierten Blättern aufgegeben.

Auf unserer Hochzeit war keines der Elternpaare anwesend. Beide Seiten zogen es vor, die Kinder durch Abwesenheit zu strafen. Wie sehr hatte ich gehofft, zumindest Michaels Eltern für mich zu gewinnen. Der Gedanke, daß auch er seine Familie durch unsere Eheschließung verlieren sollte, war für mich unerträglich. Ich wollte seinen Eltern zeigen, wie sehr ich mich um das Glück ihres Sohnes bemühen würde, aber man gab mir nicht einmal die Gelegenheit, sie als Gäste in meiner Wohnung zu empfangen. All meine Einladungen wurden ausgeschlagen.

Dabei waren die Eltern meines Mannes gebildete Leute. Die Regale ihrer Bibliothek waren angefüllt mit den literarischen Schätzen des Abendlandes. Sie besuchten Theater und Opern, lasen den Spiegel und die FAZ, unternahmen Bildungsreisen, um fremde Kulturen und auch die eigene besser verstehen zu lernen. Doch wie dünn war dieses Deckmäntelchen der Schöngeistigkeit und Weltoffenheit. Wie wenig hatten die großen, freien Geister ihrer Büchersammlung zu bewirken vermocht. Meine Schwiegereltern haben wahrscheinlich nie begriffen, welch harten Kampf um Autonomie und Selbstbestimmung diese Denker auf sich genommen hatten. Wehe, wenn aus der Koketterie mit der Bildung ernst wird!

Auch Michaels Eltern waren Gefangene ihres Gesellschaftsklischees, die sich ihren Lebensstil von der Meinung der anderen diktieren ließen. Sie waren in keiner Weise unabhängiger und freier als meine Eltern, sieht man von ihren finanziellen Möglichkeiten ab.

Ihre erste Kampfansage gegen uns lag in der Androhung, den abtrünnigen Sohn zu enterben. Sie sahen in unserer Ehe ein Techtelmechtel auf Zeit, das jeder Grundlage für eine dauerhafte Beziehung entbehrt.

Als ich schwanger wurde, stürzte für meinen Schwiegervater eine Welt zusammen: Der Entschluß seines Sohnes schien ernsthaft zu sein. Bis dahin hatte er im Stillen die Hoffnung gehegt, daß unsere Ehe innerhalb weniger Jahre scheitern könnte, um dann den Versuch zu unternehmen, eine standesgemäße Partnerin zu finden.

»Ich will keine Türkenbrut in meinem Haus!« So sah der Kommentar zu seinem künftigen Enkelkind aus; er hat unsere Tochter nie gesehen. Selbst auf dem Sterbebett war er nicht bereit, sein Enkelkind anzunehmen.

Mein Mann hatte seine Existenz in einer Kleinstadt gegründet, in der sich auch seine Eltern nach dem Krieg ein neues Leben aufgebaut hatten. Jedem war die Familie wohlbekannt. Klatsch und Intrigen gehörten zur Tagesordnung, sie durchbrachen die Tristesse und Eintönigkeit dieses genormten Lebens. Als ich dorthin übersiedelte, war ich bereits allen bekannt. Mein Schwiegervater hatte diese kleine Stadt auf mein Kommen vorbereitet. Ob ich zum Kiosk ging, um Zeitungen zu kaufen, oder einfach in den Supermarkt – jeder sah in mir eine billige Frau, die gekauft worden war. Kaum jemand gab mir eine Chance, das Gegenteil zu beweisen.

So stieß ich auch in der Praxis lange Zeit auf Ablehnung, die mir besonders von türkischen Patienten entgegengebracht wurde. Ich war in ihren Augen eine Abtrünnige, eine Nutte, die ihre Herkunft verraten hatte. Wenn ich im Sommer leichte Kleidung trug und durch die Stadt spazierte, trafen mich nicht selten vernichtende Blicke von seiten meiner Landsleute, und es kostete mich große Energien, diese offene Feindseligkeit nicht in mein Herz dringen zu lassen und erhobenen Hauptes weiterzugehen.

## Aus Fatma wird Sonja

Ich dachte, vollkommen neue Wege zu begehen, und mußte erst langsam vergegenwärtigen, daß es der alte Weg war, den ich weiterging, und daß jede Spur, die ich heute in seinem Sand zurückließ, an jene Spuren anknüpfte, die bis nach V. zurückführten.

Der Boden, auf dem ich mich jetzt bewegte, war vollkommen unbekannt. Ich versuchte, meinen Mann so zu verwöhnen, wie ich es als muslimisches Mädchen gelernt hatte: Ich bekochte ihn aufwendig, umsorgte ihn, wollte ihm zeigen, daß ich ihm ein Heim schaffen würde. Ich hatte kein einziges Vorbild, an dem ich mich orientieren konnte, ich mußte alles mit mir selbst ausmachen und konnte mich nur auf meine Intuition verlassen. Wenn ich unsicher war, verbarg ich es hinter einem Lächeln. Ich fühlte mich zu schwach, um meine Trauer und meine Schwächen zu zeigen, durch mich sollte das Leben meines Mannes angenehm werden. So besetzte ich in unserer Ehe erst einmal die Plätze, die mir vertraut waren: das Kochen und die Organisation des Haushaltes. Ich setzte einen unglaublichen Ehrgeiz daran, Michael zu beweisen, daß ich eine hervorragende Hausfrau war. Ich kochte seine Leibgerichte oder erfand Speisen, von denen ich annahm, daß sie seinem Geschmack entsprachen. Abends saß ich an seiner Seite, hörte seinen Praxissorgen und Plänen aufmerksam zu. Ich beobachtete ihn aufmerksam, um ihm alles recht und ihn glücklich zu machen. Ich akzeptierte Dinge, die mir fremd und unverständlich waren.

So hatte Michael nach unserer Eheschließung noch häufigen Kontakt zu seinen Ex-Freundinnen, sie gingen bei uns ein und aus und übernachteten gelegentlich. Oft waren mir die Gespräche, die er mit ihnen führte, viel zu persönlich, und ich fühlte eine Grenze überschritten, die nur zu Michael und mir gehörte. Es war mir unmöglich einzuschätzen, ob sein Verhalten angemessen war, oder ob ich wirklich übergangen wurde. Ich dachte immerfort in Systemen, konnte mich nicht davon befreien, daß ich die Welt, aus der ich kam, für unzumutbar erachtete, für minderwertig im Gegensatz zu meiner neuen deutschen Umgebung. Und diese innere Haltung machte es mir unmöglich, auf mein Herz zu hören, denn ich relativierte und zensierte es unablässig.

Ich nahm mich zurück, um meinen Mann nicht zu verletzen, um ihm nicht das Gefühl zu geben, mit unserer Heirat eine falsche Entscheidung getroffen zu haben. War ich meine ganze Kindheit hindurch ausschließlich dafür anerkannt worden, daß ich bestimmte Funktionen erfüllte, so nahm ich dieses Erbe mit in meine Ehe. Ich war fest davon überzeugt, daß ich, je besser ich meine Pflichten erfüllte, desto mehr geliebt, desto unersetzlicher für meinen Mann würde.

Von außen betrachtet, war mein Leben ein ganz anderes geworden: Ich kleidete mich nach meinem Geschmack, liebte es, figurbetonte Sachen anzuziehen und meine Wirkung auf Männer zu spüren. Ich nahm an einem luxuriösen Leben teil, von dem ich früher nur hatte träumen können. Mein Umgang waren nicht mehr einfache Fabrikarbeiterinnen, sondern Akademiker. Noch einmal erlebte ich den Kulturschock, noch einmal trat ich die Reise von V. nach Deutschland an. Ich versuchte mich zu öffnen, wie ein Schwamm alles aufzusaugen, was meine Umwelt mir zu lernen auftrug. Es war eine harte Schule, durch die ich gehen mußte, die mir immer wieder meine Grenzen aufwies und mir zeigte, woher ich kam. Weder

Michael, noch sein Bekannten- und Freundeskreis nahmen Rücksicht auf meine Deutschkenntnisse. Fremdwörter wurden selbstverständlich gebraucht, und ich stand dabei, ohne zu verstehen, was gesagt worden war.

Ich fühlte mich in dieser ersten Zeit meiner Ehe wie unter Strom, sah mich vor Herausforderungen gestellt, die ich nur schwer und mit äußerster innerer Anspannung und Wachheit erfüllen konnte. Es blieb mir keine andere Wahl, als auf meine Umwelt zu reagieren, mich irgendwie in ein Leben einzufügen, dessen Regeln und Werte mir wenig vertraut waren.

Es waren die kleinen alltäglichen Situationen, die die Gegensätzlichkeit unserer Wahrnehmung herausschälten. So war zum Beispiel Michaels Haushaltshilfe eine unsagbare innere Qual für mich: Sie war schon über vierzig Jahre alt und nach türkischen Regeln eine ältere Frau, die ich zu respektieren hatte. Wenn ich wußte, daß sie am nächsten Morgen kam, konnte ich abends nicht einschlafen. Es bedrängte mich und widersprach allem, was ich von meinen Eltern gelernt hatte, daß eine fremde Frau, die bedeutend älter war als ich, die Wohnung, für die ich verantwortlich war, putzen sollte. Ich war ein junges, kräftiges Mädchen, das nicht faul mit seinem Hintern im Bett liegen blieb, während eine ältere Frau Ordnung schaffte. Also stand ich in aller Frühe auf und erledigte die schweren Arbeiten noch bevor sie kam, so daß für sie nur leichte Aufgaben zurückblieben.

Ich hatte die Wohnung einer türkischen Gastarbeiterfamilie gegen einen deutschen Arzthaushalt getauscht. Wie fremd war mir mein neues Leben, und wie neu waren die Rollen, in die ich hineinschlüpfte. War ich in meiner Familie eine Zentralfigur gewesen, die immer zur Stelle war, wenn Hilfe gebraucht wurde und die selbstverantwortlich ihren Lebensunterhalt verdiente, war ich mit einem Mal aller Sinnhaftigkeit enthoben und nur noch für das Wohl meines Mannes zuständig. Er nahm mir alle Erledigungen ab. Plötzlich fehlte mir der Druck, unter dem ich zu Hause gestanden und der mich stets zu neuen, mutigen Schritten getrieben hatte. Das Leben wurde einfach, und ich ließ mich von seiner Leichtigkeit verführen, ohne zu bemerken, daß ich meinen Kampf aufgegeben hatte und in ein Leben abrutschte, das ich nicht wollte: Ich war nur für meinen Mann – und ein Jahr später für ihn und unsere kleine Tochter – da, nichts anderes hatte Bedeutung.

Nach und nach gab ich alles auf, was mich meine Kindheit hindurch begleitet hatte und versuchte, mich in einer christlich geprägten Welt zurechtzufinden: Ich feierte nicht mehr das *beiram-Fest*, sondern richtete für meine Familie das Weihnachtsfest aus. Ich schmückte den Tannenbaum und sang mit meinen Kindern »Stille Nacht, Heilige Nacht«.

Sogar meinen Namen hatte ich geändert, wurde nicht mehr Fatma genannt, sondern Sonja. Nach außen funktionierte diese totale Lebensumstellung gut, doch des Nachts, in meinen Träumen holte mich die Vergangenheit ein. Kaum eine Nacht schlief ich ruhig ohne einen Alptraum durch. Meine Familie ließ sich nicht verdrängen, Ana stand jede Nacht vor mir und klagte mich an: »Wo bist du, Tochter?«

Ich wußte nicht mehr, wo ich war und wohin ich wollte. Da ich meine inneren Kämpfe mit niemandem teilte, zermarterte ich mich selbst, und Michael war zu oberflächlich, um verstehen zu können, daß seine Frau von heute auf morgen ein ganz anderer Mensch werden mußte und mit dieser Aufgabe maßlos überfordert war.

Der Pragmatismus, mit dem mein Mann sein Leben anging, erstreckte sich auch auf unsere Partnerschaft. Warum sollte er sich die Mühe machen, Türkisch zu lernen, wo ich Deutsch sprechen konnte? Ich versuchte, mein Deutsch zu verbessern, doch er lernte nie einen Satz in meiner Sprache. Dieser Pragmatismus half ihm, sein äußeres Leben zu meistern, überall, wo Probleme mit Vernunft lösbar waren, war er unübertrefflich. Aber auf den verschlungenen Wegen einer anderen Seele vermochte er nicht zu gehen. Er fragte nie nach Hintergründen, verließ die Oberfläche nicht, weil er Angst hatte vor den

Tiefen, die eine andere Form der Orientierung verlangten. Es interessierte ihn nicht, warum wir Türken so waren, wie wir waren, er interessierte sich nicht für den Islam, sondern polemisierte jede Auseinandersetzung einfach hinweg. Wahrscheinlich hätte er mich auch sonst nicht geheiratet. Ihm fehlte das Bewußtsein für die Abgründe der Gefühle.

Indem er meine Vergangenheit, die Umstände, die mich zu dem, was ich war, hatten werden lassen, einfach ignorierte, nahm auch er mir ein Stück meiner Identität. Das verhinderte, daß sich zu diesem Zeitpunkt wirkliches Vertrauen zwischen uns entwickeln konnte. Gerade das, was ich an ihm bewundert hatte, entfremdete uns: Es war ihm unmöglich, die Welt meiner Träume zu teilen, mitzufühlen, wie mich der Anblick eines schönen Sonnenuntergangs forttragen konnte und mich glücklich machte. In diesen Momenten fühlte ich mich unsagbar einsam an seiner Seite und spürte, wie sehr mich das Leben in V. geprägt hatte. Die Verschiedenheit unserer Wahrnehmung verhinderte es, daß unsere Seelen sich berührten.

Im Alltag waren wir ein gutes Team und bauten im Laufe unserer Ehe viel auf. Ich liebte das Handeln und Geschäftemachen, im Umgang mit Menschen hatte ich viel mehr Spürsinn und Geschick als mein Mann, was für unsere Praxis von großem Vorteil war. Wir ergänzten uns in der Verschiedenheit unserer Gaben gut, denn jeder konnte zuverlässig einen anderen Bereich abdecken, was uns als Paar unschlagbar machte. In dem Verfolgen von Zielen, von Dingen außerhalb unserer selbst liefen wir Hand in Hand.

Etwas tief in mir, die kleine verletzte Fatma aber, fühlte sich unerkannt und mißachtet. Mein Mann wollte meine Schwäche und Verletztheit nicht wahrnehmen, ihn interessierte einzig die starke Frau an seiner Seite. Und ich hatte damals noch nicht die Stärke, meine Schwächen zu offenbaren. So wurde meine Ehe zu einem Spiegel meiner verdrängten Vergangenheit, in dem ich mich betrachtete, ohne mich zu erkennen.

Von all diesen inneren Nöten drang nichts nach außen. In

den Augen von Freunden und Bekannten, von Patienten und Familie – und auch für meinen Mann – war ich eine glückliche Ehefrau und Mutter, innerlich aber wurde ich zunehmend einsam. Mein Leben wurde mir zum unauflöslichen Rätsel. Ich hatte die besten Absichten und lebte an der Seite eines Mannes, der meine inneren Kämpfe und Wünsche nicht erkannte, weil ich eine andere Sprache lebte.

Ich war noch immer Fatma, die Kurdin aus V., die so gern »ich« sagen wollte und das Wort nicht über die Lippen brachte. Irgendwann fing ich an zu verstehen, daß ich meiner eigenen Geschichte nicht entlaufen konnte. Ich begann auf meine Träume zu hören, die nie aufgehört hatten, mir von mir zu erzählen. Sie waren unermüdlich wie die Wellen des Meeres, die sich ohne Anfang und Ende unerbittlich am Land brechen – und in deren Urbrausen ich meine wilde Seele hörte, die sich nach Entfesselung sehnte.

Meine starke Verbindung zur Welt der Träume und Phantasien war ein Erbe aus V.. Dorthin mußte ich zurückkehren, um die verlorengegangene Fatma wiederzufinden. In V. war einst in der Einsamkeit unseres Dorfes, die uns erbarmungslos mit den Grenzen unseres menschlichen Vermögens konfrontiert hatte, eine Kraft herangewachsen, die mir die innere Gewißheit gab, überleben zu können. Es war eine eigentümliche Art von Selbstvertrauen, die im wahrsten Sinne des Wortes mit dem Begreifen der Welt verbunden war, mit der Fähigkeit meiner Hände, mit der Sensibilität meines Körpers, mit meiner Sinnlichkeit. Ich verstand die Sprache der Wolken und des Himmels, ich verstand die Geschichten, die das Rauschen des Windes erzählte, und tief in mir war die innere Gewißheit, ein Teil dieser endlosen, geheimnisvollen Natur zu sein.

Meinem Mann war meine Gefühlswelt ein Buch mit sieben Siegeln, obwohl er mich gerade um dieser fremden Welt willen liebte, er brauchte mich wie die Blumen das Licht. Wie oft sagte er zu mir: »Du hast das Gefühl und ich den Kopf!« Aber er konnte meine Gefühlswelt nicht verstehen und nicht erreichen und trat sie deshalb – oft ungewollt – mit Füßen.

## Mutter

Lange Zeit gab es zwischen mir und meiner Mutter keinen Kontakt. Sie war von einem Tag auf den anderen aus meinem Leben verschwunden. Als ich noch zu Hause lebte, tagtäglich in ihrer Gegenwart war, trug ich die Konflikte mit ihr aus, hatte in ihr ein Gegenüber, mit dem ich mich auseinandersetzen konnte. Man könnte meinen, daß es keine Konflikte mehr gab, nachdem ich fortgegangen war. Schließlich lebte jede ihr Leben, so wie sie es für richtig hielt.

Doch allmählich, Schritt für Schritt, ohne daß ich es bemerkt hätte, eroberte sie sich auf Samtpfoten mein Leben. Wie ein schleichendes Gift, zu vertraut, als daß ich es hätte erkennen können: Ich wurde selber Ehefrau, ich wurde selber Mutter. Und das einzige Vorbild, das ich in dieser Rolle je gehabt habe, war meine Mutter. Ich kam keinen Schritt weiter als sie: All meine beruflichen Pläne, die ich in mir trug, all meine Neugier auf ein kulturelles Leben – ich gab sie auf für das Wohl meiner Familie. Ich wagte nicht zu fordern. Was zählten meine Wünsche? Ich wischte sie vom Tisch. Ich begann, an einer Illusion zu bauen, ich glaubte wirklich daran, nichts Eigenes haben zu müssen, wenn nur die anderen glücklich wären. Schließlich war es an mir, dankbar zu sein. Ich fing an, mich zu belügen, meine Angst vor dem Ich-Sagen hinter vordergründigen Argumenten zu verstecken.

Wie ein Korsett zwängten mich die Funktionen, denen ich mich unterwarf, ein, so daß ich kaum mehr atmen konnte. Die Luft wollte in mich einströmen, doch sie stockte mir in der Brust. Wer war ich, Fatma? Ich hatte ein Bild von mir, wie ich mir wünschte zu sein. Aber wessen Bild war das?

War es mein eigenes Bild, oder war es ein Idealbild, das man mir von Kindertagen an als die Wirklichkeit eingetrichtert hatte? Ich würde an den Vorstellungen, die ich von mir hatte, eines Tages zerbrechen. Ein erbarmungsloser Perfektionismus war mein Unterdrücker, der alles erstickte, was nicht in den vorgegebenen Rahmen paßte. Ich war unfähig, meinen Mitmenschen Schwächen zu zeigen, hatte ich doch gelernt, daß ich nur überleben konnte, wenn ich die Stärkere war, die alles kontrollierte. Es dauerte lange, bis ich mir Fragen eingestand, die mein Leben und meine Ehe kritisch beleuchteten: War ich wirklich die treue Ehefrau und Mutter meiner Inszenierungen? Hatte ich wirklich keine anderen Wünsche als die, welche ich mit meinem Ehemann ausleben durfte? Wie viele Sehnsüchte und unausgelebtes Leben waren in meiner Brust! Wie sehnte ich mich danach, meine Jugend zu genießen, stand abends sehnsuchtsvoll am Fenster, hielt meine kleine Tochter im Arm und sah die Mädchen meines Alters, wie sie an der Seite von jungen Männern spazierengingen. Ich war 22 Jahre alt, ich hätte mich am Anfang meines Lebens fühlen müssen, doch ich fühlte mich mit einem Mal unsagbar alt.

Warum konnte ich nicht artikulieren, was in mir tobte? Warum hatte ich diese grausame Angst, ohne dieses Bild zu erfüllen, nutzlos zu sein, nicht liebenswert? Ich wußte, daß es falsch war, aber ich konnte nicht von diesem Bild lassen. Ich liebte es und haßte es zugleich. Es gab mir Daseinsberechtigung und zerstörte mich zur gleichen Zeit. Manchmal hatte dieses Bild etwas teuflisch Schmeichlerisches, wie eine Droge, an der man sich für kurze Zeit berauscht, um so ernüchterter zu erwachen.

Ich fühlte mich wohl an der Seite eines Zahnarztes, ich fühlte die materielle Sicherheit, fühlte mich wie in einem warmen Nest. Ich liebte es, mich aufwendig und schön zu kleiden, genoß es, Mittelpunkt zu sein und umschwärmt zu werden. Und dann sah ich mich auf einmal selbst dort sitzen in all meiner Selbstgefälligkeit, und es schauderte mich. Wo bist du, Fatma? Warum versteckst du dich hinter dieser glitzernden Kulisse? Was tust du dir an? Diese Gedanken versuchte ich schnell beiseite zu schieben, sie waren unbequem und demütigend. Aber sie kamen im Laufe der Zeit häufiger und fordernder.

## Durch meine Tochter wurde ich wieder zum Kind

Träume sind Schäume, Träume lügen nicht – wie auch immer die Menschen mit ihren Träumen umgegangen sind, für mich haben sie eine besondere Bedeutung. Einer meiner Träume sollte mein Leben bestimmen, ja verändern. Er tat es so nachhaltig, daß ich ihm immer wieder begegnete, und jedes Mal gab er ein bißchen mehr von seinem Geheimnis preis, war er ein Stück mehr Wirklichkeit geworden.

Ich war 17 Jahre alt, als ich von einem weißen Zweifamilienhaus träumte. Nicht irgendeinem, sondern unserem, dem Haus meiner eigenen Familie. Es ist Mittag; meine Tochter wird gleich aus der Grundschule nach Hause kommen, ich freue mich schon auf sie. Im schattigen Grün unseres Gartens spielt mein Sohn, unser Nesthäkchen.

Glücklich lächelnd gehe ich meiner Tochter entgegen. Am Zaun zur Straße bemerke ich Jens, einen alten Schulkameraden, die Begrüßung ist herzlich. Schließlich weiß er genug von den wechselhaften Ereignissen meines Lebens. Er ist zwar nicht mein Chronist, doch immerhin so etwas wie ein mir nahe stehender Zeitzeuge.

Es ist ein Geheimnis, daß ich mein Glück bei einem deutschen Mann gefunden und ihn geheiratet habe. Es ist ein wunderschönes, warmes und geborgenes Gefühl.

Jens und ich erinnern uns an die Schwierigkeiten, die ich nach der Hochzeit hatte. Der Ausflug in die Vergangenheit wird jäh unterbrochen. Mit einem zarten Lächeln kommt meine Tochter herangelaufen. Hin und her wirbeln die langen blonden Haare im Takt der kleinen Schritte, und ich schließe sie in meine Arme, stelle sie Jens vor. Angelockt von den vielen ausgelassenen Stimmen, hat sich mein Sohn aus dem Garten herangeschlichen und nimmt die fröhliche Gesellschaft neugierig in Augenschein. Scheu und verstohlen umarmt er mich. Kinderaugen -blau und braun-, sehen zu mir hinauf, und ich kann einfach nicht anders, ich muß die beiden auf die Arme nehmen.

Schnitt. Aus. Der Traum ist vorüber, fast unmerklich, wie er gekommen war. Das Aufwachen ist fast schmerzlich, ängstlich und vorsichtig sehe ich mich um, Furcht und Hoffen vermischen sich. Haben die Eltern etwas bemerkt? Das schlechte Gewissen steht mir ins Gesicht geschrieben, schließlich habe ich von einem ›Ungläubigen‹ geträumt. Aber dieser ›unreine‹ Traum hat mir die quälende Frage beantwortet, die ich mir immer wieder stellen mußte. Jetzt wußte ich: Ich wollte nicht mit einem Türken verheiratet sein, wollte nicht geschlagen, beschimpft, niedergemacht werden! Frei sein, unbeschwert sein, lachen können, das war alles, wonach ich mich sehnte; nicht mehr, aber auch nicht weniger!

Dieser Traum begleitet mich mein Leben lang. Er ist die Vision, aus der ich die Kraft schöpfe, meinen Weg zu gehen. Wahr gewordener Traum: Inzwischen ist meine Schwangerschaft schon weit fortgeschritten. Kein Tag, kein Abend, keine Nacht, in der ich nicht mit ›ihr‹ gesprochen habe. Ich weiß, daß es ein Mädchen wird, und suche nicht die Bestätigung vom Arzt. Er hat es Michael gesagt, und das muß reichen.

Jeden Tag erlebe ich, wie ich sie kleide, ihr die Haare kämme und sie wie eine kleine Prinzessin verwöhnen werde. Ich möchte ihr alles an Liebe, Zuneigung, Wärme, Verständnis und Zuhause geben, was ich selbst so lange entbehren mußte: Meine Träume möchte ich mit Dir teilen, ich möchte Dir als der Freundin meines Vertrauens begegnen.

Es ist eine harmonische Zeit, die auch Michaels Eltern mit ihren Widerständen nicht trüben können. Für Michael ist es ganz bestimmt nicht einfach, aber er setzt sich nach energieraubenden Auseinandersetzungen mit seinen Eltern durch und baut unsere Wohnung weiter aus, ganz in der Vorfreude auf seine kleine Tochter.

In der Zeit der Schwangerschaft wandern meine Gedanken zu meiner Mutter. Kann ich mich mit meiner Tochter unter meinem Herzen in der Stadt frei und ohne Einschränkungen bewegen, so hat sie es ungleich schwerer gehabt, mußte sie sich wegen ihrer Schwangerschaft schämen. Sie hat mir erzählt, wie sie eine Art Schürze über ihre Kleider gezogen hatte, um ihren größer werdenden Leib zu verbergen. Wenn sie Wasser von der Zisterne holte oder draußen ihre Arbeit verrichtete und einem Mann begegnete, hob sie einen Rockzipfel in die Höhe und bedeckte ihren Mund mit dem Stoff, so daß der große Falten werfende Rock ihren Zustand verhüllte. Es lag etwas unendlich Trauriges in dieser Erinnerung, dem ich mich nicht entziehen konnte. Eigentlich unfaßbar, daß eine Mutter mit ihrem werdenden Leben dem Mann tunlichst nicht unter die Augen treten sollte.

Wie gerne hätte ich meine Mutter bei mir gehabt, wie sehr hätte ich ihrer Hilfe bedurft! Auch jetzt, in dieser Situation alleine zu sein, zehrte an meinen Kräften. Nicht einmal einer Freundin konnte ich mich anvertrauen, denn ich hatte keine. Mutter! Ich sehnte mich nach ihr und hätte gerne in ihren Armen Trost gesucht, aber sie war weit weg von mir.

Es ist bald soweit. Der Kalender zeigt die ersten Tage des Februars an. Eines Abends überfallen mich starke Energien, die ich in intensive Aktivitäten umsetzte. In der Nacht werde ich durch Schmerzen aus dem Schlaf gerissen, ein Bad bringt nur wenig Linderung. Am frühen Morgen fahren wir ins örtliche Krankenhaus, wo die fremde und kalte Umgebung wehmütige Erinnerungen hervorruft; an V. und die Gemeinschaft der Frauen bei der Geburt.

Die Geburt entwickelt sich zu einem Drama, das ich dem behandelnden Arzt verdanke. Michael ist bei mir und rettet mein Leben. Als ich ohnmächtig werde, greift er in das Behandlungsgeschehen ein und vereitelt so Schlimmeres.

Als ich meine ›kleine Maus‹ dann endlich in den Armen halte, meldet sich die Erinnerung, der Traum: Es war ein Mädchen mit feinen, dünnen hellblonden Haaren. Voller Ungeduld forschte ich nach ihrer Augenfarbe. Mir ist so warm uns Herz, was bedeutet der vorausgegangene Lebenskampf noch, jetzt, wo ich meinen Seelenfrieden gefunden habe.

Während andere Mütter ihre Babys nachts abgeben, behalte ich meine ›kleine Maus‹ bei mir. Ich will sie sehen, will sie riechen und fühlen.

Ich spielte mit ihr auf Wiesen, pflückte mit ihr Butterblumen, und wir bastelten aus ihnen Blumenkränze. Mit ihr wurde ich wieder ein Kind und sie meine Prinzessin. Es war wunderschön, nachts für sie aufzustehen.

Später erzählten wir uns heimlich Geschichten unter der Bettdecke. Auch von unseren Träumen.

Meine Tochter war ein Kind, das nie viel Schlaf brauchte, dafür aber um so intensiver träumte und sich seiner Träume detailliert erinnern konnte. Keiner konnte sie so gut verstehen wie ich.

Die Nacht war das Reich der Träume, die uns keine Ruhe ließen. Es passierte nicht selten, daß wir uns noch in der gleichen Nacht über unsere Traumwelten austauschten und feststellten, daß wir fast das Gleiche in unseren Träumen erlebt hatten. Durch meine Tochter erhielt ich die Kraft, mit meinen Träumen anders umzugehen. Und wenn die Nächte auch anstrengend waren, fühlte ich mich am nächsten Tag doch wieder voller Energie. Ich nahm meine Tochter an die Hand und begleitete sie durch die Grundschule. Ihre Probleme und Ängste lösten wir gemeinsam.

Bis heute freue ich mich, sie in ihrer Entwicklung zu beobachten, genieße die vertrauten Gespräche, gehe stolz mit ihr durch die Straßen der Stadt. Oft schwingt dabei auch ein Hauch von Melancholie mit, daß meinen Eltern diese freien, offenen Gefühle verwehrt waren.

Meine Tochter hat sich schon als Kind zu einer Persönlichkeit entwickelt, wie ich sie mir eigenständiger hätte nicht träumen lassen können: Sie weiß, was sie will, aber sie hat auch gelernt, sich in meine Arme fallen zu lassen.

## Rückbesinnung

Der Schockzustand, in den ich nach dem Verlassen meiner Familie gefallen war, erstreckte sich über Jahre. »Ein Mensch ohne Heimat ist wie ein Adler ohne Flügel«, lautet ein altes kurdisches Sprichwort – meine Seele konnte nicht mehr fliegen. Denn ich war nicht nur von den Dingen abgespalten, die mein Leben unterdrückt hatten, sondern auch von denen, die mich mit neuer Kraft speisten und mir Halt gaben. Ich entfernte mich von meinen Gefühlen und von meinen Träumen, war ich doch in eine Welt gestoßen, in der diese Dinge keine Bedeutung hatten. Meine Träume verließen mich auch in dieser Zeit nicht, aber sie kündeten von dramatischen Seelenprozessen, die mir Angst machten. Wenn ich meinem Mann von diesen Alpträumen erzählte, dann reagierte er mit Unverständnis. Er begriff sie nicht als Ausdruck meines Lebens auf einer anderen Ebene, sondern als eine vegetative Störung, die lästig war und seine Frau nicht schlafen ließ. Die Kämpfe dahinter blieben ihm fremd. Ich war jetzt mit Menschen zusammen, die die Welt über den Kopf gelernt hatten wahrzunehmen und fühlte mich oft verloren. Ich setzte mir diesen Intellektualismus als Maßstab und mußte zwangsläufig daran scheitern. Mein Selbstbewußtsein schwand in dieser Zeit, ich fühlte mich manchmal ausgehöhlt wie eine leere Hülse. Ich hatte meinen Faden verloren, wo konnte ich ihn wieder neu aufnehmen?

Die Hilfe kam von ungeahnter Seite:

Es war mein Sohn, der mir behutsam wieder nah brachte, was ich mit meiner Heirat endgültig hatte zurücklassen wollen. Er führte mich in eine Kindheit zurück, für die ich mich schämte, eine Kindheit, in der es Läuse, Vergewaltiger und Mörder gegeben hatte. Es war sehr schwer für mich, in meiner neuen Rolle als Frau eines Zahnarztes, die nach außen hin ein bestimmtes gesellschaftliches Bild zu erfüllen hat, vor mir selbst einzugestehen, daß ich als Kind auf grauenvolle Weise die Erfahrung des Ausgeliefertseins gemacht hatte und zu den untersten Schichten der Gesellschaft gehörte, umgeben von Menschen, die nicht einmal des Lesens und Schreibens mächtig waren. Ich wollte diesen Teil meiner Realität ausblenden wie ein entstellendes Mal, das man peinlich verdeckt, um nicht daran verletzt zu werden.

Rick rief die alten Geister wieder wach. Auch er war ein Mensch, der Mühe hatte, sich die Welt auf eine abstrakte Weise zu erschließen, er hatte eine tiefe Abneigung gegen Zahlen und Buchstaben, aber er konnte Dinge berühren und fühlen. Ohne daß ich ihn dazu angeleitet hätte, liebte er alles, was Kurdisch oder Türkisch war. Von sich aus wünschte er sich kurdische Musik und hörte sie schon mit fünf Jahren allein in seinem Zimmer an.

Das waren eigentümliche Nachmittage, die wir bei kurdischer Musik spielend im Kinderzimmer verbrachten. Die Klänge der Musik trugen mich in die Landschaft meiner Kindheit zurück, und längst vergangene Zeiten wurden lebendig. Rick tanzte zu den kurdischen Liedern, wie mein Vater und meine Brüder es getan hatten, ohne daß jemand es ihm gezeigt hatte. Er war mir ein Vertrauter, seine Seele wurde von den gleichen Dingen berührt wie meine. Und etwas Wunderbares geschah: Ich fühlte mich in diesen besonderen Stunden, da ich mit ihm meine Tiefen teilte, nach Jahren wieder lebendig.

Rick erschloß sich in den Rhythmen der Musik ein eigentümlicher Zauber, und ich spürte allmählich, daß in den Umständen meiner Kindheit trotz aller Grausamkeiten ein eigentümlicher Reichtum lag. Unter all den Verletzungen, die ich erfahren hatte, war ein Schatz verborgen, eine Quelle, die nie versiegt war: Die Bilder des weiten Himmels, der Klang der Stille, das Heulen der Wölfe, die Geburten und Tode, die ich mit angesehen hatte: Gott hatte mich Zeuge seiner Wunder werden lassen.

Es war meine Aufgabe, dieses große Geschenk Schritt für Schritt als Ursprung meiner innersten Kraft wahrzunehmen und zu begreifen, daß es mit den schrecklichen Erlebnissen meines Lebens untrennbar verbunden war. All das Beschämende und Demütigende gehörte zu mir, wie die Wolken zum Himmel und der Regen zur Erde. Ich war kein heiler Mensch, wie ich es in meiner Absolutheit von mir erwartete. In der Verdrängung meiner Vergangenheit hatte ich nicht leben können, hatte mich ohne meine Schatten im Niemandsland verloren. Die Landschaft meiner Seele war nicht sanft, sie war eine Landschaft mit atemberaubenden Gipfeln und tiefen, dunklen Tälern, sie hatte mich mit den Gefühlen des Adlers im Flug vertraut gemacht, der unter sich die Weite und Freiheit des Lebens spürt, und mit der Ohnmacht dieses Vogels, wenn er mit gebrochenem Flügel den Himmel nicht mehr erreichen kann. All das war ich jetzt, hier, in diesem Augenblick, das Gegensätzlichste war in meiner Brust lebendig. Und im Angesicht dieser Wahrheit war alles Werten und Ausgrenzen, wie ich es getan hatte, nicht nur sinnlos, sondern geradezu lebensgefährlich, denn die unglaublichen Energien, die diese innere Spannung in mir entstehen ließ, mußten beachtet werden und eine Form, einen Ausdruck finden, um mich nicht zu zerstören. Ich war auf einem Weg, ich war bis hierher geflüchtet, weil es keine andere Möglichkeit gegeben hatte, doch ich war erschöpft, und in der Erschöpfung fand ich den Mut, mich umzuwenden und zu gucken, wer mich verfolgte. Es war das zerlumpte Mädchen Fatma, mit verfilzten Haaren und einem hartnäckigen, verschlagenen Widerstand in den Augen, der von ihrem Überlebenswillen erzählte. Sie griff nach mir, wollte mich zu packen bekommen mit ihren schmutzigen kleinen Händen. Die alte Ohnmacht erschütterte in diesem Augenblick mein Herz, und ich haßte dieses kleine Mädchen dafür, daß ich sie noch einmal empfinden mußte. Ich begriff nicht, daß ich es nur diesem eigensinnigen, gerissenen Kind zu verdanken hatte, daß ich noch am Leben war. Dieses Kind war nicht fein, es war mit allen Abgründen des Lebens vertraut, trug die Narben der Gewalt auf seinem Herzen und war Unendlichkeiten von meinem Mythos der Prinzessin entfernt, aber es hatte mich mit seinen sicheren Instinkten hierher getrieben, die Zeit war gekommen, daß wir einander ansahen und die Hände reichten.

## Das Mädchen am Fluß

Es hat eine lange Zeit gedauert, bis ich diesem verwahrlosten, ausgelieferten Kind die Hand reichen konnte, bis ich mir der Verletzungen, die ich in mir trug, bewußt wurde und sie wieder empfinden konnte. Ich fühlte mich in dieser Zeit wie ein zerbrochenes Mosaik, das ich Steinchen für Steinchen erneut zusammenfügen mußte. Oft waren es Zufälle, kleine unbedeutende Augenblicke, die die Kraft hatten, durch die verkrusteten Schichten meiner Seele den Weg zum Herzen zu finden.

Es war während eines Winterurlaubes in Österreich. Wir wohnten zum ersten Mal in einem außerordentlich luxuriösen Hotel, jeder Wunsch wurde uns von den Augen abgelesen, und wir genossen es, einmal richtig verwöhnt zu werden. Die Praxis meines Mannes hatte in diesem Jahr das zehnjährige Jubiläum gefeiert, und wir konnten mit Stolz auf diese Zeit der Aufbauarbeit zurückblicken, denn wir hatten eine der bestlaufenden Praxen am Ort. Laura war mittlerweile neun Jahre alt und verbrachte diesen Urlaub schon sehr selbständig. Auch meinen Sohn Rick, der im September fünf geworden war, brauchte ich nicht mehr ständig zu beschäftigen, und so blieb mir viel Zeit zum Nachdenken. Die Jahreswende stand unmittelbar bevor, und ich hielt Rückschau nicht nur auf das vergangene Jahr, sondern auch auf meine Ehe, denn unser zehnter Hochzeitstag sollte sich im kommenden Mai jähren. Es war, als bräche die Vergänglichkeit im Kleide solcher runden Jahrestage in den Alltag herein. Was war von den Erwartungen, mit denen ich damals meine Ehe begonnen hatte, in Erfüllung gegangen?

Stundenlang saß ich am Fenster und blickte nach draußen in das weiße, endlose Gestöber. Der Schnee fiel und fiel ohne Unterlaß in diesen letzten Dezembertagen und ließ jede andere Wirklichkeit zurücktreten: weder Berge, noch Häuser, noch Menschen waren in diesem dichten Treiben erkennbar. Ein sanfter, weißer Schleier trennte mich von der Welt und lenkte den Blick nach innen.

Als die Tage des Schneefalls aufgehört hatten und der Himmel in strahlendem Blau über der weißen Pracht stand, beschlossen wir, einen kleinen Ausflug mit dem Auto zu unternehmen. Unser Hotel lag direkt an einem Fluß, die Kälte hatte die Uferseiten gefrieren lassen, und nur in der Mitte war noch eine schmale eisfreie Zone. Die Sonne hatte das Wasser an diesen Stellen so erwärmt, daß es verdampfte. Eine Märchenlandschaft umgab mich, die Bäume waren in Eiskristalle gehüllt und glitzerten wie Edelsteine im gleißenden Licht.

Als wir an diesem Fluß entlang fuhren, war ich unwillkürlich wieder in meiner Kindheit. Ich sah mich dort unten am eisigen Ufer sitzen und Schuhe waschen, ich spürte, wie meine Hände jegliches Gefühl verloren und blau anliefen. Ich war zutiefst schockiert, wie gegenwärtig all dies plötzlich wieder war, wie mich die Vergangenheit auf einmal wie ein Gespenst anfiel. Die schrecklichen Tage im Haus meines Onkels lagen doch so weit zurück. Aber je länger wir dem Flußlauf folgten, desto größer wurde die Trauer in mir; ich konnte mich gegen die aufsteigenden Erinnerungen nicht wehren, und die Tränen traten mir in die Augen.

Ich versuchte, mich meiner Familie mitzuteilen. Auf dem Rücksitz saß meine Tochter. Sie war heute so alt wie ich damals in K. Unbeholfen und mit einem Kloß im Hals begann ich zu erzählen: »Weißt du, Laura, als ich so alt war wie du, sind meine Eltern nach Deutschland gegangen und haben mich allein bei einem Onkel in der Türkei zurückgelassen. Ich verbrachte den Winter bei ihm, der in jenem Jahr so kalt war wie hier in Österreich. Es war eine furchtbare Zeit für mich. Ich hatte keine warmen Wintersachen, keine Handschuhe, keine Moonboots, keinen Schneeanzug wie du. Mein Onkel schickte mich hinunter zum Fluß, um Schuhe zu waschen. Aber der Fluß war zugefroren, und ich konnte erst mit meiner Arbeit beginnen, nachdem ich ein kleines Loch, das ich in der Eisdecke gefunden hatte, mit einer Schuhsohle vergrößert hatte. Meine Haare waren gefroren, dicke Eiszapfen hingen an ihnen herunter.«

Laura entgegnete fassungslos: »Aber Mama, warum hast du dich nicht dagegen gewehrt?«

Wie sollte ich ihr meine Situation damals begreiflich machen? Wie sollte ich ihr die Angst vor den Strafen meines Onkels beschreiben? Laura lebte in einer heilen Welt, sie hatte noch nie die Erfahrung gemacht, ausgeliefert zu sein. Sie kannte diese grauenvolle Willkür nicht, in der jede Regung von Auflehnung erstickt wurde und man nur einen Gedanken im Kopf hatte: Wie lebe ich möglichst unauffällig und angepaßt? Ich hätte in dieser Zeit gegen nichts mehr meine Stimme erheben können.

Ich wollte und konnte nicht weitersprechen, ich fühlte, daß sich etwas in mir veränderte: Heute empfand ich das erste Mal Mitgefühl mit dem Mädchen, das im eisigen Fluß Schuhe waschen mußte. Es war mir nicht mehr gleichgültig, was mit diesem Mädchen geschehen war, nein, ich beweinte seinen

Schmerz, seine Verlassenheit, seine grenzenlose Einsamkeit. Wenn ich früher davon erzählte, tat ich es mit einem Lächeln auf den Lippen und mit einer unendlichen Distanz zu meinem Herzen. Wie nah war sie mir auf dieser Fahrt. Wie wünschte ich mir, sie in die Arme zu nehmen und zu trösten.

Meine Erzählung blieb im Raum stehen. Weder mein Mann noch meine Kinder stellten Rückfragen, es war deutlich zu spüren, daß sie nicht mehr hören wollten. Vielleicht war es unheimlich für sie, zu vergegenwärtigen, daß das Leben auch aus Abgründen besteht.

Meine Tochter war ein luxuriöses Leben gewöhnt. Warum sollte sie sich unnötige, unbequeme Gedanken machen über für sie unvorstellbare Dinge?

Es war ein Moment, in dem ich die Einsamkeit spürte, die niemand würde durchbrechen können, diese Ureinsamkeit, die jeder Mensch in sich trägt, die jeder Mensch aushalten lernen muß, wenn er sich denn jemals wiederfinden will. Das kleine Mädchen aus V. lebte noch immer, und ich war der einzige Mensch, der es kannte und der ihm die Hand reichen konnte.

## Rückblick – Ausblick

Trotz all der Schwierigkeiten, die nach der Trennung von meiner Familie auf mich zugekommen sind, habe ich meinen Entschluß niemals bereut. Es ist und wird die Aufgabe meines Lebens bleiben, einen eigenen Weg zu finden, der es mir möglich macht, mit dem Spannungsmoment meiner zwei Identitäten zurechtzukommen. Mit dem einen Fuß befinde ich mich in der türkischen Kultur, die mich in den entscheidenden Jahren meiner Kindheit in einer Weise geprägt hat, daß sie ein Teil meiner Persönlichkeit ist und bleiben wird. Mit dem anderen Fuß stehe ich in der deutschen Kultur, für die ich mich entschieden habe. Meine Eltern sind an diesem Spannungsmoment zerbrochen, sie stehen heute voll hilflosem Unverständnis vor einem zertrümmerten Lebenswerk. Als ich meinem Vater nach sieben Jahren des absoluten Schweigens wieder begegnet bin, war ich zutiefst erschüttert: Was war von dem strengen, patriarchalischen Mann geblieben? Ein alter, gebrochener Mann stand damals vor mir mit weißem Haar und einem zahnlosen, greisenhaften Mund. Er war unfähig, mir in die Augen zu schauen und die dargebotene Hand zu ergreifen. Hilflos wie ein Kind und doch zu stolz und festgefahren, um den alten Bann zu brechen. Er sprach bei diesem Treffen nicht ein Wort mit mir, doch die anwesenden Verwandten machten sich zu seinem Sprachrohr und versuchten mich davon zu überzeugen, daß mein Mann zum Islam konvertieren und unser kleiner Sohn beschnitten werden müsse. Ich hätte schreien können vor Wut und Schmerz – sie hatten nichts begriffen. Die Ignoranz gegenüber der deutschen Kultur und Lebensweise hatte meine Eltern und auch meinen ältesten Bruder in eine Position der Isolation gebracht, aus der Arbeitslosigkeit und Kriminalität resultierten. Und in dieser verfahrenen Situation, die aus jahrelangem Wegsehen entstanden war, wurde ich plötzlich wichtig: »Fatma, wir brauchen deine Hilfe!« Aber es war ein armseliger, aus der Not geborener Respekt, der mir hier mit einem Mal gezollt wurde. Ich war der letzte Strohhalm, der sich bot.

Für mich gab es als junge Frau keine andere Alternative, als mit der Welt meiner Eltern zu brechen, mich der Herausforderung zu stellen. Die machtorientierte, frauenfeindliche Haltung des Islam, wie ich und viele meiner Freundinnen und weiblichen Verwandten sie am eigenen Körper, an der eigenen Seele erfahren haben, muß sich selbst einer Überprüfung unterziehen. Andernfalls hat die islamische Lebensform, so wie sie mir begegnete, keine Chance mehr. Denn in einer Gesellschaft, in der die Frau die Wahl hat, sich für eine alternative Lebensform zu entscheiden, wird es zunehmend schwieriger werden, Positionen durchzusetzen, die den Frauen grundlegende Rechte absprechen. Niemals möchte ich das Gefühl von Frühling und Aufbruch, von einem Morgen voller Möglichkeiten wieder eintauschen gegen Bevormundung, Demütigung, Verlogenheit und Gewalt. Ich habe heute die Möglichkeit, mein Leben selbst bestimmend zu gestalten, mit offenen Augen durch die Welt zu gehen, und diese Freiheit wiegt alle Spannungen und Schwierigkeiten, die der Sprung von der türkisch/kurdischen in die deutsche Kultur mit sich brachte, hundertfach auf. Der Spagat ist schmerzhaft, aber die Seele weitet sich und paßt sich den Anforderungen mit der Zeit leichter und geschmeidiger an, und hat man die Zerreißprobe bestanden, ohne daran zerbrochen zu sein, eröffnen sich neue, ungeahnte Horizonte.

Für meine Zukunft habe ich einen Traum, das Bild von einem Weg, der aus der Wüste in sanfte grüne Hügel führt, ein Weg, der nach allen Entbehrungen leichter zu gehen ist und Erquickung verspricht. Auf diesem Weg sehe ich mich, Sonja, auf hohen Absätzen und in enger, auffälliger Kleidung – ganz so, wie ich es liebe – und an meiner Hand, direkt neben mir, Seite an Seite, läuft die kleine, verwahrloste Fatma. Wir schauen uns in die Augen und erzählen uns voneinander, und wir wissen: Nur gemeinsam können wir die trockene, feindliche Wüste verlassen und auf neues Leben hoffen. Wir halten uns an der Hand und brauchen nicht mehr zu rennen: Sie muß mich nicht mehr verfolgen, und ich muß nicht mehr flüchten. Wir können innehalten, aufatmen und von unserem Tun ausruhen. Wir haben Zeit, uns alles anzusehen, uns zu orientieren.

Ich werde meinen Mann mit dieser, seiner zweiten -mißhandelten, verängstigten- Frau bekannt machen, auch wenn es lange dauern wird, ehe sie Vertrauen zu ihm entwickeln und er Gefallen an einer so scheuen, undurchschaubaren Person finden wird. Wenn wir beide eine Chance haben wollen, miteinander zu gehen, werden wir noch einmal Hochzeit halten müssen – eine wahre Hochzeit, die meiner und unserer Gegensätzlichkeit Raum gibt.

Ich werde mit dieser kleinen Wilden wieder die Feste beleben, die in meiner Kindheit wichtig waren, werde mit ihr das Beiram-Fest feiern und ihr zeigen, daß ich sie nicht vergessen habe und ihr in meiner deutschen Welt ein Zuhause geben werde, daß wir einen Weg finden, zu zweit, der uns beiden gerecht wird, trotz aller Verschiedenheiten, die uns trennen.

**Glossar**

| | |
|---|---|
| *Nancücük* | Pfefferminzkraut |
| *Hodscha* | geistlicher Lehrer |
| *Tut* | süße Frucht |
| *kina gecesi* | Hennaabend, (Fest) |
| *Davul* | Trommel |
| *Zurna* | Oboe |
| *Hosgeldiniz* | Hallo, herzlich Willkommen |
| *Muska* | Glücksbringer, Talisman |
| *Wai* | Oh, mein Gott! |

Michael Williams

**Crocodile burning**

*Roman*

*Üb. Susanne Rudloff*

Seraki ist 15 und lebt in Soweto. Es sind harte Zeiten für ihn und seine Familie – bis ein Zufall sein Leben verändert: Seraki gerät in das Casting für ein Musical und wird vom berühmten Regisseur Mosake engagiert. Endlich gibt es in seinem Leben Spaß und Erfolge! Bis zum Broadway bringt es die junge Truppe mit ihrem Stück, aber dann macht sich plötzlich Enttäuschung breit. Mit den Gagen stimmt etwas nicht. Kann, wer ein Stück gegen die Unterdrückung inszeniert, selbst zum Unterdrücker werden?

Williams erzählt ungemein spannend und immer im lokkeren Tonfall seiner jugendlichen Helden. Ein Buch zum Verschlingen in einer Nacht.

246 Seiten, broschiert
ISBN 3-87294-802-4

PETER HAMMER VERLAG

Postfach 200 09 63 · 42209 Wuppertal